1972—1990

▲ 1975年，与父母在驻马店合影

▲ 1972年，于驻马店镇照相馆拍摄全家福，后排从左到右是大姐施玉芬、父亲施怀琳、母亲姜小英，前排从左到右是哥哥施毅坚、施一公、二姐施云楠

▲ 1982年，施一公初中毕业与父亲施怀琳、哥哥施毅坚合影

▲ 1979年6月，驻马店人民路小学五年级四班毕业照（第三排左四为施一公）

▲ 1985年，在郑州与同班同学化伟（左）、刘嵘（中）高中毕业留影

▲ 1987年7月，与清华大学生物系1985级全班同学在青岛参加生态实习留影

▲ 1988年，与大学同学白林（左一）、俞新天（右二）、包绍文（右一）在清华学堂前合影

▲ 1989年，与大学室友胡雪（左）、陈刚（中）合影，三人同在清华体育代表队，其中胡雪是北京市高校男子体操全能冠军，陈刚是男子十项全能冠军

▲ 1990年4月2日，奶奶蒋炜、爷爷施平、母亲姜小英、姐姐施云楠（从左至右）在上海虹桥机场送施一公赴美留学

▲ 1990年5月2日，在美国中西部重镇圣路易斯的大拱门（Gateway Arch）前留影

▲ 1992年12月21日，与妻子赵仁滨在巴尔的摩圣保罗大教堂举行婚礼

▲ 1991年8月，赴欧洲旅游留影

婚礼上，与导师杰里米·伯格（Jeremy M. Berg）合影 ◀

▲ 1993年5月，在租住的巴尔的摩第33街公寓前，与刚买的新车丰田雄鹰（Toyota Tercel）合影

▲ 1994年3月，与母亲、哥哥毅坚、仁滨在巴尔的摩家门外草坪合影

▲ 1995年5月，在约翰斯·霍普金斯大学霍姆伍德校区参加博士毕业典礼后与仁滨合影

1991—2009

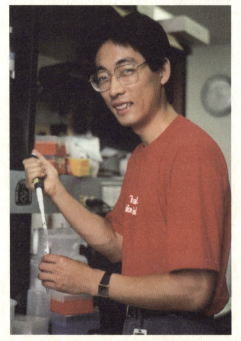

▲ 1992年8月，在约翰斯·霍普金斯大学医学院实验室留影

▲ 1997年8月，在斯隆-凯特琳癌症研究所从事博士后研究留影

▲ 1998年，在河南省实验中学校园与高中班主任屠新民老师合影

▲ 1999年6月，在普林斯顿大学舒尔茨楼（Schultz Building）二楼自己的独立实验室做实验

1991—2009

▲ 1997年11月，与仁滨在伦敦白金汉宫前留影

▲ 2002年，与仁滨在美国东部最大的滑雪场——佛蒙特州的基灵顿滑雪度假村滑雪

◀ 2007年5月，与妻子、儿女、母亲一起去上海看望爷爷奶奶

◀ 2007年回国前夕，与阳阳、雪儿、仁滨在普林斯顿附近的照相馆拍摄全家福

◀ 2009年9月26日，与妻子、儿女、大姐、二姐陪同母亲回到河南省汝南县老君庙乡闫寨村小郭庄，观看农户家里如何引水

2010—2022

▲ 2010年8月29日，与杨振宁在清华科技园启迪俱乐部交谈

▲ 2011年10月6日，与好友王昊在河北承德留影

▲ 2014年3月31日，在斯德哥尔摩获颁爱明诺夫奖，瑞典国王卡尔十六世·古斯塔夫为施一公颁奖

▲ 2014年7月31日，在上海华东医院看望103岁的爷爷

▲ 2017年3月30日，在清华大学主持DNA双螺旋结构发现者、1962年诺贝尔奖获得者詹姆斯·沃森（James D. Watson）的报告

▲ 2017年4月17日，在清华大学主持《科学》期刊总编杰里米·伯格的讲座，杰里米是施一公的博士导师

▲ 2015 年 12 月 19 日,西湖大学倡议人钱颖一、张辉、潘建伟、饶毅、施一公、陈十一和王坚（从左至右）集聚杭州,为大学创建出谋划策

▲ 2018 年 5 月 4 日，与西湖大学董事会主席钱颖一在清华园拜访董事会名誉主席杨振宁

▲ 2018年4月16日，西湖大学第一届董事会在云栖校区召开第一次会议后合影

▲ 2019年12月8日，在广州参加半程马拉松
　比赛后留影

▲ 2020年7月21日，指导学生论文写作

▲ 2019年夏天，西湖跑团在云栖校区备战马拉松

▲ 2022年4月23日，清华大学迎来111周年校庆，施一公在母校
　参加西大操场111圈跑步庆祝活动

▲ 2022年7月31日，与西湖跑团、首届本科生在云谷校区晨跑锻炼

自我突围

向理想前行

施一公

著

中信出版集团 | 北京

图书在版编目（CIP）数据

自我突围 / 施一公著 . -- 北京：中信出版社，
2023.4（2025.9重印）
  ISBN 978-7-5217-5290-8

  Ⅰ . ①自… Ⅱ . ①施… Ⅲ . ①施一公—自传 Ⅳ .
① K825.46

  中国国家版本馆 CIP 数据核字（2023）第 022011 号

自我突围
著者：　施一公
出版发行：中信出版集团股份有限公司
　　　　（北京市朝阳区东三环北路 27 号嘉铭中心　邮编　100020）
大象出版社
（郑州市郑东新区祥盛街 27 号　邮编　450016）
承印者：　嘉业印刷（天津）有限公司

开本：787mm×1092mm　1/16　　插页：4
印张：19.75　　　　　　　　　　字数：276 千字
版次：2023 年 4 月第 1 版　　　　印次：2025 年 9 月第 21 次印刷
书号：ISBN 978-7-5217-5290-8
定价：69.00 元

向理想前行

一个现实的理想主义者的

自我突围

我是一个与生俱来的理想主义者。

从小如此。年幼的我虽然不知道自己将来想干什么、能干什么，但总是对未来充满无限遐想。1977年，中国恢复高考的那一年，我上小学三年级，第一次听说了诺贝尔奖，虽然并不清楚它是什么，但知道这个奖很厉害，鲜有中国人能获得。1979年小学毕业考试，数学、语文、常识三门课，我以280分的总成绩名列驻马店全镇第一名。在懵懵懂懂中，我憧憬着未来……

初中亦如此。我就读于河南省实验中学初中部，由于生性贪玩，前两年的学习成绩勉强维持在班级前十名。直到初三的一次早读课，我和同桌交头接耳，挨了班主任老师狠狠一巴掌，受到当众呵斥，羞愧难当的我从此开始认真听讲。没想到学习态度的转变使我的成绩突飞猛进，期末居然考了年级第一名。青春期的自信心爆棚，极大地激起我的求知欲望，也更加燃起了我对朦胧理想的期盼……

高中更是这样。凭着一股初生牛犊的冲劲儿，我在奋斗中一步步前进。1984年秋季的全国高中数学联赛，我获得了河南省第一名。高三毕业时，同班党剑同学给我留言："希望我能成为未来诺贝尔奖获得者少年时的同窗。"这句话足足让我激动了三天！说心里话，我并不是为了获得诺奖学习，也不是朝着诺奖努力，而是来自同窗的信任和期许给了我极大的动力和信心，"天生我材必有用"的想法深入我的骨髓。我的理想似乎变得有迹可循……

大学于我，是释放理想主义情怀的天堂。在这个生命力最旺盛的年纪，我觉得自己永远有使不完的劲儿，胸中颇有"世上无难事，只要肯登攀"

的豪情壮志。但就在大三开学后不久，父亲因一场车祸意外离世，我从小到大的精神支柱陡然崩塌，对我的打击可想而知。突然之间，我第一次对人世间的善恶有了切身的认知，也在痛苦煎熬中体会到生命的脆弱。

1989年，我提前一年从清华本科毕业。初入社会的种种不易，让我更加清醒地认识到不是只要全力以赴就可以实现所有目标，这对一向好强的我打击不小。我的原本无拘无束、天马行空的理想主义受挫了，我逐渐意识到，理想主义者需要经受现实的淬炼，在骨感的现实中找到一条实现理想的道路并一直奋斗下去，所以我把自己定义为"现实的理想主义者"——任凭风吹雨打，不坠青云之志！

1990年4月，我远渡重洋，到美国约翰斯·霍普金斯大学医学院攻读博士学位。刚到巴尔的摩的两年，我在当地一家中餐馆努力打工，这成为我体验人生的一段难忘经历。面对理想与现实的交织，一颗彷徨躁动的心贯穿我整个读博期间：我真的要走学术道路吗？我确定要在生物物理领域走下去吗？那时候电子邮件刚刚兴起，我考虑过转专业学习计算机；面对中美贸易的快速发展和广阔前景，我动过创办贸易公司的念头；1995年4月博士毕业之后，出于好奇，我甚至去华盛顿郊区的美国大都会人寿保险公司（MetLife）参加了驻华首席代表职位的面试，并获得了录用函……经历一番周折，1995年10月，我终于下定决心，正式寻求博士后训练，走学术之路！

1996—1997年，在斯隆-凯特琳癌症研究所（MSKCC）做博士后的两年，我朝着既定科研目标全力拼搏。1997年4月，我很顺利也很意外地拿到了普林斯顿大学分子生物学系的教职。很顺利，是因为在申请和面试过程中，我对自己的表现十分满意。很意外，是因为那时我一直以为自己不可能在美国学术界找到工作——在攻读博士学位期间，我于1993年和1995年两次公开站出来，强力抨击一些人对中国的污蔑，维护祖国的利益，因此两次被调查，我一度以为自己上了美国政府部门的黑名单。

在普林斯顿大学的十年，我的学术之路顺风顺水，2001年成为分子生物学系创建以来最年轻的终身教授，2007年晋升为终身讲席教授。作为一名在人类基础研究前沿进行探索和引领的科学家，我感到十分欣慰和自豪。蒸蒸日上的学术地位，优渥丰厚的物质待遇，幸福美满的家庭生活……在几乎所有不了解我的旁观者眼里，我已经完美实现了所谓的"美国梦"。

但在内心深处，我却始终有一丝怅然若失之感：在美国求学工作这么多年，我深深地怀念父亲，总会想起儿时父亲与邻里乡亲相处的点滴，他的教诲常常萦绕在我的脑海；我也十分想念故乡的一切，尤其牵挂对我寄予厚望的父老乡亲。每次回国，看到祖国和家乡日新月异的变化，我内心都会感慨万千。回到祖国，助力国家科技和教育事业的发展，这颗种子早已在我的心里生根发芽。

2008年，伴随着北京奥运会"同一个世界，同一个梦想"这个梦幻般的主题，我全职回到母校清华。毕业后近二十年的海外积淀，似乎就是为了游子归来后实现雄心壮志……在那个激情燃烧的岁月里，我把自己的科研重心转移到极具挑战性的生物大分子机器和膜蛋白结构解析，和同事们在校内规划大生命学科格局，创建科研服务平台，全力引进海外人才，实行人事制度改革，培养拔尖创新的学生。在校外为国家科技教育改革建言献策，起草海外高层次人才引进计划，联手北大创建清华大学-北京大学生命科学联合中心（后文简称"生命科学联合中心"），创建清华大学结构生物学高精尖创新中心并将其升级为北京结构生物学高精尖创新中心，倡导大幅提高博士生待遇。每一天，都是工作16个小时以上的浪漫日子……长风破浪会有时，直挂云帆济沧海。

此后，受清华成功实践的鼓舞，我很期望把在大生命学科建设中探索出来的经验放到一个全新的平台上进行推广，把它作为高等教育改革的

"特区"或"试验田"，为国家科技创新和拔尖人才培养蹚出一条新路。于是从 2015 年起，我和一群志同道合的朋友立足杭州，共同创建一所小而精的新型研究型大学——西湖大学。

2018 年 2 月 14 日，经过大家的不懈努力，一个激动人心的时刻到来了：西湖大学获教育部批准设立！作为新中国历史上第一所也是目前唯一一所社会力量举办、国家重点支持的新型高等学校，西湖大学肩负着几代人的期望，正式扬帆起航！

创建西湖大学这样一个我从 2011 年就开始酝酿的梦想，一步步从蓝图变为现实，丝毫没有偏离当初的航向。展望一下吧，十年、二十年之后，世界上最具原创性的一批重大理论突破来自西湖大学；影响人类未来的最关键的一批核心技术来自西湖大学；为蓝色星球担纲的一批最优秀的科学探索者聚集在西湖大学，共同谋划人类文明的未来，一起商讨如何应对世界面临的重大挑战……

这几年，我经常奔波于杭州和北京之间，除了学校管理、捐赠募集，还要做科研、带学生，也尽心竭力地推动国家基础科学研究，扶持青年人才成长，参与并见证了以科学探索奖、新基石研究员项目为代表的一批资助计划落地实施……在这当中，我经历过始料未及的困难，感受过前所未有的焦虑，同时收获了用言语难以描述的惊喜、激动之情和无与伦比的满足感！

理想，是宇宙间最美好、最可贵、最闪耀的存在，是让生命实现价值、得以慰藉、获得无穷力量的源泉。宇宙已经存在了 138 亿年，而人类文明仅仅存在了几千年。我在这个世界里最多不过百年经历，但我身体里的每一个原子，都来自宇宙中的恒星，都经历过千亿摄氏度、万亿大气压的锻炼。如果原子能说话，它一定会告诉我它无比神奇的历程。

人生忽而半百，不知老之将至。对于在漫漫宇宙长河中转瞬即逝的我，唯有不懈追求自己的理想，才能极致地感受生命的精彩，才能无愧于组成我身体的每一个原子，才能告慰父亲的在天之灵。

　　谨以此书致敬理想，让我们一起向着理想义无反顾地前进！

　　　　　　　　　　　　　　　　　　　2022 年盛夏于西湖大学云谷校区

01

一个人生活的时代塑造了一个人的
价值观，
也承载了一个人刻骨铭心的记忆。

家世故里

我是河南人 / 003

父亲是我最崇拜的人 / 008

我眼中的爷爷 / 015

小时候过年 / 025

难以忘怀的童年食趣（一）/ 029

难以忘怀的童年食趣（二）/ 034

从《高考 1977》说起 / 039

02

也许是生性逞强，
也许是命中注定，
我从小就事故频发，
有小的，有大的，
有不太要紧的，
也有危及生命的。
所幸的是，
我都有惊无险地顺利康复了。

成长足迹

逞强爱冒险的我 / 045

我的第一桶金 / 052

出国留学（上）：漫漫申请路 / 056

出国留学（下）：异国初体验 / 062

中餐馆打工 / 067

03

在回国过程中，
我想得最多的问题就是人为什么
活着。

生活百味

归来吧，我的朋友们 / 081

今天 3 000 米 / 085

我的时间分配 / 089

我想儿子 / 093

绘画与阳春白雪 / 097

半百知天命 / 100

仰望星空 / 104

04

师友情谊

人生共同途。

亦师亦友的杨振宁先生 / 111

吴瑞先生与华人精神 / 117

追忆查懋声主席 / 121

饶毅其人其事 / 126

怀念王旻大哥 / 136

05

育人之思

独立人格和脾气格外重要。
不要刻意磨平学生的棱角，
而是要鼓励学生发挥个性优势。

我们为什么上大学 / 147

"起跑线"重要吗？ / 150

试答钱学森之问 / 156

做诚实的学问，做正直的人 / 162

鼓励学生"唱反调" / 174

科技创新需要责任和勇气 / 176

人才培养呼唤良好的制度环境 / 180

人才培养需要实事求是 / 195

如何提高英文科研论文写作能力 / 199

如何提高专业英文阅读能力 / 204

06

人才的培养需要良好的环境，
包括公正公平和鼓励创新的科技体制，
着重能力培养的教育体制，
以及正气理性的浓厚学术氛围。

科教心得

中美两国科学之我见 / 211

世界一流大学与中国全面崛起 / 216

教育改革的支点：高校自主权 / 222

引进高层次人才时不我待 / 227

论中国核心竞争力：人才 / 230

再论中国核心竞争力：人才与环境 / 235

07

这辈子，
对我的人生观影响最大的地方
莫过于清华大学。

清华与我

我的清华，我的梦 / 243

我与清华生物系 / 245

回国这三年 / 249

厚积薄发，剑指国际 / 257

新清华学堂：我的艺术天堂 / 265

从清华感恩前行 / 267

08

毫无疑问，
创办西湖大学不是一件容易的事情，
但历史将证明，
这件事情对国家和民族意义重大。

西湖逐梦

大时代的大责任 / 273

梦想开始的地方 / 276

西湖已至，未来可期 / 279

来，我们一起去探路 / 286

人生选择从未后悔 / 289

后记

但求真实 / 297

01

家世故里

一个人生活的时代塑造了
一个人的价值观，
也承载了一个人
刻骨铭心的记忆。

我是河南人

　　我的家世比较复杂。从祖父辈算起，我的籍贯是云南大姚，那里是我爷爷的出生地，我在 2017 年跟家人去过一次。我父亲出生于浙江杭州，但生长于江苏、上海等地，后来在哈尔滨工业大学读书。我母亲来自江苏丹阳的吕城镇，高中毕业后考入北京矿业学院（中国矿业大学前身）。父母大学毕业后选择到条件较为艰苦的河南工作。虽然我出生在河南、成长在河南，但我对自己是哪里人的问题一度很迷惑，小时候的邻居和同学也总认为我们一家是南方人。高中毕业后，我离开河南，才逐渐意识到自己对生活了 18 年的故乡的眷恋。今天，无论什么人问我，我总是会很自豪地说：我是河南人。是的，我生于河南、长于河南，是地地道道的河南人。

　　我出生在河南郑州，两岁半就随父母下放到河南省中南部的驻马店地区汝南县老君庙镇（当时称光明公社）闫寨大队小郭庄。2009 年与母亲一起看电影《高考 1977》，老人家很有感触地回忆起当年下放的情景。1969 年 10 月的一天，父母一大早就把收拾好的家具和行李搬到大卡车上，上午 8 点多就离开了郑州，父亲带着年幼的哥哥坐在驾驶室司机旁边，大姐则站在后面堆满家具的露天车斗里。公路崎岖不平，虽然只有 200 公里的路程，卡车却颠簸了十多个小时才到达汝南县。而我和二姐都太小，所以跟着母亲坐火车先到驻马店镇，下来后再从火车站乘坐汽车到公社林场与父亲的大卡车会合。一家人到达小郭庄时已经是晚上 10 点多。

　　我们的新家是刚刚把牲口迁移出来的一大间简陋牛棚，地上的麦秸秆子还没有打扫干净。父母点上早已准备好的煤油灯，忙着卸家具，哥哥姐姐则帮着搬运一些较轻的物品。面对陌生的草房，闻着怪异的气味，我抱着母亲不肯松手，哭着闹着要回以前的家。懂事的大姐把我抱过去，告诉我这就是我们的新家。后来，父母多次整改这间牛棚，将其隔成小间、粉刷、装饰，浓重的牲口味才逐渐消失，这里也慢慢成为我童年记忆里第一个最温暖的家……这个家伴随我度过了幼儿时期的三年，在1972年离开小郭庄之前，我们全家一直住在这个村西头被改造过的牛棚里。

母亲描述的当时物质之简陋、生活之艰辛，我基本没有印象。经过许多年的过滤，我记忆中的童年只剩下无忧无虑的淘气和玩耍，唯一不尽如人意的可能是食物相对匮乏。由于家里孩子多，虽然父母都有收入，吃饱肚子没有问题，但吃什么就不得不精打细算了。如果一餐有肉，除大姐外的我们兄弟姐妹三人一定会掀起一场"大战"。说来很惭愧，那时我们谁都没有孔融让梨的觉悟。我是家里最小的孩子，可也是嘴最馋的一个。不论母亲把好吃的藏到什么地方，我总是能凭着敏锐的嗅觉把它们找出来偷吃掉，尽管每次都免不了挨一顿揍，但依旧乐在其中，屡教不改。1971年的春节，我还不到4岁，父亲从镇上买来几斤五花肉，做了一大锅香喷喷的红烧肉，任由我们几个孩子吃。一年多来第一次受到这样的"款待"，我们都不遗余力，狼吞虎咽。尤其是我，专拣肥肉，吃了满满一碗。吃完后身体很不舒服，难受了整整两天，什么都不想吃。这次惨痛的经历深深印在我的脑海，以至于后来将近二十年我都对肥肉犯怵，稍吃一点儿就会反胃、呕吐。直至现在，看到再美味的肥肉，我都心有余悸，很少品尝。

那时候，家里吃的东西有限，我们就到地里田间自己解决，童年里"淘食"的经历是记忆里最大的快乐之一。其中印象尤为深刻的是当地人俗称的"豌豆角子"。翠绿的豌豆角刚刚长大，里面的豆子还是瘪瘪嫩嫩的时候，其美味真是胜过天下任何水果！把豌豆角从中间一掰，但不完全掰断，顺势从连接面上撕掉一层透明的膜，再把另外一面的膜撕掉，剩下的部分往嘴里一丢，清脆香甜的口感难以描述。我们几个小伙伴经常猫在田里放肆大嚼，有时一不小心，一根竹竿就会狠狠地落在谁的脑袋上，看田的魏大爷恨透了我们这些防不胜防的"小害虫"，下手从不留情。但是魏大爷知道我们一家是从省城下放来的，对我们很照顾，他的扁担从来没有"光顾"过我的脑袋，他甚至还会偶尔在傍晚时用衣服兜一袋豌豆角送到我家。为表感激，我能干的父亲会帮他理发和裁衣。

村里的人朴实淳厚，对我们一家都很照顾，我也从没听母亲说过有任何被排斥的经历。因此，尽管在那个贫瘠的村庄只生活了不太记事的三年，可是每当说起来，我总觉得那里才是自己的第一故乡，对它有一种发自内心的亲切与眷恋。

1972年夏天，父亲的工作调到驻马店地区工业局，我们全家搬往40里之外的驻马店镇。离开那天，又来了一辆解放牌卡车，邻里乡亲都来送行，大人们帮着往车上搬东西，孩子们则围着汽车看来看去、爬上爬下。母亲从附近镇上买来两斤糖果，分给孩子们吃。这一次，我也随哥哥姐姐一起站在后面露天的车斗里。虽然一路颠簸，但丝毫不影响我们的心情，汽车马达的轰鸣声与耳旁吹过的呼呼风声让我们神采飞扬，十分惬意！

我们在驻马店镇住了整整8年。这期间，我开始懂事，也有了很清晰的记忆。平心而论，镇上的生活要比在小郭庄方便很多。但童年的我居然开始怀念农村生活，想念我的小伙伴。此后，这种感情便长久地跟随着我，更影响着我对世界的看法。在我心中，记忆并不清晰的小郭庄似乎是我永远的故乡。

尽管从1985年赴清华上大学开始，我基本没有长时间地住在河南过，但那里依旧是让我最有归属感的地方。在美国如果能够遇到一个河南人，我总是感觉分外亲切。海外的华人生物学家当中有不少河南人，比如以CUSBEA（中美生物化学联合招生项目）第一届考试第一名的身份赴美留学的王小凡、改革开放后在赴美留学生中首先成为美国科学院院士的王晓东。我和他们的交情也因为同是河南人而更加深入和自然。

后来，不知从什么时候开始，河南人的名声开始出问题。2001年我回国时，发现似乎处处都不欢迎河南人。最可气的是看到电视台的防盗公益广告——地铁里的乘客都说普通话，却偏偏让两个扒手之间用河南话交谈！真是岂有此理！这种明目张胆的歧视更激发了我为河南人鸣不平的志气。还好，有人主持公道，通过写书为河南人发声，我自己也买了那本叫《河南人惹谁了》的书，边读、边笑、边生气！虽然书里澄清了许多对河南人的误解，但一些例证在社会上得到了更广泛的流传，也给对河南人有偏见的人增添了不少素材。

顺便说说我自己经历的两件小事。一次是我在美国东北部的佛蒙特州基灵顿滑雪，在吊椅上碰到一个中国人，便亲切地聊起来。我很自然地问道："您是哪里人？"对方说："河北人。"我说："哦，那咱们离得很近，我是河南人。"这时对方不好意思地解释道："其实我也是河南人，在河北邯郸生活过两年。只是河南人的名声不太好，所以外人问时，我总说自己是河北人。"我听后真是哭笑不得。不是有"儿不嫌母丑，狗不嫌家贫"的道理吗？

另外一次是在国内某高校做学术报告，晚宴时某位校领导问我："施教授，您是哪里人？"我答："河南人。"他好像没听清楚，过了几秒钟，又问："您祖籍是？"我如实报出爷爷和父母的出生地，他于是恍然大悟道："哦，您是云南人呀！"好像一切都顺理成章了，他却绝口不提河南，真让我啼笑皆非。

在回国不久的一次聚餐中，我认识了清华水利系的一位河南老乡，此君妙语连珠。因为同座的还有几位山东人，他就拿河南和山东做比较，现摘录如下：

"为什么河南人名声不好？那是因为别的省如果有人做了好事，都是用省说话，比如山东出了梁山好汉，山东有孔圣人；可出了坏事，却是用市县去说，比如泰安有个杀人犯。可到了河南，反了。河南要是有好事，总是说市，比如洛阳的牡丹、南阳的孔明；可坏事呢，却一下子都说到河南省了。这么一来，就好像山东只出好人，河南只出坏人了。反正吧，我是这么觉得的：山东也有坏人，河南也有好人。"

我闻言会心一笑。其实全国各地，又能差多少？

从出生到 18 岁上大学，我有将近 11 年在驻马店地区度过。所以，我不仅是地道的河南人，更准确地说，我是驻马店人。今后您拿河南人开涮之前，最好四下观望一下，免得我在场让您下不了台。

后记 ｜ 本文写于 2009 年 8 月中旬，修订于 2022 年 4 月。2009 年 9 月 26 日，我偕妻子儿女，陪同母亲、大姐玉芬、二姐云楠，在离开了 37 年后回到了河南省汝南县老君庙镇闫寨村小郭庄。本以为不会有人记得几十年前的事情，事实却完全相反。几乎所有上了年纪的老人都出来了，热情地拉住母亲和大姐，自我介绍，嘘寒问暖，一再邀请我们住两天再走。很多村民得知我父亲早已辞世的消息后，纷纷向母亲表达惋惜、感激、思念之情。临走时，他们希望我们带些土产回来。推让再三，我们收下了 6 个刚刚从树上摘下来的石榴。这些乡亲的情谊让我感动不已。几十年前，他们就对我们全家照顾有加，今天，我该用什么来报答这些父老乡亲的厚爱呢？

父亲是我最崇拜的人

常常有学生和朋友问我：这辈子你崇拜过谁？过去几十年里，我最崇拜的人是我的父亲。在我的生命中，父亲对我产生了至关重要的影响。

我的籍贯是云南省大姚县，那是我爷爷施平的出生地。爷爷年轻时就接受了革命思想的熏陶，后来离开了家乡云南，就读于浙江大学农学院，在那里与我的奶奶杨琳相爱并结婚。奶奶是当时杭州进步学生革命活动的主要组织者之一，并因此被国民党政府判定是共产党员而被捕入狱。1935 年 1 月 5 日，我的父亲出生在浙江省杭州市，出生后 18 天，他的母亲就牺牲在国民党的监狱里。为了纪念奶奶，爷爷给父亲起名为施怀琳。

爷爷随后投身革命，参加抗日战争，无暇照顾我的父亲，只能把父亲托付给亲戚朋友抚养长大。新中国成立后，爷爷四处打听，才辗转在云南老家找到我的父亲，并把他接到北京。父亲从出生就命苦，可以说没有真正见到过生母，而直到长大成人后才与生父第一次团聚。

父亲是在哈尔滨工业大学读的本科，母亲在北京矿业学院读书，都是 20 世纪 50 年代的大学生。1962 年，父亲大学毕业后被分配到河南省电力工业局，次年母亲也从焦作矿业学院调到郑州，与父亲在同一个单位工作。1967 年 5 月 5 日，我出生在河南郑州，上面有两个姐姐和一个哥哥。我出生前后那几天，正好赶上河南省"文革"的高潮，所以我母亲找医院的时候历经周折，好不容易找到了一家愿意接收的医院，当晚生下了我。"文革"期间出生的孩子，父母起的名字大多带有时代色彩，叫"文革""卫东"的有很多。父亲很希望我有一个独特的响亮一点儿的名字，最后想了又想，决定取意一心为公，选择

"一公"作为我的名字。父亲赋予这个名字的寓意，在我一生中的很多重要关头，潜移默化地影响着我的选择。

我从懂事开始，就记得家里挂着一个精致的大相框，里面是一位面带微笑的年轻女子的黑白照片，那是我奶奶大学入学时照的。每次搬家，父亲总是小心翼翼地把相框包裹好。而每到一处，在新家安顿完毕后，他又会把相框擦亮，将其悬挂在家里最显眼的地方。父亲一辈子最难以释怀的，也许就是他对奶奶的无尽思念。

1969年10月底，我跟随父母下放到小郭庄的往事，我自己已经不记得了，后来母亲告诉我，我们家被下放的重要原因之一是受被打为"走资派"的爷爷的牵连和影响。"文革"期间，爷爷在"四人帮"的监狱里被关押折磨了四年半。

当时父亲认为我们一家人会一辈子生活在小郭庄，不会再有机会回到省城郑州了。也许是基于这个原因，父亲干农活儿特别认真。每天，天刚蒙蒙亮，父亲就起床，背上一个笼筐，拿把小铲子，顺着小路去捡拾牛粪，用于农田施肥。白天父亲则是到地里田间向乡亲们学习干各种农活儿。父亲很聪明，不仅很快熟练掌握了各种农活儿技能，还学会了一边撑船，一边在河里撒网打鱼。驻马店地处豫南，春夏季多雨，每次大雨过后，父亲都会带上大姐，两人配合到田间抓青蛙。父亲手持自制的长叉，循着声音用手电筒的光柱照射青蛙，此时的青蛙一动不动，很容易被长叉捕获，然后被扔到一个带盖的小口笼筐里。在田间转一大圈下来，就会有几十只青蛙入筐。第二天，父亲会烹饪美味的"田鸡宴"，给我们几个孩子解馋。

在我的记忆中，父亲特别能干，甚至无所不能。我们当时所谓的"新家"，是一个刚刚腾出来的牛棚，气味非常大。为了让我们住得更舒适，聪明的父亲弄来高粱秆、石灰、黄胶泥，把牛棚装修一新，还隔出好几个小房间。父亲还是一位很好的理发师。我在上大学以前的18年间，从没去过理发店，总是由父亲给我理发。当然，在这方面，哥哥姐姐和妈妈也靠父亲。父亲甚至还是个很出色的裁缝，我一直到小学毕业，没有买过一件衣服，大多数时候是穿哥哥姐姐穿小了的衣服，而哥哥姐姐的几乎所有的衣裤和我过年时偶尔惊喜获得的新衣服，都是由父亲亲手裁剪缝纫的。除了剪发和裁衣，父亲还掌握一套精细的木工手艺，会打造很美观实用的家具。20 世纪 70 年代，我们家里用的床、柜子、桌子、椅子，大部分都是我父亲亲手制作的，有些家具现在仍在使用。

对待左邻右舍，父亲更是一生助人为乐，这是他做人的准则。到小郭庄之后不久，父亲就成了全村 90 多口人的义务理发师。一年四季常常有老乡请父亲帮忙理发，逢年过节则是老乡们排队到我们家门口理发，而父亲则从来都是热心助人，大度宽厚。我们家从郑州搬到小郭庄时，带去的最珍贵的物件是一台半新的上海牌缝纫机。这台缝纫机在当地马上出了名，因为父亲不仅用它来完成我们全家的衣裤制作，还帮助全村的乡亲做衣服。春节前一个月，村里的乡亲大多会到乡里的百货店扯上几尺布料，回来请我父亲量体裁剪，大姐和母亲也会帮忙缝纫，我则几乎天天在缝纫机踩踏旋转的规律节奏声中入睡。后来大姐告诉我，父亲每年春节前为乡亲们裁剪、制作的衣裤多达近百件，从来不收钱。乡亲们为了感谢我们家的帮助，常常拿来自己家里的土产，比如红薯干、豌豆角等，我父母则还以一些白面细粮。久而久之，父亲在村里乃至大队和公社都开始享有名气，大家有事情、有矛盾时也会来找父亲商量调解，甚至邻村乡亲结婚都会请父亲参加，他颇受乡亲们的敬重。

刚到小郭庄时，村里还没有通电，电线杆只架设到光明公社和闫寨的大队部，村民们舍不得点蜡烛和煤油灯，一般天黑以后就上床睡觉了。晚上，整个村子漆黑一片，分外寂静，只有看家狗偶尔汪汪叫上两声。1969 年底，在征得村干部同意后，父亲带着大姐和几个乡亲，买来电线、瓷瓶，竖起一根根用树干削制而成的电线杆，把电从大队部一直引到小郭庄。小郭庄成为远近十多个村庄中第一个通电的，这在当时当地是一件了不起的大事。

1970 年以后，父亲在全公社唯一的高中讲授数学和物理。他讲课认真而又生动，颇得学生喜爱。后来，我们举家搬到驻马店镇，父亲又在当地的机械厂带领技术人员进行硬质合金的技术革新。1977 年恢复高考，父亲辅导表姐、表哥、大姐认真复习数理化，给他们讲解方程式、热力学等。虽然我当时一点儿都听不懂，但感觉很酷、很神秘，这种耳濡目染的经历让我从小对科学充满兴趣。等我们回到郑州，父亲又去郑州工学院（今郑州大学）任教，给大学生讲课。再后来，他又去工厂，做管理工作……

父亲的性格和秉性对我的一生影响至深。他很幽默，在家里常常给我们讲笑话、开玩笑。他很豪爽，待人宽厚，做事情很大气，从不斤斤计较。更重要的是，他遇事总是很乐观，对生活充满了热情。我从小到大都没有听到过父亲抱怨任何事情，他就是我们家的"啦啦队长"。记得在驻马店镇机械厂居住的那段时期，因为家里经济拮据，晚餐常常只有主食，基本上没有炒菜。我吃饭没有胃口，就会抱怨几句。有时，大姐会把很辣的青椒切碎，用酱油浸泡，这样吃起来很下饭，这时父亲就会绘声绘色地给孩子们讲述吃辣椒的好处；有时，母亲拿布票或粮票到外面换凉粉回来，切成小块，加入酱油、葱花，淋上几滴小磨香油，就是主菜了，这时父亲就会讲解豆制品的营养。其实，吃饭的时候听父亲讲话是一种享受，父亲的话总是很有新意、很精彩，听着听着一顿饭也就结束了，我们也就一点儿都不觉得日子苦了。不过那个时候，我和哥哥姐姐常常"烂嘴角"，张嘴就疼。现在想来，还是缺乏营养造成的。

父亲喜欢唱歌，唱起歌来很有范儿。在驻马店镇生活的那几年，父亲常常骑车带我出去，一边骑车一边吟唱样板戏选段，其中《智取威虎山》和《红灯记》里的几段，我都是在父亲的自行车上听会的。2014 年底，新版的《智取威虎山》上映，我马上想起父亲，立即去电影院里回味了精彩的剧情，也更加怀念我亲爱的父亲。

父亲的厨艺极佳，虽然平时主要是妈妈做饭炒菜，但逢年过节都是父亲掌勺儿，他每次都能炒出一盘盘可口的菜肴。1985 年我被保送到清华大学之后，父亲很高兴，亲自下厨给我做了一桌美味庆祝。

不知不觉中，父亲成了我的偶像，我做事的时候总想得到父亲的夸奖。父亲对我既慈祥又严格，他很少批评我，但也很少表扬我。即便是我获得 1984 年全国高中数学联赛河南赛区第一名，他也只是轻描淡写地赞扬了我两句，并要我看到不足、戒骄戒躁。不过，父亲心里的喜悦还是掩饰不住的，得知我在数学竞赛中获奖的那天晚上，他专门炒了两个好菜，还买了二两卤牛肉，算是一种庆祝吧。

父亲总是希望我能够做得再好一点儿，不能知足常乐，而我也一直为了让父亲以我为傲而努力学习和进取。直到现在，我做每一件大事的时候，总能想到要对得起父亲的在天之灵。从小到大，对我影响最深的人是我父亲，而我真正意识到这一点，是 27 年前的一天。

1987 年 9 月 21 日，父亲被疲劳驾驶的出租车撞倒在自行车道上。当司机把我父亲送到医院的时候，父亲还处于昏迷状态，但血压和心跳等生命体征都还正常。但是，医院急救室的那位医生告诉肇事司机，必须先交付 500 元押金才能救人。四个半小时之后，待司机筹了 500 元回来的时候，父亲已经测不出血压，也没了心跳。我最敬爱的父亲在医院的急救室里躺了四个半小时，没有得到任何救治，没有留下一句遗言，也再没有睁开眼睛看他儿子一眼，就离开了这个世界。这场意外事故对于还在上大学三年级的我的打击实在太大了，我无法承受突然失去父亲的痛苦，我的世界倾覆了，我的价值观崩塌了。在之后一年多的时间里，我常常夜不能寐，凌晨三四点跑到空旷的圆明园内一个人抒发心中的悲愤。直到今天，夜深人静时我还是常常想起亲爱的父亲，也抑制不住对父亲深深的思念。当时这件事让我非常痛苦：医护人员的天职不是救死扶伤吗？为什么见死不救？为什么不救救我的父亲？

后来我逐渐想通了，这样的悲剧不止于我一个家庭。中国这么大，有这么多人，每天不知道有多少人、多少家庭在经历着像我父亲一样生离死别的悲剧。

父亲活着的时候，总是不遗余力地帮助邻里乡亲和周边许许多多没有那么幸运的人，以自己的善良付出给这个世界带来温暖和关爱。子承父志，如果我真的有抱负、真的敢担当，那就应该用自己的行动来改变社会，让这样的悲剧不再发生，让更多的人过上好日子。我开始反思，也开始成熟。

我一直都非常幸运。我从小学就接受了很体面的教育，中学、大学更是如此，而且大家都很关照我。我不缺吃，不缺穿，我缺啥呢？我觉得我缺乏像父亲一样的胸怀和抱负。父亲去世后，我真正开始懂事，我发誓要照顾好我的母亲，回报从小到大关心爱护我的老师和父老乡亲，用自己的力量让周围的世界变得更加美好。这种心情跟随我在国外漂泊了18个春秋。

现在我回来了，回到了清华大学。总有一些人在揣度我的回国动机，说施一公回来是为了如何如何。其实，我不止一次地告诉了大家自己的真心话：我回到清华最想做的事就是育人，培养一批有理想、敢担当的年轻人，在他们的可塑性还比较强的时候去影响他们，希望清华的学生在增强专业素质、追求个人价值的同时，也清楚而坚定地从内心深处意识到自己对于这个国家和民族义不容辞的责任，承载起中华民族实现强国梦之重任！

2015年1月5日，是我父亲的80岁冥寿。这天，我恰好在父亲的出生地杭州开会。一天忙碌之后，我回到酒店房间，情不自禁地想起父亲，泪流满面，只能给父亲的在天之灵写信："爸爸，您走得太早了、太急了，都没能过上一天好日子，也没能在去世前叮嘱儿子哪怕一句话。27年来，儿子拼命努力，只怕辜负了您的期望。"

我深深地怀念我的父亲，也希望自己能有像父亲一样的大爱和情怀。父亲的吟唱似乎就在我耳边：今日痛饮庆功酒，壮志未酬誓不休；来日方长显身手，甘洒热血写春秋！

后记 | 本文写于 2015 年 2 月 21 日，修订于 2022 年 6 月。在过去的几年里，随着西湖大学的创建，我的重心逐渐从北京转到杭州。甚至业余跑步，我在杭州的总跑量也超过了 8 000 公里。我成了名副其实的新杭州人。在这座父亲出生的城市，我做事情似乎能感受到一种特殊能量的推动。这期间，我总会自言自语地和父亲分享每一个重要的进展，从西湖大学的成立到云谷校区的启用。但不知为什么，我在夜里从未梦到过父亲，这一点让我怅然若失。但我相信，父亲在另一个世界关注着我的一举一动，护佑着我。

我眼中的爷爷

我的爷爷施平于 1911 年 11 月 1 日出生于云南省大姚县，今年即将 111 周岁。

爷爷的生平

爷爷原名施尔宜，参加革命以后，为避开国民党特务的注意，改名为施平。据说，我家祖上是将军，明朝嘉靖年间，举家从江西迁到云南戍边，在当地曾是名门望族。大姚县姓施的人很多，占据当地人口中的一定比例。施家祠堂直到 2016 年才被拆除，后来在原址上盖了一栋红砖青瓦的二层小楼，用作当地党支部学习基地。

爷爷一生的经历映衬着中国过去百年极不平凡、跌宕起伏的历史，他的人生画卷在近代中国抵御外来侵略、争取民族独立的时代洪流中展开。爷爷在家里排行老二，他的大哥原本在大姚主持家业，新中国成立后因地主身份被镇压，三弟后来经商，四弟则是潜伏在国民党"国防部"的中共地下党员，为解放战争的胜利做出了重要贡献。爷爷 15 岁时离开大姚到昆明求学，在那里受到了革命思想的启蒙和熏陶。1931 年，爷爷考上浙江大学农学院，在学校里认识了我的奶奶杨琳。大学期间，爷爷要求进步，积极参加"一二·九"抗日救亡运动，曾以浙大农学院"学生抗日会"主席和浙大"学生自治会"主席的身份两次面见蒋介石，力陈抗日救国的主张，要求国民政府对日宣战。1938 年，爷爷加入中国共产党，先后担任浙江省云和县、庆元县的县委书记，组织抗日工作。1941 年，爷爷参加新四军，从事民运工作。新中国成立后，爷爷任中共中央华东局青年团工委副书记。之后，他费尽周折，终于找到了从出生之后就再也没有见过面的长子，也就是我的父亲施怀琳。1953 年，爷爷任北京农业大学党委书记，和孙晓村校长一起开拓进取，团结高级知识分子，营造积极向上的氛围。后来，爷爷还担任了该校代校长。

1960 年，在"反右"运动中，爷爷被扣上"右倾机会主义"的帽子，被撤销一切职务。1962 年平反恢复工作后，他被调任为中共中央华东局农业办公室副主任。1967 年，上海造反派掀起"一月革命"风暴，爷爷被打成"现行反革命"投入监狱，被关押四年半。1973 年出狱后，爷爷又被送至五七干校接受劳动改造。1978 年，爷爷第二次得到平反，出任华东师范大学党委书记，回到了他熟悉的大学校园，他在学校拨乱反正，倡导改革，支持学术。1983 年，爷爷任上海市第八届人大常委会常务副主任兼秘书长，直至 1985 年离休。

儿童时期对爷爷的印象

父亲应该是特别崇拜爷爷的，因为我小时候常听父亲讲起爷爷，言语之中总是充满了敬佩之情。那时候虽然跟爷爷素未谋面，但我知道爷爷是个老共产党员、"老革命"，对爷爷的经历很是引以为豪。和小伙伴们一起玩耍的时候，我常常会添枝加叶地描述我爷爷的英雄事迹，心里颇为骄傲。

但那个时候，"文化大革命"正在延续，爷爷被关押在上海的监狱里接受改造。很多年以后我才知道，他和另外两位"犯人"一起被关在一个 6 平方米的小屋里，吃喝拉撒都在里面，饱受折磨，满口牙齿全部脱落，身患重病，情况非常糟糕。当时，父亲焦急万分，但对我们守口如瓶，不愿意让孩子们知道这些揪心而又无法解释的悲剧。

1970 年，我和哥哥姐姐跟随父母，从汝南县小郭庄去了一趟上海，此行的主要目的是看望爷爷，但爷爷还被关在监狱，未能如愿。那时我才三岁，还不懂事，对所见所闻完全没有记忆，只有在上海火车站前面拍摄的一张全家福的黑白照片，提醒我年幼时去过上海。

与爷爷相见

1981 年暑假，我结束了在河南省实验中学初中二年级的学习，和在郑州九中读高中的二姐云楠一起，坐绿皮火车从郑州去上海。当时的火车行驶速度很慢，虽然我们买的是快车票，但近 1 000 公里的路程还是花了十六七个小时。正值酷暑，车上拥挤闷热，让人心烦意乱。我们还遇到不讲道理的壮汉非要挤占姐姐和我的座位，而姐姐又晕车……总之，一路颠簸，疲惫不堪，但我们内心仍充满着即将见到爷爷的期待和憧憬。

不过，姐姐和我其实也都很忐忑。在我们心里，爷爷经历过战争岁月，在多处担任要职，是做大事、见过大世面的人，又长期生活在摩登的上海。而我们从小在农村长大，土里土气。我们担心自己会不会给爸爸妈妈丢脸？会不会被爷爷看不起？叔叔和姑姑会不会不待见我们？

然而，所有这些思绪，都在抵达上海之后被一个突发事件打断了。当年郑州到上海的普通列车的全价票为每人 14 元，坐快车需要加一个加快费用，每人 3.3 元，所以总价是 17.3 元。如果是孩子探亲，则可以买半价票。为了省钱，姐姐和我以探望爷爷为名，都买了半价学生票，加上加快费用，每人 10.3 元。但万万没想到，在上海火车站出站的时候，我们被一个年轻的检票员拦了下来。他上下打量我们，不相信我们是来探亲的，把我和姐姐带到了一间小屋里审讯，逼问我们爷爷在哪里工作。我和姐姐从没见过这种场面，都害怕给爷爷惹乱子，不敢回答。于是，检票员咄咄逼人，要求我们补票，还威胁说要将我们移送公安机关。可是我们身上一共只带了 5 元钱，不够补票的钱，只好告诉检票员，爷爷是华东师大党委书记施平。检票员愣了一下，问我要了爷爷的电话号码。过了一会儿，他说电话打不通，而且号码不是华东师大的。他的气焰也因此更加嚣张，便让我俩一个待在屋里，另一个出去找钱。我和姐姐在惊恐中商量后，决定由我去爷爷家里借钱。我出了上海站，转了两趟公交车，终于找到爷爷家。幸好叔叔施小平在家，我一五一十地讲了情况，然后拿着20元钱原路返回，补交了差价，才把姐姐从小屋里"救"了出来。

历经旅途颠簸和上海火车站检票员的恐吓，姐姐和我终于到了爷爷家。晚上6点多，爷爷下班回家。我们第一次见到了爷爷，感觉很亲切又很陌生，叫了声"爷爷"就不知道说什么了，表现得很拘谨。爷爷倒是十分随和，简单问了我们几句之后，就招呼全家一起吃晚餐。我谨遵爸爸妈妈的教诲，不只挑有肉的菜吃。饭桌上大家七嘴八舌，等到大家都吃完了，我才吃得半饱，便赶紧把剩下的饭菜一扫而光。

晚餐后，爷爷坐下来跟姐姐和我聊天。小平叔叔先向爷爷讲述了我们补票的事情，爷爷听后非常生气，说检票员胡来，怎么能这么欺负外地孩子呢？上海人的形象都被这些人搞坏掉了！爷爷还问我们，为什么不直接给他打电话，我说我们只有家里的电话，但检票员说没人接。小平叔叔赶忙说自己一直在家，没人打电话来。看来检票员真是个坏人！

随后，爷爷仔仔细细地询问了我们郑州家里的事，特别是我大姐、哥哥、二姐和我的情况，得知我们几个的学习成绩都不错，他特别高兴，鼓励我们要好好学习，将来像爸爸一样考上大学。我们与爷爷的谈话也就20分钟，然后他就回书房处理公务了。奶奶蒋炜给了姐姐和我一大笔钱，印象中应该是30元，让我们在上海好好玩玩。

这趟上海之行，我们姐弟俩愉快地玩儿了近三周，充分感受到我国这座最现代化城市的魅力。我很喜欢在上海逛街，氛围令人感觉很惬意，街边林立着许多有特色的建筑和精致的小店，摩登又复古的气息扑面而来。爷爷家在静安区，和我爸爸从小就很亲的大姑妈住在虹口区，她的小女儿俞掌华和我哥哥年龄相仿，待我如亲弟弟。我常常坐公交车去大姑妈家里跟掌华玩儿，也逐渐学会了几句简单的上海话，其中"一角一张"（上海话发音类似于"一锅一匹"）用于公交车上购票很合适，但我的发音还是不太像本地人。有一次在公交车上，我说上海话，被售票员识破了外地人的身份，还调侃了我一句"侬个小赤佬"，搞得我很狼狈。

此后，我又至少两次暑假去上海找爷爷。我惊奇地发现，上了年纪的爷爷居然跟我一样爱吃甜食！每天晚上9点半左右，奶奶都会切一个西红柿，放在小碗里，撒上白糖，给爷爷加餐。爷爷吃几片之后，就会拿给我吃，西红柿很甜，糖放得很足。

在美国招待爷爷

1990年3月底，母亲和姐姐陪我来到上海，做出国前的准备，住在爷爷家。4月2日一早，一家人到虹桥机场为我送行。我怀着复杂的心情，和亲人们挥手告别，乘坐国航CA981航班，踏上了奔赴大洋彼岸的征途。和爷爷这一别，就是整整6年。直到1996年，已经85岁高龄的爷爷和70多岁的奶奶来美国，我和妻子仁滨带着两位老人在巴尔的摩玩儿了两天，又驱车到70公里外的华盛顿玩儿了两天。

爷爷特别喜欢游玩，更酷爱拍照。他随身携带了两个相机，一个是傻瓜自动相机，还有一个是比较专业的手动单反相机。无论走到哪里，只要看到新鲜或美好的景象，不管是花草、树木还是建筑、人物，他都要拍照。

华盛顿的中心广场附近有很多景点，爷爷说都要去看一遍。当天一大早，我们驾车从巴尔的摩出发，上午9点之前就抵达中心广场。我们先去参观了美国国会山，然后驱车前往中心广场另一端的华盛顿纪念碑，紧接着旁边不远就是美国总统府白宫，但那时已经过了参观时间，我们只能在外面合影留念。中心广场两侧有几家非常著名的博物馆，其中必参观的是美国国家艺术馆和美国国家航空航天博物馆，里面的内容实在太丰富了，我们只能走马观花，挑着重点简略欣赏。

爷爷似乎不知道累。走了一天的路，29 岁的我全身疲乏，两腿又酸又累，但 85 岁的爷爷兴致盎然、意犹未尽，总想再多看一会儿，多拍几张照片。好不容易下午 5 点左右结束了整整一天在华盛顿中心广场的徒步游，我开车回巴尔的摩，奶奶一上车就睡着了，而爷爷则是一路欣赏窗外的风景，偶尔拿出相机来拍照，还时不时地跟我聊上几句。

爷爷回到上海之后，希望把自己拍摄的照片出版成影集，印刷 1 000 本。因为都是彩色照片，又必须用油光纸印刷，费用很高，出版社需要作者自己购买所有影集，这样算下来，至少需要 10 万元。爷爷把自己毕生的积蓄拿了出来，但只有几万元，于是只能求助于美国的子孙后辈。我当时是博士后，仁滨还是博士生，我们商量之后，给爷爷寄了一张支票。爷爷特别高兴，给我们留了好几本影集。我们也很开心，这么高龄的老人有个人爱好，真好！

爷爷是我的坚强后盾

2006 年，我决定全职回国。没想到，亲戚朋友几乎一致反对，但爷爷给了我莫大的鼓励和支持。他在电话中对我说："你 1995 年就博士毕业了，现在都 2006 年了，早该回来建设国家了！"有了爷爷做后盾，我心里感觉非常踏实。我想，爷爷的意见也可以代表九泉之下父亲的意见，我回国就能告慰父亲的在天之灵。2007 年 5 月初，仁滨和我带着一对双胞胎儿女阳阳、雪儿从普林斯顿来到上海爷爷家里。这是 96 岁高龄的爷爷第一次见到曾孙和曾孙女，听到孩子们叫他"太爷爷"，他好不开心！晚餐时，四世同堂，其乐融融。此后，每逢到上海出差，只要时间充裕，我就会去看望爷爷。

2015 年，我和一群同道开始创办西湖大学，爷爷对此非常关心，对学校有很多憧憬和希望。我每次去看望他，他总要问我很多跟西湖大学有关的事情。2017 年，适逢浙大 120 周年校庆，爷爷作为老校友录制了纪念视频，在视频最后，他特别鼓励广大浙大校友要帮助、支持西湖大学。2019 年初，爷爷给我寄来一封亲笔信，在信中写道："我很想念你，我本想去杭州看你和西湖大学，但我从 2014 年就因病到华东医院治疗，说是终身的病，到现在还没有治愈的药，只能天天打针吃药，防止它发展。本来从上海坐车到杭州只要一个多小时，但医生不让我外出，所以我去不了杭州。"爷爷还说，西湖大学很好，这样一所特殊的学校得到了国家的批准，也备受大家的重视和期望，全家人都很高兴，也很兴奋。爷爷随信寄来一本高等教育出版社出版的《共和国老一辈教育家传略》，让我认真阅读，学习参考。

热爱生活的老顽童

和爷爷接触，常常会对"返老还童"和"老顽童"这两个词有更深入的理解。爷爷的血糖偏高，是不能多吃甜食的，但他酷爱糖果和各种饮料。叔叔告诉我，有一天阿姨没有留心，104 岁的爷爷自己溜达下楼，到街上买了一桶肯德基的炸鸡和一大瓶可乐。等到阿姨发现的时候，两升装的可乐还剩个底儿，炸鸡也被吃光了。当然，后果也是有的，血糖飙升之后，爷爷不得不求助于医生，把血糖降下来。2016 年春节，仁滨和我带着阳阳、雪儿到上海过节，大年初二到爷爷家里，因为人多，不容易做饭，便决定点外卖。结果餐馆的外卖都订满了，最后小平叔叔只好到楼下的肯德基买了三大桶炸鸡和几瓶可乐，四代人聚在一起吃炸鸡、喝可乐过年，我看就数爷爷最开心。

过了两天，仁滨和我请爷爷到当地有名的餐馆吃饭，爷爷还是钟爱甜食，菜品里他最喜欢的还是松鼠鳜鱼这样的甜酸口味。午餐后外出步行时，爷爷走到一个商店橱窗前就不走了，他仔细打量橱窗里的各种纪念品和礼品。我走过去，爷爷就一个劲儿地夸里面的纪念币设计得好，一边夸一边看着我。小平叔叔走过来告诉我："小公，爷爷想要这个纪念币！"我才恍然大悟，马上进店把这套纪念币买了下来，送给爷爷当新年礼物，老人家笑得可开心了。一回到家，爷爷就拿出放大镜，花了好一会儿，仔仔细细地研究这套纪念币。后来，仁滨和我给了爷爷压岁钱，爷爷也很开心，像个孩子一样把红包里的百元大钞拿出来一张张数一遍，然后小心翼翼地再放回去。

爷爷毕竟年过百岁，身体机能开始慢慢退化。为了保障爷爷的身体健康，从几年前开始，他就长期住在华东医院，医生不再允许他回家里过夜。爷爷最明显的症状是双腿肌肉萎缩，直到 2017 年，106 岁的爷爷都能自己行走，后来就慢慢依赖轮椅，现在已经完全不能自己站立或行走了。不过，即便在轮椅上，爷爷也常常请求护士推着他到医院的花园里赏花、拍照。爷爷前后一共出版过 5 本影集，大多数是花卉和自然景色，俨然是一位"文艺青年"。

虽然无法行走，但爷爷的头脑依然灵活，尤其乐于关注新鲜事物。直到2019 年，他每天都会阅读报纸、杂志，看电视新闻，也常常问一些时髦的问题。有一次，爷爷突然问我："机器学习的原理是怎么一回事儿？"搞得我一时回答不上来。爷爷对大数据和人工智能特别感兴趣，还尤其希望详细了解基因编辑等生物科技。我每次去看望爷爷，他都会问我很多专业问题。

爷爷的听力很弱，一直用助听器进行交流。2018 年以后，爷爷的听力几乎完全丧失，旁人大声说话他也很难听到。我去华东医院看望他时，我们会通过文字进行交流。爷爷会把问题手写在本子上，然后我写字回复他。爷爷会架起眼镜仔细端着本子看，再写下一个问题或评论。这样的交流很慢，但每次都让我记忆深刻、格外珍惜。

爷爷的一生充满坎坷，好几次经历生死攸关的至暗时刻，但他始终意志坚定、乐观豁达、不屈不挠，毕生都致力于民族独立、国家富强。爷爷在他的文集里，自喻是一只"土拨鼠"："长着一双有力的前爪，匍匐在大地母亲的怀抱，东拨土，西拨土，种鲜花，去杂芜。"他用人生书写的传奇故事，他的勇气、智慧和乐观主义精神，将永远激励着我向理想前行，继续勇敢地拨土、种花、去芜。

我特别喜欢听爷爷讲过去的事情，其中我最感兴趣的是亲奶奶杨琳的身世。奶奶在生下父亲18天之后，牺牲在杭州的国民党监狱里。我问爷爷，奶奶是共产党员吗？爷爷告诉我，国民党逮捕她是认定她的共产党身份的，但是她从来没跟爷爷说过。按照组织规定，在革命年代，夫妻之间是不能告诉对方自己的党员身份的，因为要杀头，所以尽量不连累亲人。2020年10月下旬，我来到爷爷战斗过的庆元县，站在咏归桥上，忍不住感慨过去几十年的巨大变迁。

2020年初暴发的新冠肺炎疫情对爷爷影响很大。过去多年，都是小平叔叔在照顾爷爷，叔叔每天都会去华东医院看望爷爷，陪爷爷聊天。但受疫情影响，小平叔叔无法经常去探视和陪护，导致这两年爷爷的精神状态急剧下降。因为牙床退化，没法儿戴假牙，口腔附近的面部有所凹陷，进食也改为导管鼻饲，从照片看上去，爷爷的情况不乐观。但愿新冠肺炎疫情早日结束，希望爷爷健健康康地走下去，我期待着给爷爷庆祝112岁、113岁……120岁的生日。

后记 ｜ 本文写于2022年6月1日。2022年12月，随着防疫政策的调整，全国各地新冠肺炎疫情大规模暴发，我很担心爷爷的状况，于是在12月25日给阿伟婶婶发了短信问："爷爷还好吧？"第二天一早婶婶回复："不太好，前天发烧38度，很多护工和医生都阳了。"当天下午我再次收到短信："刚刚医院来电确诊阳性，发烧39.6度。"高烧很快转为肺部感染。天哪，111岁的老人怎能扛得住这样的高烧和感染！在医护人员的悉心诊疗下，爷爷的病情得到及时控制。28日，婶婶给我发短信："退烧了，今天36度。"老人又躲过了一劫！我怀疑爷爷是世界上患新冠肺炎之后顺利康复的最年长老人之一。

2023年2月5日，恰逢正月十五元宵节，我专程去上海华东医院看望爷爷。护工告诉我："爷爷昨天一夜没睡，看电视、看报纸，今天早晨到现在一直在睡觉，叫都叫不醒。"下午4点，我好不容易叫醒了爷爷，他睁开眼，盯着我打量。我大声说："爷爷，您还认得我吗？"他仍旧盯着我。我让护工拿来一张白纸，用粗笔写了几个大字"爷爷，我是小公，施一公"。他盯着纸看，又撇了我一眼，点点头，张张嘴要说话但没说出口，眼角流出眼泪，护工赶紧拿纸巾帮他擦去。我紧紧握住爷爷很柔软的手，感受着他的体温，大声重复着几句问候的话语。其实他已经听不见了。护工告诉我，爷爷的眼睛很好使，总要看报纸，而且总问报纸上的字体能不能印得大一点儿。有时他会说想吃米饭，问护士能不能拿一碗米饭过来。听来让我心疼。我感谢了护工，告诉爷爷3月"两会"后再来看他，便离开了华东医院。爷爷的一生是个奇迹，这个奇迹一定会继续演绎下去。

小时候过年 ①

　　小时候，我最盼着过年，因为过年意味着有肉吃，有糖吃，而且可以不受限制地吃上两天左右。在我初中毕业之前的十多年里，每年春节都是我最享受、记忆最丰满的时光。

　　每年春节前几天，大家都在紧锣密鼓地准备，要花很多时间，付出很大努力，应该说这是一个听起来很艰难甚至很痛苦的过程，但同时因为满怀对过年的期盼，心里又很快乐，可谓痛并快乐着。

购置年货

　　当时还是计划经济时代，几乎所有食品与物品都是凭票供应和购买的，包括粮票、布票、油票、肉票、带鱼票、烟酒票等。从我懂事开始，每年春节前我都会跟爸妈排队等候五六个小时购买年货。冬日的寒风里，我们排在长长的队伍后面，时不时地数一数前面还有多少人，一步步往前挪。快排到的时候，心中燃起希望，眼巴巴看着一块块好肉被前面的人挑走，心情真是波澜起伏。

拔猪毛

　　买到年货之后，腊月廿九就开始处理各种肉品，准备食材。最难忘的是1978年春节，家里买了一个猪头。真没想到猪头上有这么多又粗又硬的浅色猪毛，扎根很深，不拔出来的话很难享受美味的猪头肉。我自告奋勇地加入

① 本文写于 2023 年 1 月 30 日。

拔猪毛的斗争中，和哥哥姐姐一起围坐在猪头边，人手一把镊子，一根根拔毛。拔猪毛时要用力捏住镊子使劲儿拔，才可能不滑脱猪毛，拔出三四十根毛就累得手指酸疼。哥哥想出好办法，用热水浇到猪头上，等厚厚的猪皮变软一些，就比较容易拔毛。但我们一次次浇热水，烫得猪皮都快熟了，毛还没拔多少。爸爸想出一个奇招，用火烤化松香，浇到猪头上，松香瞬间凝固，和猪毛紧紧粘在一起。我们把松香揭开，果然几乎没有遗漏地连根拔出所有猪毛。折腾了整整一晚上，闻着猪头的各种腥味，换了好几种方法，总算把猪毛拔干净了。拔完猪毛的那一刻，我对吃猪头肉的兴趣着实减了不少。

打牌

过年最精彩的活动不仅仅是精心准备年夜饭，更是一家人热热闹闹团聚在一起带来的无穷幸福感。那时，我们家的传统娱乐项目是一起打扑克牌——"争上游"。里面有很多花样，包括"同花顺""炸弹""三带二"等，核心规则是各自为战、尽量得分，只有 5、10、K 算分，K 算 10 分。每个人要尽量多得分，最后各自算分，但最后一名要给第一名"进贡"20 分。年夜饭之后，8 点多全家就聚在圆桌前开始打牌，一般一直打到凌晨三四点。大年初一只有两顿饭，上午 10 点左右一顿，下午 4 点左右一顿，其余时间大家都在打牌。只有街坊邻居来拜年的时候，我们才短暂停止打牌。因为云楠姐姐和我年龄小，被视为孩子，打牌又不缺人手，所以大人们一般不让我俩上桌，只能围观。对这一点，我一直表现出最强烈的抗议。直到我上了初中才被允许上牌桌。每次打牌我都很亢奋，尽享其中的妙乐！

也许是因为从小受环境的熏陶，我一直酷爱打牌，直到今天这都是我最喜欢的一项娱乐。1992 年我在巴尔的摩读书期间，每个周末都会到张利群家里打牌。利群是低我一届的清华生物系同学，一起打牌的还有利群的夫人大红、我的大学同班同学肖战和邓京，5 个人最适合打两副牌的"找朋友"。一般情况下，我们会选择周五下午实验结束后到利群家里一起吃晚餐，大红厨艺极佳，能做出一桌美味佳肴。饱餐之后，我们从晚上 7 点开始打"找朋友"，常常打到凌晨两三点，仍意犹未尽。最夸张的一次，我们从周五下午 5 点开始，一直打到周六晚上 8 点，其间 27 个小时除了吃简餐和去洗手间，都在一刻不停地打。最有能耐的是邓京，凌晨 4 点以后，他闭着眼睛休息，几乎是睡着的状态，但每一次轮到他出牌，他都毫不含糊，睁开眼打出一张牌以后再接着睡几秒钟，真是牌神！

打牌的传统自然延伸到我结婚之后的家庭，仁滨和她弟弟仁军都喜欢打牌。仁滨的父母长期和我们住在一起，仁军也住在普林斯顿小镇附近，于是我们 5 个人常常凑在一起打牌。2004 年阳阳和雪儿出生以后，我们把他俩各放在一个汽车儿童椅里，扣上安全带，然后把两个椅子放在长方形桌子的一头，而我们 5 个人则在桌子另一头打牌。所以两个孩子从婴儿时期就开始受到打牌环境的熏陶，长大后也都特别喜欢打牌。在刚刚过去的 2023 年春节假期里，岳父、仁滨、阳阳、雪儿和我 5 个人在大年初一、初二、初三连着打了三个晚上的"找朋友"。大年三十晚上，我们也是在饶毅家打牌度过的。

放鞭炮

小时候过年，放鞭炮也是不可或缺的娱乐项目。街头巷尾到处可以看到卖鞭炮的，各种鞭炮和烟花应有尽有。但烟花很贵，一般我们家只买两三种，所以我们常常和邻居家一起放烟花，这样可以互相观赏。鞭炮就不同了，大大小小非常多，基本都是来自湖南浏阳的，所以我从小就知道和向往浏阳这个地方。大的炮仗可以单卖，最大的有小手腕粗细、10 厘米长，威力巨大；小的只有大米粗细、2 厘米长，炸起来细声细气，淘气的孩子们甚至可以用手指捏着小炮尾部的一丝纸头，点燃引线让小炮在手上爆炸，指头微痛，但不碍事。这样的小炮仗不单卖，都是一挂一挂的，用透明红油纸包着，有 20 个一挂的，也有 50 个一挂的，其中最常见的是 100 个一挂的，几毛钱一挂。炮仗买来以后，我会拆开中间连接炮仗的捻线，这样炮仗就散开了。把这些散开的小炮放在裤兜里，点上一根香烟做火源，就可以满世界去放炮了。一般引线点燃之后会有大约一秒的滞后时间才会引爆小炮，这段时间足够我把小炮扔出去听响声。但冒险的心理一直在膨胀，点燃引线后，我会捏着引线尾部滞留半秒甚至更长时间，在引线即将燃到炮身时再扔出去，这样做的后果就是偶尔失控。

炮仗事故

大约是 1976 年我 9 岁那年，春节正好赶上邻居孙伯伯的儿子结婚，孙伯伯给我们每个孩子一堆猛烈的大炮仗，大约半厘米粗细，4 厘米长。一开始大家都是把炮仗放在地上，点燃引线后跑开，捂着耳朵听响声。这样放炮虽然很带劲儿，但没有什么挑战性，于是孩子们开始尝试在手里点燃炮仗再扔出去。我这样战战兢兢地放了几个炮，很顺利，就开始想要炫耀自己的勇敢，推迟小半秒再扔出去。不巧，遇上一个引线燃烧得特别快，刚点燃就烧到了手指。我赶紧将炮仗往外扔，随着一声巨响，我的眼睛瞬间失明，满脸针扎一样疼。拿炮的右手极其疼痛，但因为看不见，我便用左手去触摸右手，但右手毫无知觉。我非常害怕，蹲在地上，承受着双目失明的恐惧，忍受脸和手的剧烈疼痛，同时想着父母会怎样责罚我。一分钟，两分钟……不知道过了多久，我的眼睛似乎能看到周围环境了，姐姐和邻居家的孩子都围在我身边，同情而又无助地看着我。得知我恢复视觉之后，他们都舒了一口气，否则他们回去也会挨罚的。我很侥幸地看着自己被炸得发黑的右手，摸摸正在恢复知觉但硬硬的几根手指头，说不出心里是什么感觉。但有一点是肯定的，回家一定不能告诉父母，否则以后的自由就难保了，于是我叮嘱邻居家的孩子和姐姐不要说漏嘴。现在想起这件事，真是感慨自己命大。

难以忘怀的童年食趣（一）

20 世纪 70 年代，我的童年在河南省中南部的驻马店地区度过，有太多难以忘怀的经历和故事。因为食品相对短缺，对那时的孩子们而言，吃是很重要的事，而食欲一向特别好的我对一些食品有着深刻的印象。红薯、白菜花、"大白兔"奶糖、西瓜……美食似乎定义了我的童年。

爱红薯胜过馒头

我印象中第一个最喜欢吃的食物是红薯。河南盛产红薯，驻马店尤甚。1969 年，我们全家搬到汝南县下面的小郭庄。我的父母都是干部身份，每个月各有 30 斤粮食配给，其中大部分是大米或白面这样的细粮，粗粮很少。农民自给自足，家家户户都有很多红薯。因为容易长、产量高，收获之后吃不完就把红薯切成片，晒成红薯干，储存起来慢慢吃。新鲜红薯可烤、可蒸、可煮，每一种做法都有不同的美味体验。我特别喜欢其中一种当地的红薯，水分不多，烤熟或蒸熟了以后，掰成两半儿，香味扑鼻而来，并且能看到其致密的淡黄色纹理。边吹气边啃，口感绵密香甜，回味良久。这种红薯的质地用当地方言形容就是"干、面"，类似后来吃到的糖炒栗子，但吃红薯却不需要像吃栗子那样费劲地剥壳。因为水分少而糖分高，这种又干又面的红薯吃起来要慢慢咀嚼，吃快了的话会噎着。而今街面上能买到的红薯做熟以后的质地和口感都很"稀溜"，当地土话的意思是"稀松如泥流"。

我家的粗粮供应没有红薯，而是玉米面。我对邻居家红薯的喜爱远远超过对自家白面馒头的喜爱。于是，我常常拿着家里的馒头去跟邻居家孩子换红薯吃，而邻居家的孩子很少吃馒头，所以特别愿意交换。我们各得其所，都很开心。后来我的父母发现家里刚蒸好的馒头很快就少了很多，才知道都被我拿去换红薯了。

驻马店的那种红薯是当地特产，我情有独钟。可惜后来回到郑州，我再也没见到那种质地绵密的甘甜红薯。郑州路边的红薯烤好之后，手感很软，很难从中间掰开成两半儿。即便勉强掰开之后，也大多是棕红色的稀疏纹理，尽管甜度尚可，但没有嚼劲，口感很一般。后来到北京，再到美国，我也没有见到过小时候在驻马店吃的那种妙不可言的红薯。

与白菜花的不解之缘

搬到驻马店镇以后，生活变得更加丰富。过春节仍然是家家户户一年中最重要的事情，也是孩子们最开心的几天。对我而言，过春节意味着可以好好吃几顿肉了，而且还有母亲和大姐给的压岁钱。

除夕是一年中最开心的时刻，父亲的厨艺在除夕会得到充分展示。下午4点开始，全家人就会一起动手，你洗菜我剥蒜，你炸丸子我切葱，热热闹闹。到了最后一步，父亲掌勺儿展示"炒功"，十多个炒菜，一个接着一个，热气腾腾，新鲜出锅，我们几个孩子便心满意足地围坐在桌边享受美味。有一年除夕，父亲拿回来一个白色的超大"蘑菇"，很神秘地告诉我们这是白菜花，他要做"肉片炒白菜花"。我很好奇，帮着洗了白菜花，将它按要求切成小块，站在旁边看父亲炒菜。葱姜爆锅后，五花肉下锅翻炒，酱油和盐少许，香味四溢，再加入事先备好的白菜花，略微翻炒，焖上一分钟，白菜花刚熟就起锅了。我品尝了第一口，有种说不出的喜欢，口感饱满爽脆，满口鲜香，实在是太享受了。我对"肉片炒白菜花"的喜爱程度，甚至远远超过了之前并列的两个最爱：糖醋排骨和"家传"红烧肉丸。当时，一般的蔬菜都很便宜，常常几分钱一斤，但白菜花很贵，每斤要一块多，所以我们只有在过年时才能吃到这道菜。

我对白菜花的喜爱一直延续到现在，每次去餐馆吃饭，总忘不了点"干锅菜花"或要求师傅做一个"肉片炒菜花"。虽然味道都不错，但任何餐馆的口味都达不到父亲当年的水平。很让我惊奇的是，我儿子对白菜花也情有独钟，第一次带他去餐馆点餐，他就喜欢上了"肉片炒菜花"，以后每次必点。我们两人对绿菜花（也叫西蓝花）完全没有这样的感觉。

世界上不能没有"大白兔"

跟大多数孩子一样，我从小就酷爱糖果。长大了以后，我还是酷爱吃糖果，只是种类有了变化，应该说变得更挑剔，主要吃一种糖果：上海的"大白兔"奶糖。在写这篇文章期间，我又吃了二三十颗"大白兔"。

我已经不记得自己第一次吃"大白兔"是什么时候了，可以肯定是在童年，在驻马店镇，十有八九是父亲去外地出差时带回来的。小时候，父亲经常出差，而我最关心的不是父亲何时回来，而是父亲何时带美味糖果和玩具回来，总是盼星星盼月亮地想着父亲可能带回来的各种美味。我第一次吃"大白兔"就爱上了，入口咀嚼，便有一股纯正香甜的奶味，那种糖果在嘴里溶化的感觉……天哪，人世间还有这么美妙的食品，吃完一颗就忍不住想吃第二颗！这种感觉只能和第一次品尝冰激凌的感受相提并论。遗憾的是，"大白兔"实在不是父母可以经常供给孩子们的食品，那是奢侈品，是奖励，是一年大约只有一两次的特殊待遇。

在美国留学和工作期间，我意外地发现在华人营业的超市里可以买到"大白兔"奶糖。而2008年我回到清华以后，更是发现我钟爱的"大白兔"广受青睐，在各种超市都有售。于是，"大白兔"成了我办公室里必不可少的补给品。我常常写学术论文，进行高强度脑力工作的时候，全身百分之八十以上的葡萄糖会提供给大脑消耗，大脑则急需补充糖分。于是，写论文的过程就是我吃糖最集中的时刻，我的一篇学术论文一般都是靠一公斤左右的"大白兔"奶糖支撑下来的。

于我而言，世界上可以没有其他糖果，但不能没有"大白兔"奶糖。

情有独钟是西瓜

我喜欢各种水果。小时候，驻马店镇路边摆摊的水柿实在好吃，从上面轻轻把皮儿撕下略微拨开，把嘴凑上去，对着棕红色晶莹润泽的柿瓢轻轻一吸，嘴里品尝到那甘甜味道的一刻，妙不可言。路边的青枣也甘甜适口，一口咬下去，甜脆劲爽，裤兜里可以鼓鼓囊囊塞上十几个，边走边吃，感觉美妙极了。还有学校门口的甜秆儿，虽然只有甜味，但也能满足我对美好生活的期待，有时5分钱就能买一根和同伴、同学分享。后来我发现从南方运过来的甘蔗，水分更足、甜度更高，只是价位超过了我衣兜里的零花钱。至于香蕉，则是奢侈品，小时候一般是吃不到的。逢年过节亲戚朋友会赠送几根，那真是如获至宝。细细品尝，味道不是很甜，但很独特，还可以留着向小伙伴们炫耀。

在众多水果当中，我最喜欢的当数西瓜，当然，最喜欢那些很甜很爽口的西瓜。当年在驻马店镇的街头巷尾，我总能找到摆摊卖西瓜的，一牙儿一牙儿（一牙儿就是一瓣儿的意思）地卖，5分钱一定可以买到一牙儿，有时2分钱也可以蹭一小牙儿。西瓜几乎全是水分，甜美可口，还解渴。从街头买来的西瓜，我都会心满意足地享用到只剩薄薄的一层白瓜皮。每逢酷热难当的盛夏中午，我就会盼着父母下班回家，因为在他们自行车后座上发现一个西瓜的概率很大。因为天气热，西瓜也是热乎乎的。为了获得更好的口感，家人会把西瓜洗干净后浸在冷水里，吃的时候再平均分成8份，父母、大姐、二姐、哥哥、表哥、表姐和我。我一般会把最好吃的瓜瓢刮下来放在碗里，留到最后享用，然后先吃瓜皮附近的果肉，甚至啃瓜皮，倒也心满意足。

那时的西瓜很便宜，五六分钱一斤，一个大一点儿的西瓜要不了一块钱也搞定了。驻马店地区的西平县盛产西瓜，为了省钱，有能力的单位都会安排卡车去县里，从瓜农手里直接买西瓜。我最开心的事情之一就是随行。两三个大人挤坐在驾驶室里，坐不下的大人和我们几个孩子坐在卡车敞开的车厢里，一大早出发，一路颠簸，直奔西平农村的瓜田。到了以后，大人们忙着讨价还价，我们几个孩子则是先随意地吃。瓜农们知道我们会购买大量的西瓜，也就纵容我们吃。谈好价钱以后，瓜农们还会招待我们吃一顿他们自己擀的面条，配上鸡蛋卤，加上蒜泥，好吃极了！吃完午餐，瓜农把地里的西瓜摘下来过秤，一边记录一边装车，这个过程要两三个小时，全部结束之后再付钱。归程中，我们几个孩子只能坐在西瓜上面，或是移动西瓜勉强找一个立足之处，一路上心满意足，嘻嘻哈哈。我们回到父母单位一般是下午四点多，天气正热，停好车之后家家户户便都来买西瓜，基本上是以成本价卖给大家的。我印象中一辆解放牌大卡车去一趟能拉回来两三千斤西瓜，成本价为每斤 2 分钱多一点儿。

后来去美国约翰斯·霍普金斯大学留学，港口城市巴尔的摩的西瓜也非常甘甜。夏季午餐之后，我常常会买回来半个西瓜，用勺子挖着吃。朋友们都好奇为什么我对西瓜情有独钟……

后记 | 这篇文章完稿于 2022 年 5 月 27 日，是专门为这本书而写的。我原本只想写红薯和白菜花，因为我觉得童年记忆中最深刻的这两种食物很能代表当年的情况。但提笔之后，思绪逐渐打开，想起了"大白兔"和西瓜，又想起很多其他童年趣事。时间所限，文章似乎戛然而止，以后有机会再补叙吧。

难以忘怀的童年食趣（二）^①

一个人生活的时代塑造了一个人的价值观，也承载了一个人刻骨铭心的记忆。20世纪70年代中期，在驻马店街头小铺，一碗可口的馄饨只要1毛钱；80年代中期，在郑州的烩面馆，一碗香喷喷的羊肉烩面只要6毛钱；如今，在郑州的普通餐馆里，一碗三鲜烩面大约要20元。伴随着物价上涨和经济发展的，是城镇街头巷尾景观的变化，也是社会价值观念和生活方式的转变。以现在的标准来看，我小时候的物资是非常匮乏的，但孩子们的世界总是非常快乐、非常幸福。

早餐

从我懂事一直到我上大学，家里的每日三餐是很可以预期的，尤其是早餐。每天早餐固定不变的组合是面汤加窝头或馒头，妈妈把少许白面用热水拌开，加水变稀，然后将其慢慢加入沸腾的半锅水里，一边加一边不停地搅拌，等到面汤再次煮沸的时候就可以出锅了。面汤喝起来舒服又暖胃，再配上馒头和咸菜，简简单单，味道不错。

油条

记忆中，家里炸油条一年也就那么一两次，一般是节假日，家里会炸油条改善生活。炸油条最关键的是和面、加明矾、备油锅。妈妈要在一大早提前和

---

① 本文写于2023年2月4日。

好面，加点儿明矾保证蓬松，然后将面放在那里发酵。一般当天下午三四点发酵好，大家就开始忙碌起来。先把醒好的面团放到案板上擀成长方形，刷上油，再切成两三指宽的长条，把两根长条轻轻粘在一起，用筷子在正反两侧中间各压出一道浅沟，面坯儿就成型了。待油温烧到五六成热的时候，妈妈把面坯儿拿在手里轻轻拧两圈，小心翼翼放入锅中，大姐玉芬则用长长的竹筷不停翻动，油条像变魔术似的蓬松变大，等到油条表面变成金黄色就可以出锅了。妈妈和大姐玉芬配合，一个人处理面团，一个人专炸油条。我和哥哥、二姐则站在旁边，闻着满屋飘起的油香，眼巴巴地等待刚出锅的油条。油条外皮酥脆，里面松软，我们都吃得心满意足。

馄饨

　　孩子们最喜欢吃的食物名单里必须有大馅儿馄饨。每年家里都会自己擀皮儿包几次大馅儿馄饨。先说说馅儿，肯定会放很多蔬菜，常常是大白菜，有时是韭菜，剁碎放在盆里。肉当然也不能少，但常常因为买不起猪肉，就用油渣来代替，这些油渣是将白花花的肥猪肉炼油剩下来的焦黄残渣，吃起来嘎嘣脆，很香。将油渣剁碎之后和蔬菜混在一起搅拌，加上盐、葱花、碎姜、酱油，再淋上几滴小磨香油，就差不多了。再说说皮儿，一般是妈妈和面，和好以后把一盆面分成五六块，将每一块面用很长的擀面杖擀成很大的面皮，然后折叠，用刀切，能切出 40~50 个梯形的馄饨皮儿，这时候哥哥姐姐和我就会一起包馄饨。每张皮里可以容纳半勺馅儿，其分量和大馅儿饺子不相上下。我们会比赛看谁包得快，谁包的馅儿多，谁包得好看。等包好第一批就可以下锅了，这时妈妈也把第二块面擀好了。于是我们有人煮馄饨，有人接着包馄饨。十分钟后馄饨出锅，边吃边干活儿，幸福感十足，带劲儿极了。大家分工合作，整个过程只需要四五十分钟。这时候，一大家子围桌而坐，尽情享受刚出锅的滚烫鲜香的大馅儿馄饨，再配上香醋、大蒜，无与伦比地满足。

菜角

到 20 世纪 80 年代初期，我们全家搬回了省城郑州。那时我在河南省实验中学上初中，可能是因为长身体的需要，我的食量大增，而且常常感到饥饿。每天早餐吃饱之后，走路去学校参加 7 点半的早自习，到上午 9 点 40 分第二节课下课休息的时候，我已是饥肠辘辘。第三节课 10 点整才开始，集体广播体操不过占用四五分钟的时间，学校食堂旁边的小店专门在这个大课间兜售菜角、包子等美味食品。最受同学们欢迎的是 5 分钱一个的油炸菜角，里面是粉丝、鸡蛋和韭菜，外面是被油炸过的金黄色薄皮，咬一口，香爽无比，味道美极了。经过苦苦争取，妈妈才答应每天给我 5 分钱，后来加到每天 1 毛钱，正好够买两个炸菜角，真是太享受了。正因为这段美好的回忆，至今，每到餐馆吃饭，只要有菜角，我都必点一份。

鸡蛋

那时，妈妈对正在长身体的我格外关照。初二开始，每天早餐我可以吃一个煮鸡蛋的，后来每天晚自习还增加一个鸡蛋。这些鸡蛋不是买来的，而是自己家养的鸡下的。1980 年住进河南省会计学校家属院之后，家里就开始散养母鸡，从三四只逐渐增到十多只。每天下午放学以后，我回家做的第一件事就是喂鸡。我会拿一个小脸盆，将半盆经机器磨碎了的麦麸放进去，加上热水搅拌均匀，再把择菜剩下来的烂菜叶剁碎加进去。我端着还冒着热气的半盆鸡食，走到屋外，敲两下盆，就看到十多只母鸡从各处扑扇着翅膀飞奔而来，聚集在小脸盆周围美餐。这些喂鸡的麦麸是我骑车去饲料厂买来的，每月买一次。我会用一个大麻袋在磨碎机的出口处接上 15~20 公斤麦麸，付完钱后，将其放在自行车后座上摇摇晃晃地运回家。久而久之，我对这些自己养的母鸡个个都很熟悉，也都给它们起了名字。在我的精心照顾下，家里的母鸡很健康，平均每只鸡一周能下 3~4 个鸡蛋，基本上是每隔一天就下一个蛋，这样下来，平均每天收获 6~7 个鸡蛋，够全家人享用了，也提供了我长身体所需的营养。妈妈经验丰富，她每天早晨用手摸一摸母鸡就知道当天会不会下蛋，还知道每天的鸡蛋是哪些母鸡下的。有时，我们家的母鸡会飞到邻居家的鸡窝里下蛋，但我们偶尔也会在自家鸡窝里收获邻居家的鸡下的蛋，这种时候总是有些说不清楚的尴尬。

奶粉和羊奶

牛奶营养又好喝，但在我小时候，牛奶太金贵了，一年偶尔喝一次还可以，经常喝是负担不起的。爸爸喜欢奶制品，家里买了一小铁罐的炼乳，还备着一大瓶奶粉，主要用来给病号增加营养，我们孩子要想品尝，必须得到爸妈的批准。我总是很馋，看着橱柜里的奶粉，常常打主意想偷吃一口。趁着家里人外出，我会偷偷打开奶粉瓶，用一把小勺儿把瓶子上半部的奶粉轻轻地搅一下，这样会让奶粉的体积略微增大。然后我会把"多"出来的一小勺儿奶粉直接放到嘴里含着，合上奶瓶盖子，慢慢享受醇厚奶味带来的满足感。久而久之，妈妈知道是我在偷吃奶粉，但从来不挑明，也不责罚我。到了初中，为了保证我更好地长身体，妈妈从附近农民那里订了新鲜羊奶，每月交15元钱，每天一斤羊奶。每天晚上，妈妈会把一个做了标记的空啤酒瓶放到单位大门口的窗台上，附近村庄的农民在第二天早晨5点挤完羊奶后会送到妈妈单位，往啤酒瓶里灌一斤羊奶，妈妈早晨6点再把羊奶取回家。与牛奶相比，羊奶有浓重的膻味，闻着就不对劲，不能冷着喝。妈妈会把羊奶煮熟，加上白糖，趁热让我喝下去，感觉还不错，我久而久之也就适应了。于是我连着喝了两年的羊奶，那独特的味道至今记忆犹新。

爆米花

爆米花是我小时候难得的美食。加工爆米花的大叔每天只去一个家属院，在那里从早到晚地辛苦大半天。每次加工爆米花的叔叔来到家属院，孩子们都会相互传递信息，大家会争先恐后地各自回家拿上一个大盆，再拿上一杯大米或玉米去排队。轮到我的时候，我会给大叔 5 分钱或者 1 毛钱，大叔就会把我带来的一杯大米放到一个圆筒形的铁质容器里，合上顶盖，关上安全阀，把容器送到炭火上加热。如果想吃甜爆米花，大叔还可以往容器里加上两勺白糖，但需要额外付 5 分钱。只见大叔左手拉着风箱给烧得通红的炭火送去空气，右手不停地转动着一个封闭的圆筒形的铁质容器，五六分钟之后，把容器从炭火上移开，用脚踩住容器进口端，紧握旁边的手柄，用力一扳，一声巨响，容器顶盖打开了，冒出热烟。大叔把容器微微倾斜，里面的爆米花倾泻而出，进入早已备好的一个厚实袋子里。然后大叔再把袋子里的爆米花倒入我手里的大盆中。新鲜的爆米花嘎嘣脆，到嘴里第一口香脆，随后糯化，好吃极了。爆一次米花，节约着吃，可以享受两天。

山楂丸

在连续几年甚至十年的时间里，我们每天吃的食物都相对单一。也许是因为身体缺乏某些营养，哥哥、姐姐和我每年都会有几次嘴角发炎的情况，吃饭张嘴时两侧嘴角会微微地疼，俗称"烂嘴角"。妈妈总是把蒸馒头时聚集在锅盖上的蒸馏水抹在我们的嘴角，以缓解疼痛。除了"烂嘴角"，孩子们还常常有厚厚的舌苔，食欲因此大大降低，吃饭无味。遇到这种情况，妈妈就会从当地医院开一盒类似中药的黑黑的山楂丸，一盒有十多颗大丸子，每颗直径有两三厘米，质地较软。我们会把一粒山楂丸分开捏成 20 多粒小丸子，一粒粒慢慢嚼下去，味道酸甜，好吃又开胃，也可以算是为数不多的零食了。

无论何时何地，每当我回忆起小时候的美食，心中总是涌起一股暖流。我知道那是童年的美好，是亲情的温暖，更是记忆深处故乡的味道。

从《高考1977》说起 [①]

刚看完电影《高考1977》，为剧情打动，也想起我记忆中的1977年。

那年，我10岁，从小学三年级升入四年级，已经开始懂事。父亲终于从所在的河南省驻马店地区工业局分到了一套住房，我们全家也毫无留恋地告别了居住三年之久的临时住房——驻马店镇机械厂公共浴池，搬到了毗邻农田的新家。我则恋恋不舍地告别了镇第九小学，不情愿地转入镇第十小学。当时我并不清楚，其实"十小"配备的师资力量更强，后来"十小"成为镇实验小学。

我在家里排行老小，上面有两个姐姐、一个哥哥。哥哥毅坚大我5岁，二姐意志（后改名"云楠"）只比我大15个月。印象中，我与哥哥、二姐常常拌嘴，但大姐玉芬却很懂事。她的年纪比我们大很多，帮着父母照顾我们三人，从来不与我们争执。大姐很宠我，常常悄悄带着我出去玩儿。我小时候极怕打针，每次生病需要打针的时候，只有大姐背着我去医务室，我才愿意忍受扎针的痛苦。我过10岁生日那天，大姐带我去镇火车站旁的冷饮店吃"好东西"，一个精巧的小碟，中心有一勺乳白色膏体，吃起来冰冰凉凉，甜极了，大姐告诉我这叫"冰激凌"。没想到世界上竟然有如此美味的食物，我永远忘不了第一次吃冰激凌的感觉！后来，我直到上高中才得知大姐其实是我二姨妈的女儿，由于二姨父、二姨妈有5个孩子，抚养不起，就让他们的大女儿跟着我父母过了，所以大姐玉芬也随了我家的"施"姓。

到1977年高考前，家里又多了表哥平波和表姐小黎。他们都是我二姨妈

① 本文写于2009年5月3日。

的孩子，看到玉芬姐能在河南的工厂里谋个临时工，二姨妈就让他们一起来了驻马店。

记得 1977 年下半年的一天，我放学回家，看到父亲很激动地与大姐、表哥和表姐说着什么事情，哥哥毅坚也在旁边竖着耳朵听。后来我才知道是国家要恢复高考了。其实，对于高考，我当时一点儿也不关心，只是好奇父亲为什么会这么上心。那天之后，父亲天天都会很投入地给大姐、表哥和表姐辅导功课，无论数学、物理，还是化学，父亲都挺在行。表哥和表姐初中就赶上"文革"，功课都耽误了，基础很差，听课也很吃力。每天晚上，在煤油灯下，父亲总是一遍遍地耐心讲解，为了节省纸张，有时就用粉笔，甚至直接用小树棍或小砖块，在地上推演公式。父亲用的教材是当时最流行的上海人民出版社发行的"数理化自学丛书"，覆盖内容很全，一共有十多册。

大姐、表哥和表姐都参加了 1977 年 12 月 10 日的高考。表哥和表姐由于基础太差都没能达到中专录取线，大姐则被湖北省的一所中专录取。不过大姐一门心思上本科，便决心复习重考，与表哥和表姐一起，在父亲的悉心辅导下又苦读了大半年。1978 年高考，表姐考取了汝南师范学校（今汝南幼儿师范学校），表哥被河南省中医带徒班录取，大姐考了 328 分，进入郑州工学院水利系读本科。

当时高考的录取比例非常低。1977 年，570 万考生，只有 27 万人被录取，不到 5%；1978 年，610 万人报考，录取了 40.2 万；1979 年，全国高考首次统一在 7 月 7、8、9 日三天进行，有 468.5 万人参加高考，录取了 28.4 万人，录取率为 6.1%。2007 年，高考恢复后整整 30 年，共有 1010 万人报考，招生人数为 567 万，录取比例已经突破 55%。相比进入 21 世纪以来高达 50% 的录取率，1977—1979 年的高考竞争之激烈可想而知。表哥和表姐仅凭初小文化，最终考上大学，除了他们的苦读和毅力，我父亲的悉心教导也功不可没。

哥哥毅坚性格内向，少言寡语，但数理逻辑极强。高中时获得驻马店地区数学竞赛第 9 名。他于 1979 年参加高考，数学 84 分，物理 99 分，化学 60 分，数理化三门成绩在驻马店地区名列前茅，可惜语文、政治均不尽如人意，总分 352。尽管哥哥的高中老师希望哥哥报考清华大学（录取分数线大约为 350 分），我的父母最终还是保守地为哥哥选择了北京航空学院（今北京航空航天大学）。

二姐云楠意志力强，天资聪慧。记得 1982 年夏天，父亲测试我们三个孩子的数学水平，出了一道几何题。上高中的二姐仅用了 15 分钟就巧妙地加了一条辅助线，得到正确答案。而哥哥则是运用他擅长的逻辑推理，先证明了一个小定理，然后以此解答几何题，前后用了将近半小时。刚刚学完几何的我，非常想在父亲面前炫耀一下自己的实力，击败哥哥姐姐。但让我脸红的是，我绞尽脑汁，最终也没找到解题之路。二姐直到高三还是班上的前三名，而她所在的重点中学每个班每年都会有十多个人考取重点大学，可惜二姐连续两年高考发挥严重失常，仅仅在 1983 年考取了郑州电力学校（今郑州电力高等专科学校）。

我受 5 位哥哥姐姐高考的影响，性格上争强好胜。父亲辅导哥哥姐姐的情景始终历历在目，我从小就感受到在地上推演方程式的神奇，也对父亲佩服得五体投地，常常向往着学习更高深的数学、物理，以期超过哥哥姐姐。在父亲的影响下，我在 1977 年开始自学五年级的功课，尝试跳级。1979 年在驻马店镇小学升初中的统一考试中，我数学满分，语文 84 分，常识 96 分，以总分 280 的成绩获得全镇第一名，也第一次尝到了学习的甜头。1985 年夏天，我以 1984 年全国高中数学联赛河南赛区第一名的成绩被保送进入清华大学生物系学习。但说心里话，没能参加一度梦寐以求的高考，对我来说始终是个遗憾。

02

成长足迹

也许是生性逞强，也许是命中注定，
我从小就事故频发，有小的，有大的，
有不太要紧的，也有危及生命的。
所幸的是，我都有惊无险地
顺利康复了。

逞强爱冒险的我 ^①

也许是生性逞强，也许是命中注定，我从小就事故频发，有小的，有大的，有不太要紧的，也有危及生命的。所幸的是，我都有惊无险地顺利康复了。趁着自己还能记得细节，赶紧写出来。

第一次落水

1971 年的冬季很冷，在汝南县小郭庄，河水结了一层薄薄的冰。那年我 4 岁，穿着厚厚的棉衣棉裤，和同村的小伙伴一起在田间地头玩耍。陇上的庄稼地和回村的土路之间是一条灌溉用的水沟，大约一米宽，但有近一米深。伙伴们互相激将着问谁能从土路上跳到水沟对岸，我看着不算宽的小沟渠，骄傲地对伙伴们许诺："我可以跳过去！"在伙伴们的注目下，我稍加助跑，纵身一跃，但厚厚的棉裤限制了奋力的小短腿，脚上的棉鞋也不给力，我从空中落到了离对岸只有几厘米的冰上，瞬间破冰滑落水里，冰水至胸，臊得我手忙脚乱地爬上岸，顾不得跟伙伴们解释，落汤鸡似的往家跑……到家后，尽管撒谎告诉父母是无意滑到了水沟里，我还是服服帖帖地挨了一顿打，然后我把衣服脱得干干净净，等着妈妈烧热水擦身，换干净衣服。

第二次落水

儿时的玩具是奢侈品，家里一般买不起，只能等到爸爸出差时给我买了作

---

① 本文写于 2023 年 1 月 28 日。

为礼物带回来。1972 年，经过我数次央求，爸爸花了 1 元 1 角 9 分钱在驻马店工业局对面的小百货店买了一个我垂涎已久的玩具大炮，上足了劲儿之后，一拉引线，可以把一个小塑料炮弹发射到两米外的地方，很酷。得到玩具以后，我跟邻居家孩子炫耀了好几天。但不到一周，玩具就弄丢了，再也没找到，我很伤心。父母则是以此为鉴，不愿意再给我买玩具。我只好自己学着制作各种玩具，其中纸折的玩具有很多花样。大约在 1974 年我即将上小学一年级那年，我拿着刚刚用一大张纸折好的双篷船，和伙伴们一起到大马路旁边的水沟放船启航。我选择了一片宽阔的水域，蹲在水边摆弄纸船。一位小伙伴搞恶作剧，故意从背后推我，没想到他一把没拉住，直接把我推到了水沟里。这条水沟很深，我又没有防备，一头栽进去，先喝了两口水，呛得难受才反应过来，遇险了！我当时不会游泳，也不知水沟究竟有多深，惊慌失措地拼命往岸上爬，在闯祸小伙伴的帮助下上了岸，带着一身臭水跑回家，自然又是免不了挨一顿打。

第三次落水

我是个"旱鸭子"，对于把头没入水中有莫名的恐惧，直到现在也只会蛙泳这一种泳姿，而且一定是脑袋一直浮在水面之上，一直用口鼻呼吸，不会换气。

1985 年的盛夏，天气特别热，郑州西郊的西流湖的水面很宽，可以荡舟，也可以游泳，是避暑的好地方，但每年都会有几人甚至十几人在其中游泳溺亡。8 月酷暑，去北京上大学之前，我和哥哥、表姐结伴去西流湖租船游玩。退还船只之前，离岸边也就十米左右，我跃跃欲试，想下去扑腾几下。在哥哥和表姐的鼓励下，我下了水，双手紧紧把着船帮，身体在水里，双腿拍打水面，很惬意。眼看离岸边只有几米距离了，我决定松开双手，闭眼游到岸边。一阵努力地扑打之后，我感觉已经游到岸边了，就试图直立起来歇息一下，没想到双脚踏空，身体下沉，咕嘟咕嘟喝了两口水。惊恐之下我意识到自己遭遇险情，紧急间告诉自己要镇定，在水下憋着气铆足了劲儿，全身使劲拼命往上浮，脑袋露出水面后大叫一声"救命啊"，来不及换气，"啊"字没有说完我就沉入水下，咕嘟咕嘟又喝了两口水……我这样理智地挣扎了三四次，居然没有迎来表姐和哥哥的救援。就在我内心生还的希望迅速破灭之时，我的左胳膊好像被人抓住了，于是我一动不动地配合着，被一位小伙子拉到了岸边浅滩。这时的我，喝了一肚子湖水，肺里也呛了水，早已筋疲力尽，瘫在岸边，勉强感谢了救命人，大口喘着粗气。我哥哥水性很差，下水自身难保，但表姐小黎在江苏丹阳境内的京杭大运河边长大，水性颇好。表姐过来问我情况时，我一肚子委屈和后怕，嘟嘟哝哝说了几句。下午回到家，我们给父母讲述了遇险经过，母亲很生气，狠狠地骂了一顿表姐和哥哥。其实，他俩对我非常好，只是事发突然，他们有点儿措手不及。小黎姐一开始看到我挣扎，以为我在搞恶作剧，故意逗他们，但很快就意识到我是真的遇险了，便呼叫附近游泳的小伙子去救我，这才有了今天写故事的可能。这次落水之后，我发誓要学会游泳，万一将来遇险还能生还。所以后来在清华读书期间，我大二就去学了游泳。

和汽车的碰撞

我小时候对交通安全不太当回事儿，总觉得自己机智，可以和汽车抢道，不会出意外。上初中的时候，为了与爸爸会合，我每周末都会骑车往返于郑州北郊的省会计学校家属院和西郊的省电业局家属院。那时候的郑州，汽车开始多起来，常常人车抢道，交通一度相当混乱。有一次，我骑车到省体育馆附近的拥堵路段，混乱中被挤在两辆公交车之间。没想到两辆车越靠越近，给我留的空间也就比自行车略宽几厘米，我左右手紧握自行车把手，拼命挣扎着，不停碰撞两边的公交车，在身体失去平衡的情况下一边大声呼喊司机救命，一边艰难支撑着……终于，一辆车先开过去，我瞬间侧翻倒在路上。后面跟进的汽车在我身前急刹车，我赶忙站起来，双手手背早已被公交车磨破，血迹斑斑，真是捡了一条命。

后来在郑州读高中，有一年暑假，在北京航空学院读硕士的哥哥毅坚骑车带着我从会计学校的家里去电业局家属院，又是在通过省体育馆附近的拥堵路段时，哥哥骑车速度越来越慢，我决定跳下来步行。万万没想到，就在我跳下的瞬间，后面一辆吉普车恰好冲过来，我被撞倒在地，小腿卡在了吉普车右前轮和挡泥板之间，吉普车急刹车停住。我忍着疼，一骨碌爬了起来。吉普车司机吓得脸色苍白，下车问我是否受伤，我觉得没啥事儿，就安慰司机让他走了。没想到，在回家的路上，我的左侧小腿越来越疼，骨头里钻心地疼，一晚上没睡着觉。第二天我又休息了一天，疼痛才逐渐消失。但此后的好几个月甚至一两年，只要我剧烈运动，左小腿就刺骨地疼。现在想想，当时一定是骨折了，而且没痊愈，留下了后遗症，但为了省钱，我就没去医院拍片进行检查。

滑冰之灾

我酷爱浪漫而令人心旷神怡的冰雪运动，但在河南没有滑冰的条件。我上初中的时候，郑州流行滑旱冰，全城有很多旱冰场，花两毛钱，租一双四轮旱冰鞋，系好鞋带，就可以在水泥场地里滑一个小时。左一跤、右一跤，滑了两次就学会了，很惬意。1997年底，我到普林斯顿大学工作，学校有一个非常好的室内冰场，每年9月底至次年4月底对师生开放。为了去那里滑冰，我买了第一双属于自己的花样滑冰鞋，后来又买了速滑冰刀鞋。1999年，我还专门跟一位兼职教学的本科生上了一学期的花样滑冰课，学会了换脚、倒滑、急转、单脚滑，甚至学会了冰上跳跃和转圈，可以跳半周，虽然没少摔跤，但都无大碍。我很享受滑冰带来的心灵驰骋之感。

2002年6月29日下午2点，普林斯顿大学冰场夏季不开放，我来到了离学校不远、一号公路边的室内滑冰馆Ice Land Rink。那天，滑冰的人很多，冰面比较拥挤，但我的感觉非常好，在人群中穿来穿去，开始滑花样，试图练习好久没有尝试过的半周跳。我最后的记忆是试图跳起来……恢复知觉的时候，我坐在冰面上，面前站着一个急救人员，他伸出两根指头，我说"two"（2）。他让我跟着他的手指转动头部，然后把我扶到滑冰场外的座椅上。这时候我才觉得头部剧烈疼痛，难以忍受，鼻腔里有液体。我要了一张纸巾擤鼻涕，没想到用力擤的瞬间，右边脸部开始肿胀，短短几十秒之后，右边脸肿成了球，右眼被肿胀的皮肉挤在里面，无法睁开，左侧脸部却没有变化，我当时的样子一定很吓人。显然，我是脑震荡了，可能会脑出血，脑组织也可能受伤了。

冰场救护人员很紧张，要求我赶紧去看急诊，要叫救护车。我婉拒了其叫救护车的提议，居然自己睁着一只眼，驱车到了普林斯顿大学医学中心接受急诊检查。拍了 29 张 X 光片之后，医生告诉我，我的面骨裂了，但裂开的面骨没有分开，也没法儿打石膏或绷带，只能慢慢修养；脑组织没有明显出血，但颈部和头部有大面积软组织挫伤。结论是，回家静养一个月，让渗到脸部的体液一点点被吸收。我虽然放心回家了，但头部剧烈的疼痛让我彻夜未眠。头疼持续了两三天才逐渐减轻，而右侧面部的肿胀直到一周后才消去。后来得知，我是在冰面上跳起后摔倒，脸部着地，撞击了冰面，导致面骨骨裂的。

滑雪之灾

1997 年底，我离开斯隆-凯特琳癌症研究所去普林斯顿大学做助理教授。圣诞节前，仁滨和我，连同清华生物系小我两届的 1987 级同学申健、1986 级同学王亚林，驱车去美国东岸最大的滑雪场基灵顿，一共滑雪三天。这是我第一次学滑雪，收获颇丰。第一天下来，我摔了几十跤，也不知道是摔的还是累的，全身酸疼，但学会了大 A 滑法，即两腿尽量分开，两个滑雪板在最前部并拢、后面分开，这样可以增加阻力。三天下来，所有绿道（初学者雪道）对我来说都没问题了。1998 年圣诞节后，我与申健、亚林再次结伴前往基灵顿，我学会了双板平行滑，虽然技术很一般，但征服了所有的蓝道（中级道）。1999年圣诞节后，我们第三次去基灵顿，我的平行滑技术又有长进，征服了大部分黑道（高级道），也称黑钻石雪道。2000年圣诞节后，第四次去基灵顿，我可以在除极速雪道外的所有雪道自由速降，包括几条双钻石黑道。随后几年，我达到了自己高山速降滑雪技术的顶峰。我非常喜欢速降时身体失重的感觉，也特别享受遇见雪包之后腾空的感觉。

2008年回国后，我对滑雪的热情丝毫未减，但没想到第一次滑雪就出了一次大事故。2009年1月中旬，我和饶毅及清华的几位同事结伴去距离北京近250公里的崇礼区万龙滑雪场，那里有十几条很不错的雪道。饶毅不会滑雪，便叫了一个私人教练教他。同去的俞立的滑雪技术非常好，速降时走"小S"很轻盈，两个雪板能平行贴在一起。第一天气温很好，零下四五摄氏度，基本没风。除了饶毅，其他人都赶着在雪场关门前坐最后一班缆车上山。我们一共滑了二十多趟，滑遍了雪场所有的高级道，我们都觉得这没多大难度。第二天寒流来袭，气温骤降到零下20摄氏度左右，五六级的西北风呼啸着，体感温度在零下30摄氏度左右。我们在外面滑雪不仅不会出汗，而且滑上两趟就手脚冰冻透心凉。这样的天气很不适合滑雪，所以那天滑雪的人特别少。我们勉强滑了一上午，计划下午再滑一两个小时就提前结束。午餐后，我们再次上山，在一条黑道上速降时，我冲在前面，凛冽的北风把残雪吹得挡住了我的视线。当我感觉到双板遇到阻力的时候已经太晚了，雪道中央一处凹陷的地方有一个不小的雪堆，我直接滑进去了。双板遇阻减速，但我的身体还在随惯性高速前行，我极其清醒地向下倾倒，以脑袋为支点，身体和双腿在空中180度翻转，重重地摔在雪道上。

我躺在雪道上，头部剧烈疼痛，脖子无法动弹，眼睛什么也看不清，心里想：这下完了！我试着动了动双脚的脚趾，似乎还有感觉，那就不会下身瘫痪。俞立赶过来，站在我旁边，问我是否需要帮助。这时我才发现我的滑雪镜已经摔裂成了好几片，这种高强度、高柔韧性的滑雪镜戴在我脑袋上居然能摔碎，可想而知，我的脑袋与雪道地面的撞击力有多可怕。我勉强站立起来，重新穿上双板，慢慢滑到雪道尽头。卸掉滑雪装备以后，我开始全面感受到头颈部的剧痛，脖子无法转动，稍稍动一下就疼痛难忍；嘴张不开，一张嘴就剧痛；无法吞咽，咽一口唾液就剧痛。我觉得自己很可能脑出血了，硬撑着到雪场医务室做检查。医生让我眼睛跟着他的手上下左右转动，又摸了摸我的颈部问疼不疼，然后告诉我问题不大。但我实在无法忍受剧痛，于是大家决定提前返京。

返京的近 250 公里路程是一个煎熬，崇礼的海拔有 1 300 米左右，而北京的海拔只有几十米。也就是说，汽车一直在慢慢下坡，我头疼和耳朵疼的情况因此不断加剧，显然是因为身体无法适应不同海拔造成的压力差。饶毅一路还在讲不少人因为摔倒当时无事、半夜猝死的故事。虽然他本意是劝我去做全面检查，但已经招致全车清华同事们的不满，于是他们改为唱歌给我放松打气。人声、歌声对我的心理是种安慰，但声波其实加重了我的痛苦，我不忍辜负他们的好意，强忍着鼓励他们继续"飙歌"。

好不容易熬到了北京，因为疼痛没有减轻，也无法吞咽，我还是在深夜 11 点赶到北医三院急诊科做了全面检查，拍了 58 张 X 光片，最终结论是脑部无明显出血，头颈部大面积软组织挫伤。我回到家已是凌晨 1 点半，但疼痛让我彻夜无眠。当时仁滨和孩子没回来，妈妈和我同住，为免她担心，我尽量表现得无大碍。但其实，一直到 2009 年 2 月下旬，我的脖子基本无法转动，左右转动 10 度以上就疼痛难忍，晚上睡觉只能平躺，这样可以保持脑袋与身体的相对位置不变。睡着以后，我每次翻身必然疼醒，只能用双手协助脑袋和身体同步翻身。这次事故之后，我连着几年没去雪场。2014 年恢复滑雪以后，我比以前谨慎多了，总觉得自己在 2009 年又捡了一条命回来。

我的第一桶金 ①

1987 年 9 月，父亲意外去世以后，我一度不再想规规矩矩做一名科学家，也对学业和科研失去了兴趣。我从小到大第一次开始面对现实的问题。

第一，迫在眉睫的压力。家里失去了顶梁柱，经济状况实在不佳，我能做什么？母亲是一位教师，当时收入微薄，她的工资不足以承担我的大学开销，而大姐玉芬、哥哥毅坚、二姐云楠都刚工作不久，勉强自给自足。唯一幸运的是清华大学给我提供了每月 27 元的一等助学金，只需母亲每月再给我补贴 10~15 元就差不多了。

第二，心中燃起的抱负。我想帮助全天下需要帮助的人，扶倾济弱，伸张正义，而最能做到这一点的职业就是政府官员。一县之长、一市之长，都能够给一个县、一个市的百姓带来最直接的好处，所以我当时计划在清华本科毕业后从政。但我缺乏从政必须具备的一些经验和个人素质，怎么办呢？当时社会上流行一句话"从政必先经商"，在商界积累的经验十有八九对从政会有帮助。于是，综合两点考虑，我决定先在商界积累一些经验，时机成熟再考虑从政。

为了给经商做准备，我从 1988 年春季学期开始，就有意识地在清华和北大旁听了一些经济、管理、金融领域的课程，也多次聆听企业家的讲座。20世纪 80 年代后期，随着经济加速发展，物价上涨也很快，而社会观念则随之变化更快，每年甚至每月都会有新的观念和潮流出现。当时的大学校园，每天飘扬着轻快的台湾校园歌曲，学生食堂在周末晚上常常变成拥挤的交谊舞

① 本文写于 2023 年 2 月 1 日。

厅，同时弥漫着浓郁的经商气息——学生宿舍的窗户上、室外的报栏里，常常能看到各种小广告，学生以代洗照片、打字复印等为名勤工俭学，挣得一些收入，甚至出现了"学生万元户"。

我印象深刻的一件事是当时北京切诺基吉普公司的一位年轻经理在清华的讲座，座无虚席，甚至有很多学生站着听完了整场。这位经理激情澎湃，能言善辩，很有感染力，讲得大家情绪激动。最后他平淡地告诉全体听众，他现在每小时挣 2.5 美元。这个工资水平对当时的中国学生来说是个"天价"！

为了不增加母亲的经济负担，也为了锻炼自己，我决定主动寻找一些身边的小商机。当时北京刚开始流行耐克旅游鞋和各种运动装，穿上一双进口的旅游鞋和一身进口的运动装就是最酷、最时髦的打扮了，但这些进口服装和鞋的价格特别高。我苦思冥想，想到了个摆地摊儿的好主意，但需要一些勇气。我下定决心，找到北京体育学院（现北京体育大学）的体育用品专卖店，极力说服店主，希望代理各种运动服装和旅游鞋，但同时我也向店主明确表示自己没有预付金额的能力。店主问了我很多问题，确信我就是清华的学生，最终与我达成共识。我把我的学生证押给店主，他则给我 30 双牛筋底的耐克运动鞋，每双定价 29 元，溢出价格的部分归我，一周后结算，卖不出去的鞋可以返还店里。

30 双耐克鞋装了满满一大纸箱。我把箱子放在自行车后座上，稍加固定，然后跨上车，左手在后面扶着纸箱，右手紧握着车把，慢慢骑回清华宿舍。第二天，11 点午餐开始时，我站在了清华七食堂的主入口，在地上摆满了各种鞋码的耐克鞋，标价 40~45 元一双。其实，当时我的心理压力是相当大的，如果不是父亲去世的影响，像我这样特别爱面子的人是决不会摆地摊儿的，更何况还可能面临一双鞋都卖不出去的尴尬处境。10 分钟后，来食堂吃饭的同学逐渐多起来了。许多认识我的同学投来不解的目光，可能觉得有些奇怪，尴尬地跟我寒暄了几句；有些同学则是装作没看见，也许是不愿意让我难为情。我不做任何解释，也不聊天，告诫自己要镇定，只专注于卖鞋。没想到，还真有同学来看鞋、试鞋，我也热情且镇定地招呼"顾客"。11点半的时候，我卖出了第一双鞋，但对方要回家拿钱，因为鞋价着实不菲，毕竟当时一个学生每月的生活费也就40元左右。第一天摆摊效果还真不错，一个中午卖出去了五六双鞋！

午餐时间结束，我回到位于7号楼3楼的宿舍，午休时间还有同学敲门来买鞋，我热情接待了他们。同宿舍的室友则是七嘴八舌，热议着我卖鞋的"胆大妄为"，还有人向我打听鞋子的真实进价，但我和店主有约在先，不向任何人透露进价。所以我也不直接作答，只说了一句："如果你买，我就不挣你的钱。"没想到这小子真的要买！这下坏了，如果29元卖给他，岂不是违约暴露了进价？我当时很为难，但随即机灵脑瓜转了一圈，想了一个好办法，既卖了鞋，也不违约。

做生意也不容易，虽然第一天一鼓作气卖了10双鞋，但第二天的效果就差多了，第三天更惨，有点儿"再而衰，三而竭"的感觉。三天下来，我总共才卖了15双鞋。我分析主要原因是清华校园里喜欢进口旅游鞋又有购买能力的同学已经饱和，如果要"开疆拓土"去隔壁的北大或北航卖鞋，或许还会有所收获。但去外校卖鞋风险不小，而且我小试牛刀的目的也已经达到，见好就收吧！我骑车把剩下的15双新鞋送回专卖店，给了店主435元，他很高兴，把学生证还给了我，并问我愿不愿意代理其他体育用品，我婉言谢绝。因为，我要尝试新的机会啦！

第一次做生意就挣了将近200元，相当于自己半年的生活费，对我来说是个不小的鼓励。有了钱，我做的第一件事就是给远在郑州的妈妈写了一封信，告诉妈妈：儿子已经经济独立，从今往后，再也不用家里操心或寄钱了。我去邮局寄信的时候，看到旁边一排排电话亭，心里暗暗立誓：总有一天我也要给家里安装电话。但没想到，这个愿望直到1992年我出国以后才实现。

尝到挣第一笔钱的甜头以后，我更加积极地寻找其他机会锻炼自己的胆量。当时，外国游客逐渐增多，在我眼里他们都是特别有钱的人，也许当导游是个不错的尝试。我跟着颐和园的中文和英文导游，听了多次有关颐和园的介绍，用心记下来，自己给自己练习，增强信心。有一天，我觉得自己可以"出道"了，于是主动找到颐和园导游服务中心，自告奋勇地提出为他们工作。没想到对方根本不感兴趣，因为他们的导游都是旅游学校培训出来的专职人员。我并不灰心，站在颐和园门口主动招揽老外，一开始甚至免费当导游，后来我越做越顺畅，也越来越有信心，一边介绍颐和园，一边还能与老外谈论中国文化和社会现象，这都是专职导游做不到的。我进一步发挥自己强大的沟通能力，一方面通过自己的努力寻找外国游客，另一方面从旅行社租车，从酒店带团去颐和园，后来又扩展到香山。但一个人这样做非常不容易，所以从1988年秋季开始，从头到尾尝试做了三个月之后，我就又转移了目标。

20世纪80年代是个百废待兴的时期，改革开放给人们带来了很多新鲜事物。在这个特殊时期，抓住一些转瞬即逝的机会就很可能成就一番事业。靠着理科生的敏锐和初生牛犊的胆量，我一边在校园学习，一边经营着自己的小事业，到1989年底已经积累了一笔不小的财富，不仅能满足我的所有生活需要，也足以支付我申请海外留学的费用和赴美机票。

这种把握商机的能力，也给了我一定的信心，让我把经商作为一条职业发展之路来考虑。以至于在美国拿到博士学位以后，我还认真考虑过今后到商界发展的可能性。当然，深思熟虑之后，我最终还是选择了学术之路。

出国留学（上）：漫漫申请路 ①

大学四年，我从来没有考虑过出国留学。父亲去世后，我更是下决心先经商、再从政，在国内发展。但 1989 年 7 月的一个晚上，我改变了四年的想法，决定远渡重洋，赴美留学。

决定出国留学

1988 年底，我的商业头脑得到了我的室友胡雪的关注。我们同住在清华大学体育代表队宿舍 16 号楼 506 室。胡雪是北京市高校男子体操全能冠军，和我俩同宿舍的还有北京市高校男子十项全能冠军陈刚。当时，胡雪的名气非常大，他虽然只是清华大学电子系的一名本科生，但已经是北京市著名的发明家和技术高手。他是集成电路领域的天才，中学就入门了，大学二年级时曾经被山东省专车接到济南，据说他一个下午可以修好一百多台损坏的彩色电视机。只要看一眼电视，测试一下，他就知道电视出了什么毛病。当时，清华的一台非常昂贵的进口仪器出了故障，日本生产厂家的技术人员对此故障束手无策，要求送回日本公司修理，但费用巨大，于是学校求助于胡雪。胡雪只用了小半天，用自己制作的零部件替代损坏的零件，就把仪器完全修复了，颇具传奇色彩。清华校方察觉到胡雪在集成电路领域的非凡潜能，把他作为"电脑大王"王安一样的天才来培养，并在清华大学科技开发总公司下面为他开设了一家高科技公司，定名"新路公司"，谋求与香港企业合作，走向国际。胡雪希

---

① 本文写于 2023 年 2 月 3 日。

望我在 1989 年毕业后和他一起去香港发展，他负责技术和研发，我负责营销和公关。我经过认真考虑，决定接受胡雪的邀约，一起去香港发展。我们和香港的公司还签订了正式的合作协议。我甚至开始学粤语，做各种准备。

人算不如天算。为了能在 1989 年 9 月顺利去香港开创商业新天地，我在清华生物系改变了自己的学业计划。原本我已经进入竞争性很强的"4+2"六年一贯制培养计划，即读四年本科加两年硕士。当时读硕士的机会极为宝贵，这一培养方案是当年清华大力推进的改革项目，比普通 5 年本科、3 年硕士节省了整整两年时间。但为了和胡雪搭班去香港，我放弃了六年一贯制，说服生物系允许我提前一年本科毕业。但万万没料到，7 月 23 日下午，我从学校传达室收到了一页来自香港合作企业的传真，内容很简单：鉴于情况发生改变，本公司取消与贵公司的合作。

我的第一份正式就业协议就这样失效了。当天晚上，我躺在床上，辗转反侧，无法入睡，思考着人生的下一步怎么走。经商受挫，从政无门，我的心情颇感抑郁。无意中，我从同班同学那里得知 7 月 24 日是托福班报名的截止日期。这个消息突然之间让我萌发了以前从未考虑过的出国留学的想法，这似乎是唯一一条我自己有把握掌控的前行之路。于是，第二天一早，我就跑到第三教学楼 4 楼的一间临时办公室，报名参加下一期托福补习班。

留学考试

随着中国改革开放政策的确立，自费出国留学于 1979 年在中国大陆开始出现，到 1986 年以后人数大幅增加。1987 年，我们班来自北京的楚凡和来自哈尔滨的洪晖开始准备自费留学，两人很快办理退学手续后出国。随后，来自宁波的王欣波和来自北京的邓京也加入这个行列。到 1989 年 7 月，我们同班剩下的 30 位同学中绝大多数都做了出国留学的决定，而且都是去美国或加拿大。

要出国留学，就必须参加托福和 GRE（留学研究生入学考试）考试。因为我大学四年从未考虑过出国留学，对英文的学习也只是满足基本要求即可，现在突然切换赛道，令我感觉压力很大。我全力以赴，每天除了三餐、睡觉，剩下的时间几乎都用于学习英语。我需要尽快掌握托福考试的 3 000 个词，GRE 的 3 000 个词，同时快速提高自己的阅读水平和做题能力。我对这样的语言学习方式没有任何兴趣，感觉非常枯燥，唯一的动力就是必须考出好成绩。经过两个多月的紧张准备，我先是参加了 10 月 14 日的 GRE 考试，随后参加了 10 月 28 日的托福考试。

英语考试一直是我的弱项。不知为什么，和数理化相比，我的英语成绩总是低于预期。大学四级英语考试，85 分及以上是"优秀"，考试结束后我预估自己能考 90 分以上，结果全班 80% 的同学考了"优秀"，我则只考了 84.5 分，属于"良好"，心里非常失落。这次考托福和 GRE 也不例外，平时补习班测验，我的托福预估成绩稳定在 610~630 分，但实际考试成绩是 587 分；GRE 的成绩也很不理想，我的总分只有 2 000，其中 Verbal（语文）470 分，Quantitative（数学）800 分，Analytical Writing（分析性写作）730 分。但没有机会再考一次了，我接受了现实，开始联系学校。

第一份录取通知

计划确定以后，我便全力以赴。第一关是选择学校。为了增加被录取的可能性，我从高到低选择了近 20 所美国大学，从约翰斯·霍普金斯大学到佛罗里达大学，尽量申请可以免申请费或者申请费特别低的学校，但申请这类大学的中国申请人也格外多，竞争激烈。第二关是准备并递送材料。托福和 GRE 的成绩由美国的 ETS（美国教育考试服务中心）寄给学校，但每送一份成绩要收一笔费用。我需要填写纸质申请材料，准备三封推荐信和个人声明，把一些能反映个人智力水平和专业水平的获奖证书复印并翻译成英文，等等，这些材料连同申请费都要通过邮政系统寄送。那时，每天上午，学校传达室都会把半麻袋国外来信抖落到每栋楼门口的大桌上，每个人会仔细翻找属于自己的信件，重要信件丢失的情况时有发生。其实，绝大部分信件是礼节性的材料收到确认函，还有很多拒信，或者是催要申请费的信件。

寄送申请费的过程比较费劲，我需要拿着自备的美元到中国银行指定的北京分行排队办理汇票，一所大学一张汇票，办好以后再想办法连同其他申请材料一起用挂号信寄给对方。当时，国家没有给私人任何外汇兑换额度，只能各自私下想办法。好在我有一些积蓄，也有一些做导游获得的小费，加在一起也有好几百美元。最终我选择了给 6 所大学寄送申请费。

接下来就是焦急地等待录取通知书。我每天都会数次翻看楼门口桌上的信件，在收到一打拒信之后，我甚至不拆信封也能根据其厚度判断信的内容。

1990 年的农历新年来得特别早，1 月 27 日是大年初一，我在郑州家里过年。29 日下午，省电业局家属院传达室的大爷急急忙忙跑到我家楼下，告诉我清华大学传达室收到了一份我的传真，是英文的，来自美国，已经交给生物系了，让我回学校取。我很兴奋，猜想是跟大学申请有关的事情，就马上跑到邮局，交完押金，进入小电话间，拨通了清华生物系的电话。果然，我得知艾奥瓦州立大学（Iowa State University）已经录取我攻读博士学位。

心情激动的我，第二天就赶回北京。回到清华，仔细研读了三页密密麻麻的传真来信。这是我的第一份录取通知书，来自艾奥瓦州立大学的生物化学与生物物理系系主任伯纳德·怀特教授（Bernard White）。怀特教授在信中告诉我，学费由系里全额支付，系里另以 RA（Research Assistant，研究助理）的形式每年给我提供 9 000 美元的奖学金，希望我尽快办理赴美签证，争取 2 月中旬报到，春季学期入学。随传真寄来的还有一页 I-20 表格，用于在美国大使馆申请 F-1 学生签证。我盘算后发现，虽然我已经拿到因私出国护照，但申请签证之前有很多事情要办，包括提交签证申请、工作单位离职手续办理、走各种体检程序、生活用品购置、亲朋好友告别等，无论如何也赶不上 2 月中旬的春季学期。于是，我认认真真地给怀特教授写了一封回信，表示接受他的录取，会尽最大努力加快节奏，但可能要 4 月才能报到。我将这封信以挂号信的方式寄出。

来自约翰斯·霍普金斯大学的信息

约翰斯·霍普金斯大学是我缴纳申请费报名的 6 所大学中最好的一所。这所大学创建于 1876 年，是美国历史上第一所研究型大学，不仅综合排名在美国长期居于前十左右，而且拥有几个特别强大的学院和专业方向。该校医学院和哈佛医学院长期排在美国前两名，天体物理系、国际关系学院、生物医学工程系等都在美国最优秀院系之列。很遗憾的是，我申请的生物物理系拒绝了我。

1990 年 2 月中旬，我在 7 号楼门口的一大堆邮件中发现了一封很厚的信，这是由约翰斯·霍普金斯大学生物物理系伊顿·莱特曼（Eaton Lattman）教授签发的一封三页长信，大意是主校区和医学院共同创建了一个新的博士生培养项目——分子生物物理跨校区博士培养项目（Inter-campus Program in Molecular Biophysics，简称 IPMB），询问我是否愿意将已被生物物理系拒掉的申请重新转到 IPMB 项目。IPMB 项目刚刚设立，还没有对外宣传，所以几乎没有人申请这个项目，于是他们给了我这个宝贵的机会。但是莱特曼教授的措辞很模糊，我分辨不出他是已经决定录取我，还是仅仅重新考虑我的申请。而更让我担心的是，这封邮件显示发出日期是 1989 年 12 月，经过近两个月才送达，我很担心莱特曼教授在这期间已经改变主意。

但是无论如何，我需要立即表态。于是，我当即写了一封热情洋溢的回信，表示愿意参与 IPMB 项目。经历彻夜无眠之后，我决定把回信用国际特快专递寄回去。第二天一大早，我乘坐公交车换环线地铁，赶到了建国门附近的邮局。这是我第一次使用特快专递服务，而且是国际业务。我仔细填写好每一处空白，支付了 83 元的巨额邮资，这笔钱足够我在清华两个月的生活费了。在回学校的路上，我的心情格外好，总觉得也许已经有了一个理想之地的保障。自此之后，我便对莱特曼教授的回信翘首以盼，每天翻看 7 号楼门前一堆堆的信件，甚至向学校传达室递送员询问是否有遗漏信件。日复一日，时间转眼到了 3 月，我的希望之火逐渐熄灭。也许，我这辈子和约翰斯·霍普金斯大学无缘。

在等待霍普金斯大学回复的过程中，我收到了来自佛罗里达大学的录取通知。后来，我 4 月到美国以后，又从清华的同学那里得知，得克萨斯大学医学院也给我发了录取通知。

出国留学（下）：异国初体验 ^①

启程赴美

  1990 年 3 月，我顺利地在北京的美国大使馆签证处获得 F-1 学生签证，去往位于美国中西部埃姆斯小镇的艾奥瓦州立大学读书。之后的几天，我跟河南的亲戚朋友做了告别，妈妈和二姐云楠陪着我到上海，住在爷爷家里。我在上海的百货店里购置了个人用品。1990 年 4 月 2 日，星期一早晨，爷爷、奶奶、妈妈和二姐送我到上海虹桥机场，我们在登机大厅门口照了全家福。我怀着忐忑的心情，和亲人挥别，一个人走进出入境检查大厅。当年中美之间的航空交通很少，每周总共只有 3 班飞机飞往北美大陆，都是国航的班机，分别在星期一、星期三、星期五的上午起飞，航班号分别为 CA981、CA983 和 CA985。我乘坐的国航 CA981 于上午 10 点准时起飞。

  经过在东京、旧金山、明尼阿波利斯的周转，24 小时之后，美国时间 4 月 2 日晚上 8 点半左右，我终于抵达艾奥瓦州的得梅因国际机场。很糟糕的是，我临行前忘记了联系接机，只好在机场手忙脚乱地使用公用电话向学校求助，但学校已经下班，我只能留下录音信息。最后，我终于联系上一位住在埃姆斯的朋友老刘，他开车赶到机场时已是晚上 10 点多。他接上我，把我送到一位叫贾浩的中国留学生的家里时，已是午夜。

---

① 本文写于 2023 年 2 月 4 日。

难忘的埃姆斯

初到异国他乡，周围的一切都非常新鲜，而我真正第一眼观察美国、切身体验美国文化是在埃姆斯的 3 个月难忘的时光。

4 月 3 日早上 8 点，我来到生物化学与生物物理系办公室，见到了系主任怀特教授。他问我是否需要咖啡或茶水，问了我旅程情况和对美国的第一印象，非常热心地给我讲述了一些重要事项，最重要的是选择一位教授作为我的博士生导师，并根据我的反馈详细介绍了系里各位教授的研究方向。他特别和蔼地告诉我，4 月 30 日之前的奖学金由系里支付，之后的奖学金会以 RA 的形式由我的博士生导师支付。在怀特教授的建议下，我从 4 月 3 日开始先后在助理教授理查德·洪扎特科（Richard Honzatko）和教授赫伯特·弗洛姆（Herbert Fromm）的实验室做了两轮短暂的轮转。洪扎特科很年轻，刚来系里不久。他的实验室很小，专注于 X 射线晶体学，解析蛋白结构。弗洛姆是一位 50 岁左右的资深教授，研究各种代谢酶。弗洛姆教授很高产，也有充足的科研经费。对我更重要的是，他的实验室里有两位高年级的中国留学生，刘军和董群，他们恰好是一对夫妻。遇到同胞让初到美国的我备感亲切。一番考虑之后，我决定于 5 月 1 日起加入弗洛姆教授的实验室。弗洛姆对我的决定感到非常高兴，并安排了董群带我做实验。

埃姆斯是一座小镇，也是大学城，人口 3 万左右，基本是白人，偶尔可以看到亚裔或非裔。城里几乎所有人都与艾奥瓦州立大学相关，整座城市非常静谧、友好、便捷、美丽，给我留下了深刻而美好的记忆。一望无际的蓝天，干净整洁的街道，路上行人稀少，偶尔会有汽车疾驶而过；超市的物品非常丰富，应有尽有，价格相对于收入也还亲民，但我总是把物品的标价换算成人民币来考量，就觉得很昂贵。周末，我们常常结伴在小镇里寻找美国家庭带有馈赠意思的甩卖（Garage Sale）活动，我花 5 美元买了一整套非常好的带有两个大音箱的音响系统，花 3 美元买了一张很不错的小书桌。

　　这里土地肥沃，物产极其丰富。周末，我和其他中国留学生一起开车去30英里①外的第蒙河钓鱼，每个人都能钓到大鱼。当地人钓到鲤鱼就扔在草地上（美国人不吃有小刺的鱼），于是我们会将鱼捡回来放在桶里。这样两个小时下来，我们十来个人，可以弄到60多斤活蹦乱跳的新鲜鱼。大家凑钱买来各种调味料和伏特加，晚上一起烹饪，享受全鱼宴，不亦乐乎。

　　不过，我的居住条件很一般。为了省钱，也为了接济国内的家人，中国留学生都尽量租住简陋的房子。我住在大学附近（林恩大道7号）的一个独栋两层小楼里。小楼一共有7间卧室，一个客厅，一间厨房，总共住了13个中国人。最大的卧室大约有40平方米，长方形，住了4个人，每个人占一个屋角。我就住在这间卧室，房租每月只要35美元，我还花几美元买了一个席梦思床垫。唯一困扰我的是，三位室友睡觉都打呼噜，晚上他们睡得很香，但呼噜声此起彼伏，令我难以入眠。于是我备了一副碗勺放在枕边，他们一打呼，我就敲碗，然后他们会翻翻身，呼噜声就小多了。我坚持了一个月，实在休息不好。恰好隔壁的一位访问学者到期回国，空出一个单间，我就租下来了，虽然每个月要花60美元租金，但至少睡眠质量有了保证。

　　20世纪90年代初到美国，我看什么都新鲜，有很多事情和国内很不一样。比如，城市里没有蚊子，无论是埃姆斯小镇还是巴尔的摩这样的大城市，一年四季都不需要挂蚊帐；打电话不必去邮局，固定电话已经相当普及，家家户户都有电话，长途电话随便拨打，只需第二个月按时缴费就行，电话公司对用户的这种信任让我着实感到新鲜；个人在银行开完账户以后，就可以使用个人支票购物，从超市食品到五金交电，商家对个人的这份信任也让我刮目相看；可以以个人名义在银行申请信用卡，本月没钱也可以用信用卡购物，只需下个月按时还款即可；一般汽车的价格很便宜，几乎每个人都可以凭借自己的收入买车。

---

①　1英里约为1.6公里。——编者注

学开车

我从小就酷爱汽车，做得最多的泥巴玩具就是各种汽车，甚至会在汽车开过之后专门去闻汽油味和汽车尾气的味道。去美国留学，我最想做的两件事，一是学车、买车、开车，二是在中餐馆勤工助学，体验留学先驱们的感受。第一件事情在到达美国的第一个月就实现了。

我4月2日到埃姆斯，11日就循着卖车广告去一个美国人家里，用380美元买下了我这辈子拥有的第一辆汽车。这辆车是美国通用汽车公司1979年出产的自动挡的雪佛兰，已有6.2万英里的里程。这款车的特点是非常坚固，毛病很多，但可以一直开下去。14日，我通过了简单的理论测试，拿到了学习驾照（Learner's Permit）。随后，我向留学生朋友学了三四次开车，掌握了直行、换道、拐弯、平行停车等技术，感觉自己已学得差不多了。24日，我第一次参加路试就顺利通过，拿到了我的第一个正式驾照。

4月30日，我和中国台湾留学生黄慧郁、四川留学生刘全胜决定一起开车去堪萨斯城和圣路易斯两座中西部大城市游玩。三人中只有我有正式驾照，我自然成了司机，但车是慧郁刚买的手动挡的福特天霸（Ford Tempo）。我不介意当司机，但只会开自动挡的车，从没开过手动挡的车。慧郁花了20分钟教我换挡，我们就上路了。这趟旅行充满了意外，我临时学的开手动挡车的技术到了处处是坡的堪萨斯城受到了严峻挑战。惊魂未定之时，我又雪上加霜地把汽车反向开进了堪萨斯城的单行线，迎着呼啸而来、拼命鸣笛的汽车，我感觉自己像在出演好莱坞大片。好不容易把车开到了圣路易斯，结果车盖冒烟，汽车在高速公路上抛锚。历时三天两夜，我一人驾车1 400多英里，绕了一大圈回到了埃姆斯。惊险之余，我们三人欣赏了堪萨斯城的美景，领略了美国通往西部的门户城市圣路易斯的雄伟，拍了很多照片，最终大家对这趟旅行都很满意。但我的收获最大，因为我学会了开手动挡车。

转学至约翰斯·霍普金斯大学

逐渐适应了埃姆斯的环境之后，我又想起 2 月中旬给莱特曼教授的那封特快专递，还是对约翰斯·霍普金斯大学念念不忘。6 月初，我抱着渺茫的一丝希望，给 IPMB 项目的行政秘书桑德拉·泰勒（Sandra Taylor）女士打了个电话，介绍了我的情况。她很热情，同意帮我问问莱特曼教授。一天之后，她给我回电，告诉我正式录取通知书已经在几周前寄往我在中国的地址。我异常激动，那一刻，我的每一个细胞都充满了快乐！很快，我可能转学去约翰斯·霍普金斯大学的消息不胫而走。

IPMB 项目于 9 月初开学，我原计划 8 月初再向弗洛姆教授解释转学一事。没想到，两天之后，弗洛姆教授就沉着脸把我叫到了他的办公室，告诉我他已经听说我的事情，问我准备转学还是继续跟着他攻读博士学位。我委婉地表示想在 9 月初去参加 IPMB 项目。他马上表示，如果我已经决定离开，就尽量早点儿离开，他愿意支付我到 6 月底的 RA 待遇。尽管我能看出他很不开心，但他还是非常宽容和大方，让我有充裕的时间打包离开。6 月 30 日早上，我高高兴兴地与埃姆斯的朋友们鸣笛作别，独自一人开车，一路向东，星夜兼程，途经 6 个州，近 1 200 英里。22 个小时之后，于 7 月 1 日清晨顺利到达美国东岸的港口城市巴尔的摩，开始了我在这座城市五年半的求学生涯。这时距离我决定出国留学过去 11 个月零 1 周。

我的博士学习生涯在约翰斯·霍普金斯大学正式拉开了帷幕。我选择加入专门研究锌指蛋白的杰里米·伯格实验室进行博士阶段的研究。1995 年 4 月 12 日，我获得了博士学位。在短暂的 8 个月博士后工作之后，1996 年 1 月 14 日，我离开巴尔的摩去纽约市斯隆-凯特琳癌症研究所继续博士后的研究工作，师从结构生物学家尼古拉·帕瓦拉蒂奇（Nikola Pavletich）。1998 年 1 月 1 日，我正式离开斯隆-凯特琳癌症研究所，加盟普林斯顿大学的分子生物学系，开启了我的独立科研生涯。

中餐馆打工 ①

在激动人心的 20 世纪 80 年代，改革开放带动整个社会大步向前迈进，每天都有新事物产生，每月都有新观念出现，而社会对这些新的潮流格外地包容。为了适应变化的环境，也为了创造更美好的未来，每个人都在努力地学习，也自然而然地加入改变现有环境的滚滚洪流。应该说，我的价值观和世界观主要就形成于那个时代。

1978 年 12 月 18 日，党的十一届三中全会开幕，确立了改革开放的基本国策。8 天之后，平均年龄已经超过 40 岁的 52 位公派留学生集体乘机，飞越太平洋，抵达美国，揭开了中美文化交流的大幕。1979 年 1 月 1 日中美正式建交，1 月 29 日邓小平副总理访问美国，在北美大陆掀起了一场中国热。1979 年，1 330 名中国大陆的留学生赴美求学，这一数字之后呈指数级增长，几乎每年翻番。到 1990 年，像我这样去美国攻读博士学位的中国留学生多达 2 万人，形成了人类历史上最大的一场留学潮。

绝大多数的留学生是自费留学，受当时收入水平的限制，留学生出国时携带的现金非常有限，有的只有几十美元，很多学生不得不一到美国就开始寻找勤工俭学的机会，所以那时候关于出国留学的书里常常会介绍如何在异国他乡勤工俭学。20 世纪 80 年代，很多留学生一边在学校刻苦学习，弥补语言的差距，一边在中餐馆拼命工作挣钱以支持学业，这些经历感染也感动了一批后来者。于我而言，这些先期到美国的留学生的奋斗史是对青春生命的精彩演绎，

---

① 本文写于 2023 年 2 月 7 日。

在中餐馆勤工俭学是留学生涯中最浪漫的体验。所以，出国前我就暗下决心，到美国之后一定要打工。

当时按规定，在美国持有 F-1 签证的外国学生是不能打工的，因此很多中国留学生只能冒着风险偷偷在中餐馆打工。当地政府对这种情况是有所了解的，但美国警察一般不会执行这项规定。1990 年，美国政府发布了一个行政命令，特许持有 F-1 签证的中国留学生每周工作 20 个小时，中国留学生打工就更加方便了。

第一份工作：凯西村小馆

1990 年 4 月抵达美国后，我就读于美国中西部埃姆斯小镇的艾奥瓦州立大学生物化学与生物物理系，我的第一个轮转（rotation）在理查德·洪扎特科助理教授的实验室。4 月中旬的一天，他约我到学校旁边的中餐馆一起吃午餐，这家店主营炒菜盖饭，有麻婆豆腐、牛肉花菜、糖醋肉等。菜盖在半盘白米饭上面，每份午餐还配一小碗酸辣汤，价格在 4.5~5.5 美元。餐馆的门面很小，里面都是简易桌椅，室内只能坐十多个人，所以很多人选择打包带回去吃。洪扎特科教授和我决定在餐馆等位置，坐下来吃午餐。午间的餐馆非常忙碌，但柜台内外也就只有三位工作人员。一位中年女子一直在柜台里面负责接单，估计是老板娘，还有两个年轻人跑来跑去，负责打包外卖、堂食送餐。我买了一份便宜的饭，味道很不错。这是我第一次在美国看到中餐馆，也是我第一次在中餐馆吃饭。

我胆子很大，吃完午餐就径直走到老板娘面前，问她要不要学生帮忙。她有些错愕地看了我一眼，问我什么时候到的埃姆斯，是否有在餐馆工作的经验，我一一实话实说。然后她告诉我，目前餐馆不需要人手，婉拒了我。埃姆斯很小，我没有找到第二家中餐馆。

1990 年 7 月初，我转学到巴尔的摩的约翰斯·霍普金斯大学。巴尔的摩是美国东部的一座大城市，市内有 60 多万常住人口，加上郊区人口的话，总人口可能超过百万。这里有很多中餐馆，分布在城里城外的各个地方，郊区和白领居住区有，蓝领集中的居住区也有，甚至在偏东部犯罪率很高的地区也有。我一心一意要打工，就一一致电了电话簿上列着的几十家中餐馆，询问对方是否要男服务生，但大部分餐馆都不需要人手，直接拒绝了我，一些需要人手的餐馆听说我没有在餐馆打工的经验之后，也拒绝了我。找份工作居然这么难！

天下无难事，只怕有心人！一家叫"凯西村小馆"（Cathy Village Inn）的中餐馆位于陶森（Towson）小镇，在巴尔的摩北部绕城高速 I-695 之外，距离约翰斯·霍普金斯大学霍姆伍德校区大约 22 公里。1990 年 9 月初，我再次给这家中餐馆打电话，接电话的是老板，他问了我的一些基本情况，就答应让我当天下午 5 点来餐馆试工。我有点儿紧张，下午 4 点半就驱车赶到了餐馆。老板是一位老人，他见了我很高兴，说今天就正式录用我。我心情好极了，终于如愿以偿，拿到了我的第一份在餐馆打工的工作！

我的工钱是 1990 年美国法律规定的最低工资标准，每小时 3.75 美元。工作时间为每天约 4 小时，从下午 5 点到晚上 9 点，每周工作 5 天。这样算下来，每天的工钱是 15 美元，老板每周结一次账，我每个月能挣大约 330 美元。实际上，我每天下午 4 点半就到了，餐馆打烊一般都在晚上 10 点，所以我的实际工作时间远远多于老板付工钱的时间。而且因为餐馆离住处很远，我来回路上开车还要额外付出将近一个小时。每周一至周五的下午 4 点至晚上 10 点半，我都在为打工而奔波。

我本以为可以直接在餐馆做服务生，但实际上我是从最底层的工作做起的。第一份工作是负责收盘子、洗盘子的勤杂工，我需要及时地把顾客吃剩的盘子收走，放在水池里用高压水龙头冲洗，一晚上忙忙碌碌，很累。下午 5 点前，我还要和其他人一起处理食材——择菜、剁肉、洗菜等，都要赶时间。但我对自己找的工作无怨无悔，只是忙碌一晚上在开车回家的路上，我常常会很惆怅地唱起《国际歌》，觉得自己在餐馆里要寻找的就是这种浪漫主义的革命情怀。

　　餐馆老板很快发现我人很机灵，干活儿麻利、仔细，收盘子时还能和客人寒暄几句，而其他勤杂工完全不行。于是，一个月后，老板就把我提拔到餐馆前台接电话、迎客带位，这项工作很不好做，需要动脑筋。首先，大多数来电的是老顾客，一般是先订餐再来取餐。这些顾客经常有特殊要求，比如湖南鸡这个菜里不能加小玉米，而按照餐馆的固定配菜，湖南鸡里是有小玉米的。这时候，就要我在订单上清晰标注"不要小玉米"。有时候接单很多，我偶尔会忘记标注客人的特殊要求，或者标注了但忘记提醒配菜师，结果就是一个小时以后，老顾客从家里打来电话，抱怨在湖南鸡里发现了小玉米，这时候挨骂的肯定是我。其次，带位很讲究，餐馆里的招待每人负责一个特定区域，餐馆里俗称"station"，也就是固定的几桌。他们对老顾客给小费的习惯了如指掌，如果我连续把几位出手慷慨的顾客带到同一个区域，其他区域的招待就会对我严重不满。所以我需要认识这些老顾客并了解他们给小费的习惯，这样才能一碗水端平。我很努力，很快对接电话、带位这些工作驾轻就熟。

　　老板越来越器重我，11 月开始，他让我兼做招待，工资不变，但小费属于我的额外收入。我很开心，终于可以学习怎样拿托盘了！一个好的招待可以在一个大托盘上放上四五个菜，有时还会放上米饭和额外的空盘子，放好之后抬起大盘，一只手展开手掌从下面托着大盘，就可以健步如飞了。大盘很稳，从不会打翻饭菜。学习这项技术对我很有诱惑力，我尝试着照葫芦画瓢，跟其他招待学习，但我总觉得自己的动作不够优雅。

第二份工作：四川大饭店

　　凯西村小馆的老板是香港人，对我很不错。但餐馆实在太远，路上来回浪费了不少时间。而且我对中餐馆的各种工作已经熟悉，自信心大增，认为自己应该能够轻易在城内找到一家中餐馆打工。所以 11 月底，我向老板提出辞职，他很诧异，希望我继续留下来，工钱可以涨到每小时 4.25 美元，我谢绝了老板的挽留。其实，美国法定最低工资标准即将上涨，我挣的每小时 3.75 美元原本也要成为历史了。

当时巴尔的摩最大的中餐馆是位于市中心附近的四川大饭店（Szechwan Restaurant），坐落于查尔斯街 801 号。这家餐馆平时只开放一楼，有 100 多个座位、4~6 个招待。逢年过节人多的时候开放二楼，还有 100 多个座位，需要 10 个招待同时忙碌。这家餐馆的老板是一个姓朱的台湾人，当过国民党军队的营长。我第一次见到朱老板讨要工作机会，他就一口答应，还把我介绍给了一位大陆来的领班，叫王伍。于是，我 11 月下旬就去四川大饭店打工了，收入为每小时 5.5 美元。朱老板比较大气，每天的打工时间由我自己记录，每周结算一次，到出纳那里领工钱。我就实事求是地把每天的实际工作时间写下来，比如周一下午 4 点半至 10 点半，工作 6 个小时，只需写好后给朱老板看一下即可。

王伍是武汉人，学音乐出身，在巴尔的摩很有名气的皮博迪（Peabody）音乐学院学习，业余时间就在四川大饭店打工。王伍个子不高，浓眉大眼，分头发型总是整整齐齐。他非常干练、聪明、真诚，待我像小兄弟一样。他成功说服了我跟着他送餐，说这是最好的差事。原来，王伍加盟四川大饭店以后，说服了朱老板提供一项新的服务，接受电话订单，40 分钟之内送到家。这项服务非常受顾客欢迎，尤其是年老的顾客，足不出户就可以吃到热腾腾的美味佳肴。王伍和另一个大陆来的打工仔，仅凭下午 5 点半到晚上 9 点半两个人送外卖，使得餐馆每个月就有 3 万多美元的营业额。送餐时客人也会给小费，大约是餐费的 9%~10%，比堂食小费要低六七个百分点。即便如此，3 万美元餐费对应的小费也有 2 700~3 000 美元。除此之外，还有老板提供的每小时 5.5 美元的固定收入，每月的收入的确比当招待多。

王伍找到我的时候，他已经快从皮博迪毕业了，他希望我接过他开创的送餐服务。这项服务有它的内在规律，我跟着王伍干的第一周就学到了很多技巧。

有一天晚上 10 点，我们已经送完了最后一单外卖，也吃完了餐馆提供的工作餐，王伍叫我跟他去外面发菜单。他把大约 600 张、厚厚一沓外卖菜单放在汽车后座上，带着我开车来到巴尔的摩内港附近的 Bilton Hill（比尔顿小丘）地区。这里是市中心商业圈附近的居民区，有很多高层住宅楼和三层联排住宅，很多犹太人住在这里。我们停好车，各自拿上一沓送餐菜单，给每一辆沿街停放的汽车前窗玻璃贴上一张送餐菜单。这样步行十几条街道，耗时一个多小时，就把 600 份菜单发完了。发完菜单回到家，正好半夜 12 点。我就这样跟着他干了一段时间，从下午 5 点到半夜 12 点，一分钟不停歇地忙碌。打工非常辛苦，钱不是那么容易挣的。

王伍告诉我，600 份是一个折中数字，如果发多了，第二天会应付不过来。果然，第二天下午 5 点一过，订餐电话就陆续打进来了，到 6 点左右进入高峰期，持续到 8 点以后才逐渐减少，一大半订单来自 Bilton Hill 地区，这样非常便于送餐。我往往一趟送三四份外卖，最多的时候能一趟送六七份。但第三天来自 Bilton Hill 地区的送餐订单大大减少了。王伍每周都会有两天晚上，各选择一个白领阶层居住的区域发菜单。

王伍不仅教我如何做好送餐这项工作，也向我介绍了餐馆的历史渊源和恩恩怨怨。1972 年，美国总统尼克松访华前夕，为了表示对中国的友好，专门到首都华盛顿的唐人街中餐馆吃了一顿饭。他光顾的餐馆是唐人街牌匾旁边的成吉思汗大酒家。随后这家餐馆的老板抓住商机，大加宣传，在美国各地开了不少分店，挣了不少钱，巴尔的摩的四川大饭店就是其中一家分店，而朱老板是其小舅子。餐馆里的员工多来自中国台湾和中国香港，来自大陆的很少，王伍是第一个，我算第二个，后来又来了一位女招待小刘。来自港台的员工居高临下，一般看不起大陆来的，这一点让我心里很不舒服。

王伍带着我做了不到两个月，1991 年元旦一过，他就离开了巴尔的摩。后来我也没有跟他再联系上，真希望哪天能重逢，说说几十年前的事情。

和大厨干仗

王伍走后，我自然而然地负责送餐业务，带着一个小弟，互相配合，两人干得很起劲儿。四川大饭店仅送餐业务一项，每月的营业额就达到了创纪录的4万美元左右。朱老板很欣赏我，把我的工钱涨到每小时8美元，还叮嘱我帮着他看管餐馆。平时送餐不忙的时候，我会兼做带位，甚至学学油锅①，倒也惬意。有军旅背景的朱老板非常辛苦，对员工也比较严格。但四川大饭店中来自香港的两位男招待的习气很糟糕，吃喝嫖赌样样沾。朱老板不在的时候，他们甚至会把餐馆的好食材偷拿回家私用。所以朱老板做得很累，每天看得很紧，几乎不休息。看到我越来越得力，朱老板就劝我周末两天帮他看店，做经理，负责整个餐馆里里外外的事情。

平时，来自内地的小刘在餐馆会受到来自香港的那两位男招待欺负，后者言语里对内地人不恭不敬，很让人气愤，但也没办法。我做经理的那些天，就会有意把一些给小费多的老顾客带到小刘负责的区域，这样做引起了那两位男服务生的不满，但他们知道朱老板器重我，也不敢直接向我抱怨，而是用我听不懂的粤语叽叽歪歪，而我根本不予理睬。但有一天傍晚，他俩把餐馆大厨拉到一边，不知说了什么，估计是挑拨大厨和我的关系。这位大厨三十出头，也来自香港，脾气很暴躁，但平时不说话，和我的关系还算融洽。晚上8点多，还有不少顾客在堂食，我进厨房催菜时，正在炒菜的大厨突然发难，回头用蹩脚的普通话骂了我两句，我一下子也来了气，不依不饶地回敬了他几句。没想到，他操起大汤勺，舀了半勺酱油直接泼了过来，我的白衬衫和外套上立马染上了大量的褐色酱油，全身酱油味，气得我拿着勺子舀起冒着热气的酸辣汤就泼了过去，大厨身上也满是热乎乎的酸辣味。他极其愤怒，操起一把菜刀就往我这里冲来，这会儿绝不能退却，我一边寻找餐具做武器，一边继续泼他酸辣

---

① 油锅，美国中餐馆里惯用的一个词，意思是用油炸的方式烹制油条等各种食物（包括炒蔬菜前将其过油），也可以指干这个活儿的人。

汤，他滑了一个趔趄。这时餐馆的其他员工一拥而上，把我俩分开。他嘴里不干不净，我心里也很气愤。

第二天，朱老板赶回餐馆，把我俩各数落了一顿。其实，餐馆大厨的地位是很高的，因为招牌菜一般都是由大厨做的，重要顾客的菜肴也是大厨掌勺儿，回头客常常也是冲着大厨来的，所以餐馆里的一般员工是不敢与大厨发生矛盾的。不过，这次冲突以后，那两位男招待和大厨再也不敢向我们发难了，也算不枉我满身酱油地爆发了一次。

偷渡客小陈

1991 年春节刚过，四川大饭店来了一位来自大陆的偷渡客，是一位很年轻的小伙子，姓陈，长得浓眉大眼，也比较壮实，在餐馆任劳任怨，干活儿非常卖力。我在报纸上看过很多关于偷渡客和帮助他们偷渡的"蛇头"的故事，也听到过"蛇头"虐待甚至毒打偷渡客的耸人听闻的情节，所以对他的人生经历充满了好奇。

小陈性格内向，平时沉默寡言。个别招待对他很不友好，言语间总是充斥着讥讽甚至辱骂。我会尽力想办法帮助他，使小陈获得朱老板的赏识。久而久之，小陈看到了我的善意，逐渐和我成为朋友。初春的一天夜晚，下班以后，小陈站在餐馆门外的小广场上发呆，我便过去问他怎么了，他说他很想家、想老婆、想孩子。我吓一跳，问他多大、老婆和孩子在哪儿。他才一五一十地把自己的经历讲了出来。

小陈是福建人，家在沿海农村，今年才 20 岁，两年前结婚，婚后就生了一个儿子。同村不少年轻人都偷渡到了美国，他也选择了这条路，到美国打工挣钱。整个偷渡过程完全由"蛇头"安排，偷渡者只需要配合就行了。偷渡一个人的费用是 2.8 万美元，需要偷渡者到美国之后的三年内付清，没有利息，不成功不付钱。小陈拿着一本他自己也不知道真假的护照，从北京坐飞机到荷兰阿姆斯特丹转机，然后飞到南美洲的智利，全程有人接应。从智利机场出关以后就是坐汽车了，一路北上，换多次车，最后通过墨西哥抵达美国。整个过程要一个多月，但有人管吃管住，不用操心。我听后很诧异，问小陈："'蛇头'不是都很坏吗？"小陈回复说："'蛇头'是讲理的，但就是要我们三年内把钱付清，有些人到美国后就偷偷换地方，不想给'蛇头'钱，被抓住以后是要挨打的。"

小陈吃住都在四川大饭店，不花钱。每月工钱 1 100 美元，这样三年下来有 39 600 美元，除去还给蛇头的 2.8 万美元，自己还能剩下一万多美元。小陈盼着熬过这三年，再挣两年钱，在儿子上学之前回福建和妻儿团聚。听了他的故事，我很受感动，也更加感慨人间疾苦与艰辛。

遭遇抢劫

1991 年 4 月 13 日，星期六晚上 8 点刚过，巴尔的摩下着小雨，我开车送一个 93 美元的外卖给博尔顿街（Bolton St）的一位老顾客。为了节省时间，我把车停在马路上，引擎没有熄火，我也没打伞，抱着盛餐的纸箱子，几步小跑，到大门前按了门铃。开门的老太太很爽快，给了我 5 张 20 美元的钞票，说"no change, please"（不用找钱），我道谢后转身小跑回汽车。当我左手拉开车门，右腿正要迈进去时，突然衣服后面的领子被人抓住了，对方一使劲儿，把我拎了出来。我意识到大事不妙，遭遇抢劫了。劫匪有两个人，我身后的人用胳膊死死卡住我的脖子，使我非常被动。前面的黑人一边重击我的腹部，一边大声吆喝："Give me money！"（把钱给我！）估计是肾上腺素飙高的原因，我没有痛感，但头脑非常清醒。我那天晚上送餐的现金都在衬衣左上方的兜里，大约 450 美元，只有 60 美元的钱包在外衣左侧兜里。于是我故意用双手护住左衣兜，前面的劫匪伸手来抢，几秒钟未果，后面的劫匪不耐烦地吼道，"Shoot him"（毙了他）。我听到后非常担心前面的劫匪有枪，所以马上松开了双手，劫匪抢了我的钱包，又补了几拳。我故作痛苦地坐在地上，他们见状转身就跑，很快消失在夜幕里。

我马上站起来，去敲老顾客的大门。老太太开了门，我镇定地告诉她我被抢了，她一脸惊诧的回答既出乎我的意料，也让我至今记忆犹新："You are Lucky! Someone was stabbed to death right next street a few days ago."（你真幸运！几天前有人在隔壁街道被捅死了。）我们说话的这么一会儿工夫，鸣着刺耳警报声的警车已经赶到，两个警察还带着一个黑人小姑娘。原来，就在我被抢劫的时候，这个黑人小姑娘就在十米外的汽车后面玩耍，清清楚楚看着全过程。同时，路边三楼的一位住户也看到了我被抢劫，并立即拨打了911电话。这个区域犯罪事件频发，所以附近的警察应声便赶到。警察询问我是否需要去医院，我说身体没有受伤。警察又问了两句，给了我一张便条，然后带着黑人小女孩上了警车，我想应该是去追劫匪了吧。

我驱车返回餐馆，向朱老板和同事们讲述了被抢劫的经过，大家都感叹我运气好。当天晚上，我提前回家休息，除了腹部隐隐作痛，脖子有点儿疼，身体其他部位没有什么感觉。第二天起床后，我发现自己失声了，几乎说不出话来，嘴和脸都很疼，整个脖子肿胀起来，而且身体疲乏，全身都有点儿疼。看来前一天被抢劫时的激素分泌果然有强大的镇痛作用。整整两周，我的脖子才完全消肿，我也逐渐恢复了正常说话的能力。

身体恢复之后，我才逐渐感受到严重的心理阴影。巴尔的摩是美国犯罪率排在前几位的大城市。虽然每年有几百起凶杀案，但是在这个城市读书感觉还是挺安全的，以前我从来不觉得自己会有被抢劫的风险。现在不同了，我对被抢劫有了切身体会。在那之后的两三年，每当夜晚一个人步行在巴尔的摩的大街上，我都会精神集中，一边走一边观察四周，耳闻八方。如果后面传来急促的脚步声，我会突然转身，双手握拳护胸，做好格斗的准备，有时会因此把路上的行人吓一跳。我终于领会了中国的俗语"一朝被蛇咬，十年怕井绳"。

丢车

　　被抢劫之后，我仍然继续负责四川大饭店的送餐服务，但警觉性比以前强了很多。1990年12月，在餐馆打工挣的几千美元被我投资买了一辆很不错的日产西玛（Nissan Maxima），这是我到美国之后购买的第二辆车。这辆车很舒适，各种功能很齐全，汽油所剩无几的时候还有语音提示加油。但巴尔的摩的汽车保险非常昂贵，为了省钱，我只购买了基本保险，如果出了交通事故，保险公司只赔对方的损失，不赔我本人的损失。到了1991年5月初，打工挣的钱已经足够支付全面保险了，我便把保险升了级。

　　5月19日晚上10点半，我从四川大饭店打工归来，把我的西玛停在离家门口30米远的街道上。第二天早晨8点，我吃完早餐，习惯性走到停车的地方，却发现车子不见了。我的第一反应是记错停车位了，但仔细想想，又四下看看，确信昨晚就是将车停在这里。此刻，我突然意识到：车可能被偷了！我顿时焦急起来，在附近十几条街道找来找去，希望能发现车子的踪迹。一小时过去，我的希望也一点点萎缩下去。我无比沮丧地回到家里，拨通了911电话，报告了丢车的情况，接线员做了详细记录。这一天，5月20日，真是个倒霉的日子。当晚，我的两个好朋友虞一华和陈器跟我一起吃饭，他们一边安慰我一边提醒我找保险公司索赔。这时我突然意识到，我的车子20日被偷，但保险21日才生效，就差了一天！

　　三天后的下午，我在家中意外接到警察来电，车子找到了，明天来认领！我在电话这头兴奋得要跳起来，一个劲儿地感谢对方。电话里的警察却告诉我不要乐观，说了一句"Your car has been stripped"（你的车已经被扒光了）。放下电话，我马上查了一下英汉词典，确证了"stripped"（扒光）的含义。这下我更坐不住了，马上打车赶到了市警察局的废弃车停车场。我隔着铁丝网走来走去，在几百辆汽车里找到了我的西玛。看到残缺不齐的车子，我的眼泪都快要掉下来了。车子的四个轮胎连同轮毂都没有了，所以车子是趴在地上的；前灯尾灯全部消失，剩下几个大洞；车内的座椅都消失了，仪表盘也没了，真的是惨不忍睹。很明显，这是行家所为，他们要的就是部件。盗贼应该是把部件卖给了修车行。第二天上午，我来停车场认领这辆西玛，同时致电修车行，得到的修车报价超过了我购买这辆车的总价。最终，因为这辆车的引擎还没有被拿走，我把这辆残车折价500美元卖给了修车行。

再见，打工生涯

丢车对我的打击实在太大了，我的心情一连抑郁了好几天。从那以后的两年里，我都没有再买车，也没钱买车了。1991年4月的被抢和5月的丢车，可谓祸不单行，都发生在我抵达美国一年左右。没了车，也就没法儿再做送餐服务了，于是我去向朱老板辞职。没想到，他不仅挽留我继续在餐馆做招待和周末经理，还建议我放弃博士学业，跟着他开餐馆。朱老板在巴尔的摩还有一家中餐馆，叫"中国味道"，位于城市东北部的蓝领社区，生意不错。朱老板试图说服我："小施，你拿到博士学位以后找工作也就是年薪5万美元左右，交完税还剩不到4万美元。如果你负责'中国味道'，我税后付你6万美元年薪，而且年终可以分红。"我谢过了朱老板，执意辞职。

其实，我到中餐馆打工的目的早已完全实现，那就是亲身体验勤工助学带来的那种刻骨铭心的感受。我终于可以说：我在中餐馆干过！于我而言，打工过程中的酸甜苦辣都是对社会、对生命的一种难得的体验，都是浪漫青春的极致演绎。只是没有想到，我不仅经历了一个打工仔应该体验的酸甜苦辣，还在短短9个月的打工生涯中经历了这么多惊险和意外。

再见，我心心念念的打工生涯，是时候回归学业了。

03

生活百味

在回国过程中，
我想得最多的问题
就是人为什么活着。

归来吧，我的朋友们 ^①

20世纪80年代的一些歌曲很是令人振奋。我特别喜欢张枚同作词、谷建芬作曲的一首歌《年轻的朋友来相会》，唱起来激昂向上、催人奋进：

啊，亲爱的朋友们，美妙的春光属于谁？

属于我，属于你，属于我们八十年代的新一辈！

再过二十年，我们重相会，

伟大的祖国，该有多么美！

天也新，地也新，春光更明媚，

城市乡村处处增光辉。

啊，亲爱的朋友们，创造这奇迹要靠谁？

要靠我，要靠你，要靠我们八十年代的新一辈！

但愿到那时，我们再相会，

举杯赞英雄，光荣属于谁？

为祖国，为四化，流过多少汗？

回首往事心中可有愧？

刚学会唱这首歌的时候，我才15岁，觉得20年之后是那么遥远！

一转眼，28年过去了！2010年4月25日，清华大学99周年校庆，也是

① 本文写于2011年3月18日。

1985 级本科生入学 25 周年及毕业 20 周年，数百名 1985 级的校友在主楼后厅高声同唱这首歌，我们唱得百感交集、心潮澎湃。

正如歌中所唱，20 年后，祖国多美好！巨大的变化随处可见，中国在崛起，中华民族在实现伟大复兴。举杯赞英雄，光荣属于谁？创造这奇迹靠的是谁？我们回首往事心中可有愧？

和许许多多海外的朋友一样，在我回到清华全职工作之前，每次回国探亲或开会，我总会被国内日新月异的发展打动，总是心情激动，也常常会联想到自己的将来。每次乘飞机离开祖国的时候，我心中总有种说不出的惆怅，内心深处有某种情愫在萌动。

大约十年前，我开始与清华生物系师生接触。从 2003 年起，我成为母校的讲席教授组成员，定期交流讲学，帮助人才引进。虽然做了一点点工作，但因为时间有限，又不能随叫随到，对母校的帮助很有限。

2006 年 5 月，清华大学时任党委书记陈希老师找到我，直截了当地问我是否可以全职回国工作。我怦然心动，这不正是我多年来想做的事吗？！考虑一天之后，我郑重地告诉陈希老师：我可以全职回清华。但当时我在美国普林斯顿大学的实验室有 10 多位博士后，6 个博士生，还有 2 个实验员，每年的科研经费超过 200 万美元。一下子关掉这样一个庞大的实验室，既不现实又不负责任。于是，我开始了过渡期。2007 年，我在清华工作了 5 个多月。2008 年 2 月，我开始在清华全职工作，并于当年辞去了普林斯顿大学终身讲席教授的职位。2009 年 5 月，妻子卖掉了在美国的房产，带着 5 岁的双胞胎儿女回到北京与我团聚。

我的回国过程，看似轻描淡写，实则极其不易！其中的风风雨雨、酸甜苦辣只有自己心里最清楚。有多少次的误解和委屈，多少次的打击和挫折，又有多少次的喜悦和欣慰……每天半夜一个人骑车回家的路上，我唱得最多的一首歌是《少年壮志不言愁》，其中最喜欢的一句歌词就是："峥嵘岁月，何惧风流？"

> 几度风雨，几度春秋，
>
> 风霜雪雨搏激流。
>
> 历尽苦难，痴心不改，
>
> 少年壮志不言愁。
>
> 金色盾牌，热血铸就，
>
> 危难之处显身手、显身手。
>
> 为了母亲的微笑，为了大地的丰收，
>
> 峥嵘岁月，何惧风流？

在回国过程中，我想得最多的问题就是人为什么活着。我一次次地问自己，一次次地说服自己：是为了让自己快乐！回国前，吃的、穿的、用的，房产、汽车，我都有了，学术地位、荣誉奖项，我也有了，我还有一个和睦温馨的家。但我总觉得缺了点儿什么，内心怅然若失。我缺什么？缺少让我振奋的帮助同胞的成就感！游子归乡，报效生我养我的祖国，报答血脉相连的父老乡亲！这是最自然不过也最让人自豪的成就感！

2001 年，我和我的河南老乡——著名生物学家王晓东在从美国去北京开会的飞机上巧遇，他平平淡淡地说了一句话："一公，我们都欠中国 15 年的全职工作。"这句话道出了我内心长久以来的惆怅，也让我又一次受到震撼。是啊！我们富足了，可我们的河南同胞呢？对我们寄予厚望的父老乡亲呢？虽然已经过去 30 多年，但我永远也忘不了小学老师对我说过的一句话："施一公，以后你可得为咱驻马店人争光啊！"

全职回国后，我很想回驻马店看看昔日的老师、老同学、老邻居，但总是很忙，一直没有顾得上。但我心里已经无数次地告诉我远在河南的乡亲们：

"我回来了！我回来了！"

祖国在巨变。回国前，我是巨变的旁观者，偶尔挽起袖子帮帮忙。现在，我是巨变的参与者、策划者，是主人翁！

我想对海外的朋友们说：回来吧！虽然中国的科技体制还有待改善，但这里是你的家，你的祖国，这里有你血脉相连的父老乡亲，他们对你充满期望。而中国面临的问题和困难也正是你需要回国的理由！

祖国竭尽全力为每一个回国的海外人才创造各种便利条件，这些条件足以让每一个立志创业的人大展宏图！

归来吧，我的朋友们！

今天3 000米

　　刚刚参加完清华大学教职工运动会的3 000米长跑比赛，男子丙组（40~49岁）共14人参加比赛，我获得第四名。平常与我在清华大学马拉松爱好者协会一起跑步锻炼的孙威同学为我计时：

前200米	46"
倒数第7圈	1'42"
倒数第6圈	1'39"
倒数第5圈	1'40"
倒数第4圈	1'43"
倒数第3圈	1'48"
倒数第2圈	1'51"
最后一圈	1'47"
总计	12分56秒

　　今天天气稍热，30摄氏度，但有点儿风，感觉还不错。我尽了力，但最后一圈没有拼尽全力，属正常发挥。我跑前也希望自己能跑进13分钟，终于遂愿。

　　参加男子甲组的王博远和乙组的李文奇分别跑出了11分59秒和12分16秒的好成绩。尤其是文奇，恢复锻炼还不到两周，上周跟着我跑每圈1分50秒都还吃力，今天居然咬牙跑出了平均每圈1分38秒的出色成绩，真是个能拼的好小伙儿！而王博远今天中午吃饭时曾豪言要跑进 12 分，也如愿以偿！

我喜欢跑步！更享受跑步后身体疲劳、精神放松的感觉！

我不是天生喜欢跑步。其实，在小学和初中阶段，我的体育成绩普普通通，没有任何特长。1982 年 10 月，我上初三，刚刚递交了入团申请书，班主任就找我谈话，希望我以实际行动争取入团，并动员我代表班级报名参加学校运动会——跑 1 500 米！冲动之下，我接受了任务，这也是我从小到大第一次参加运动会，我很是激动。运动会前三天，我的大腿由于紧张而变得僵直，硬得像石头，走路都疼。正式比赛时，发令枪一响，我一马当先冲在了前面，并领跑了近 200 米，但随后局面失控……结果我成了倒数第一，并且落后倒数第二将近 300 米！真是颜面尽失！唯一值得欣慰的是，我还是顺利地在年底前入了团。

我生性爱面子，性格又要强，怎能忍受倒数第一的“耻辱”？！运动会结束后，我就开始养成每天早晨跑步锻炼的习惯。一开始只能慢跑七八百米，又累又难受，真不想坚持！但每当想到倒数第一的“耻辱”时，我还是咬着牙坚持了下来。一个月后感觉逐渐好起来。一年以后，我主动报名参加了学校运动会的 3 000 米和 800 米两项比赛。其中 3 000 米跑的成绩是 10 分 38 秒，800 米则是 2 分 20 秒，两项都得了第二名。这是我高一上学期的最好成绩。

从此以后，直到 1989 年，我从未中断过长跑的习惯，成绩也有所提高。1985 年秋天，在清华大学的新生运动会上，我参加了 3 000 米竞走和 1 500 米中跑。没想到，下午 1 点半举行的竞走比赛，我居然以 16 分 10 秒的成绩轻松获得第一名！但体力的消耗严重影响了我随后参加 1 500 米比赛，我竭尽全力，只跑出了 4 分 40 秒的成绩，没能进入前三名（好像是排名第五）。我有点儿沮丧，担心进不了校体育代表队。没想到竞走的成绩引起校体育代表队的注意，当时北京市的高校刚刚把竞走列为运动会正式比赛项目，我也因此成为清华大学田径队专攻竞走的第一批队员。在随后的 4 年中，我代表清华大学参加了北京市高校运动会几乎所有的 10 000 米竞走比赛，也多次取得名次，还一度保持了学校的万米竞走纪录。当时，我可以比较轻松地控制在 50 分钟以内完成 10 000 米竞走，达到当时国家二级运动员的水平。

1990 年出国以后，我参加过巴尔的摩越野长跑俱乐部的几次活动，后来因求学加打工时间太紧张，便放弃了坚持 7 年之久的长跑。但从 1991 年起，我开始踢足球，参加了当地中国留学生组织的足球队，每周踢一个下午，也觉得很开心。后来我还经常与其他大学的中国留学生足球队举行友谊赛、冠军联赛，也交了很多好朋友。

1995 年拿到博士学位以后，我开始为自己将来的出路操心，踢足球的次数也逐渐减少。1996—1997 年在纽约做博士后研究，经历了我这辈子最为艰苦的两年，平均每天工作十六七个小时。虽然我在这期间基本没有跑步，但长年锻炼塑造的强健体魄还是帮助我度过了这段艰苦的岁月。

1998 年初到普林斯顿大学任职以后，我也很少跑步，只是偶尔游泳或踢球。但值得一提的是，我喜欢上了滑雪和滑冰！我买了两双冰鞋——球刀显速度、花刀看技巧，还跟着普林斯顿大学的学生上了一学期的花样滑冰课。我很喜欢在冰上滑出各种花样的感觉，更喜欢在滑雪坡上高速滑行，享受失重带来的心旷神怡之感！ 1997—2007 年，每年圣诞节，我和家人、朋友都会去美国东北部佛蒙特州的基灵顿滑雪场滑上几天。雪儿和阳阳也在 4 岁生日不到时就开始学滑雪，现在已经可以在缓坡上控制自如。他们在 5 岁生日前又开始学习滑冰。

2008 年 5 月，在阔别了清华大学操场 19 年之后，我报名参加了学校教工运动会 3 000 米和 800 米两项跑步比赛。为了能坚持下来，我提前 10 天开始锻炼。难为情的是，3 000 米的距离，我几乎跑吐了，中间我还走了近 200 米。勉强跑下来以后，大家都安慰我说是"第七名"。后来我才得知，我当时跑 3 000 米其实根本没取得名次，大家都是善意地维护我的"面子"才撒了谎。

好，周五跑 1 500 米。一公，加油！

后记 | 本文写于 2009 年 5 月 6 日。从初三开始跑步算起，体育锻炼已经成为我生活中重要的一部分，也是我的一种生活方式。过去十多年，我对跑步的热爱有增无减，很多活动都要给跑步健身让路。因为工作太忙，我的月跑量维持在 80~120 公里。2018 年 4 月 17 日，我第一次和西湖大学的同事一起环西湖跑步，苏堤、白堤一圈下来，整整 10 公里，感觉好极了。2019 年 1 月 1 日，我和学校跑团的伙伴沿着钱塘江畔的滨江最美跑道第一次尝试了半程马拉松，跑到小腿抽筋，从那以后我开始逐渐提高跑量。2019 年 10 月 20 日，我参加了杭州梦想小镇的半程马拉松比赛，前一天晚上兴奋得彻夜未眠，最终顺利完赛。跑步上瘾之后，我进一步提高跑量，控制淀粉摄入量，体重也从 2019 年 9 月的 76 公斤减到 2020 年 1 月的 69 公斤。2019 年 12 月广州马拉松比赛，我以 1 小时 39 分 20 秒的成绩完成半马；次年 12 月再返广州，在高温、高湿度的不利天气条件下以 3 小时 34 分 56 秒的成绩完成全马。如今，我参加过大大小小十几场马拉松比赛，如果不是因为新冠肺炎疫情防控限制，我参加的比赛可能会更多。我也算一个资深跑者啦！跑步带给我的快乐和好处举不胜举。

我的时间分配

从 5 年前我决定全职回国开始，关爱我的朋友和老师就常常叮嘱我："一公，无论如何一定要做好研究，这是你的本行，也是你在中国立足的根本！"过去三年，朋友和同事最常问我的一个问题是："一公，看你现在这么忙，你还有时间做学问吗？"在此，我想以这篇文章答复所有关心我的人。

我首先是一名科学家，我热爱科学研究。实验室内虽不见刀光剑影，但探索前沿难题时面临的种种复杂情况和惊心动魄，丝毫不亚于金庸武侠小说中描述的场景，解决一个重大难题后的成就感也远非任何物质奖励可比！培养青年科学家的最佳场所也是实验室：一次次深入的讨论分析、激烈争辩就像武功高强的师父调教入门后奋发向上的徒弟，这种满足感也非语言可以描述。我每次离开实验室几天或连续两天以上不与学生讨论课题，心里都会备感空虚、怅然若失。回国前，我立下郑重誓言：以科学研究为本职，要把 50% 以上的时间和精力用在实验室的研究课题上。几年下来，我也可以很自豪地告诉所有关心我的人：我做到了！为了做到这一点，我推掉了绝大多数的应酬和各种非学术会议，也限制自己每年参加国际会议的次数。

作为清华大学生命科学学院院长和医学院常务副院长，我肩上有义不容辞的责任——全力发展生命科学。清华的工科基础厚重，学科齐全，而生命学科的体量却严重不足，其未来发展最重要的任务就是人才引进。过去三年，我把 35% 左右的时间用在了清华生命科学的学科建设和学生培养上，其中大部分时间花在面试来求职的海外年轻科学家上。三年半以来，我参与了近百次面试，录用了 50 多名 PI^① 来清华建立他们的独立实验室。此外，我还有相当一些时间用在了讲课和教学改革上。

一位做行政领导的朋友问我："一公，我一天到晚会都开不完，很难有时间做自己的科研，你是如何管理两个学院的？"我的回答直截了当："我基本不参与学院管理，我也不怎么开会。"这是心里话。我是一个科学家，长期从事科学研究，精通学术，也因此可以谋划学科的长远发展和建设布局，但我没有行政管理的经验，也没有接受过这方面的系统训练，很难在短期内成为一个优秀的行政管理者。为了扬长避短，我在生命科学学院和医学院内推行"管学分离"。作为院长，我只负责学科建设、人才引进与培养，以及为提高工作效率的机制改革创新；学院书记主持学院党委工作，负责师生的思想政治工作，并代表学院参加学校的各类会议；专职行政副院长负责办公室、后勤、财务、普通人事、设备及公共设施服务相关事宜。在这种情况下，对于人事制度改革已经完成、教学改革按部就班的生命科学学院，我只需要花不到 10% 的时间参与决策管理。

除了分配 50%~60% 的时间在科研上，35% 左右的时间在人才引进、学科建设、教学及其改革上，我还有 10% 左右的可利用时间。这是我外出开会、评审、对国家建言献策、锻炼身体及放松的时间。偶尔写篇博客的时间也在其中，我从 2009 年 5 月注册博客至今，总共写了 20 篇博文，平均每个月一篇。

我崇尚清华的体育锻炼传统，常常受"为祖国健康工作 50 年"口号的激励，至今保持每周跑步两到三次的习惯。我与清华大学马拉松爱好者协会的长跑爱好者一起锻炼，每次跑步少则 4~5 公里，多则 10 公里左右。2010 年农历正月二十九、2010 年 12 月 31 日和 2011 年大年初二，我都在清华的西大操场上迎着寒风跑步 6 公里以上。强健的体魄不仅为我的长时间工作提供了保障，

① PI，Principal Investigator，即独立实验室负责人，可以是助理教授、副教授、教授。

也给了我克服困难的动力。

回国全职工作三年多了，我和妻子、孩子一起度假的时间加在一起不足10 天，主要集中在春节期间。在此期间，清华在大生命科学领域取得长足进步，我的科学研究也站稳了脚跟。我希望自己能够长期坚持这个高效合理的时间分配习惯！

后记 | 这篇文章写于 2011 年清华百年校庆期间，一转眼 11 年过去了，读完前面的部分，颇为感慨。

我于 2014 年出任清华大学校长助理，次年做副校长，直至 2018 年辞去行政职务。2011—2016 年，我基本保持了科研时间占比不少于一半的传统。2017 年开始，我的工作重心转移到杭州，全力以赴创办西湖大学，为此花了大量时间和精力向社会募集善款，同时联系国家各部门和浙江省、杭州市、西湖区三级党委政府。这样粗算下来，在科研上保留了 40% 左右的时间，捐赠募集和政府联络用了大约 35% 的时间，还有 20% 左右的时间用在教学、人才引进及学科建设方面，最后留有 5% 左右的灵活支配时间。

在科研上特别值得一提的是，我在清华的实验室经过几年建设已经具备了充足的创新能力。2015 年，我的实验室在世界上率先解析了来自裂殖酵母的真核生物剪接体的空间三维结构，对阐明中心法则中 RNA（核糖核酸）剪接这一步的机理做出了关键贡献，这一突破性进展在世界范围内引起巨大反响，也是我科学生涯至今为止最重要的一项成果。同年，我的实验室与英国剑桥分子生物学实验室（MRC-LMB）的舍尔斯·谢雷斯（Sjors Scheres）又合作解析了与阿尔茨海默病密切相关的 γ-分泌酶的高分辨率空间三维结构。2017 年，我的实验室在世界上再次率先解析了人源剪接体的高分辨率空间三维结构。这一系列研究突破已经远远超过我在普林斯顿大学时期的学术水平。2017 年之后，我开始在西湖大学建设实验室，也很快走上正轨。2021 年，我的实验室率先解析了人源次要剪接体的高分辨率空间三维结构；同年，该实验室解析了一系列来自非洲爪蟾卵母细胞的核孔复合体的高分辨率空间三维结构。

在运动健身方面，我逐渐加大运动量，强健的体魄帮助我很好地应对了各种困难和挑战。我现在每隔一天跑一次，每次 10 公里起，月跑量保持在 150~280 公里。

唯一美中不足的是，我的睡眠时间实在偏少。平均每天晚上 5 个小时左右，中午有时会有 10~20 分钟的小憩。但常年如此，我也基本适应了。

运动不息，生命不止。

我想儿子

儿子阳阳长得很像我。圆圆的脸，鼓鼓的额头，弯弯的眉毛，总是笑眯眯的眼睛。拿出我小时候的相片一比，儿子几乎遗传了我所有的特征。

阳阳在还不会说话的时候就喜欢上了汽车，会说的第一个英文单词就是"car"（汽车）。去商店什么东西都可以不要，玩具汽车却非买不可，白天醒着的时候手里总是拿着两三个微型玩具汽车，吃饭的时候也很难让他放下。晚上睡觉时则是必须两只小手各拿一个最喜欢的玩具汽车，否则再困也不肯入睡。只有等到儿子睡熟了，我才会小心翼翼地掰开他的小手，把汽车拿开。当然，儿子早晨醒来后做的第一件事并非刷牙洗脸，更非喝奶吃饭，而是寻找他前一天晚上入睡前拿在手里的玩具汽车。

阳阳开始说话后，虽然遣词造句比双胞胎的姐姐稍有逊色，但有关汽车的语言表达却一枝独秀。最值得一提的是儿子对汽车品牌的辨认，不到两岁的儿子，已经能认得几十种不同的汽车。在开车带阳阳出去玩儿的路上，他会不时地大声提醒我，"爸爸，Honda（本田）！""Toyota Sienna（丰田赛那）！""Mercedes（梅赛德斯）！"等。有时，他还会提出一些我无法满足的要求。比如，有一次，在高速公路上，我超过了一辆缓慢行驶的黄色 Beetle（甲壳虫车），阳阳看到后大喊："爸爸！我要你跟着它！""拖回去（意思是让我的车退回去）！"因为这是阳阳最喜欢的汽车之一。

阳阳对汽车的钟爱不止于玩玩具和观察，他对与汽车相关的所有游戏都情有独钟！从两个孩子会走路开始，仁滨和我就每周带他们去一次"Chuck E. Cheese"（一家专供儿童游玩的室内游戏场）。出乎意料的是，儿子对绝大多数游戏都是玩儿两次就腻味了，却次次坚决要求玩电子驾驶游戏。这类游戏是针对八九岁以上儿童开设的，需要玩家手握方向盘，脚踩刹车与油门。在阳阳的一再要求下，我只好让他坐在我的腿上，我替他踩刹车与油门，他负责把握方向盘。游戏开始，我会把油门一踩到底，而阳阳则全神贯注，不时地左右转动方向盘，幼稚的小脸既着急、紧张又投入。毫无例外，爷俩儿总是在与参赛的5个电子人的比拼中落败，而儿子总是发出“嗯——”的声音表示不满，要求重新比。有时电子屏幕看得我头昏眼花，可儿子还是兴致勃勃，真想不明白！最近一次带阳阳玩开车的游戏是今年3月初，他刚满5岁。让我既意外又骄傲的是，儿子居然比出了第二名和第三名的好成绩，而且经常可以领先！当然，儿子也很自豪，每次比出好成绩就希望我奖励他一块“大白兔”奶糖。

其实，儿子对汽车的偏好也像我。1969年，我两岁的时候，随父母下放到了河南省汝南县光明公社闫寨大队小郭庄。那里很少能看到汽车，所以每次汽车来访都会轰动全村。刚刚开始懂事的我会走近停稳的汽车摸来摸去，还喜欢闻一闻汽车散发出来的汽油味，觉得一切都很神奇。汽车开走后，我会用黄泥捏出几个像汽车的玩具，拿着玩儿上小半天。在我的记忆中，父母第一次给我买玩具汽车，是1972年搬家到驻马店镇以后。而搬家的时候，我终于盼来了一辆解放牌的大卡车，母亲买了两斤糖果，给每个邻居家的孩子两块糖表示告别，而我则得意扬扬地邀请羡慕不已的小伙伴们参观为我们搬家的大卡车。

2007年，我在清华的实验室开始了研究工作，也就更多地把时间花在了北京。这一年，我离开孩子的时间长达6个多月。三岁多的儿子，很不想让爸爸走开，但又很难用语言表达他的感情。每次离家的前一天，我都会好好给孩子解释为什么爸爸要去北京上班。最常用的理由就是上班挣了钱才可以给他们买玩具，儿子会噘起小嘴，嘟哝道：“爸爸，我不要玩具汽车，什么都不要！

我就要你！"每当这个时候，我心里都会很难受，只能抱着儿子，默默鼓励着自己早日把家安好，接孩子到身边。

2008 年，我正式全职回到清华，全年只有一个多月的时间是和孩子在一起度过的，两个孩子常常很想我。我每次回去看他们，阳阳都会欢天喜地地告诉幼儿园的所有小朋友和老师："我爸爸回来啦！"当然，离开的那天是一定要想出点儿花招儿来的，否则儿子是不会让我走的。每次刚刚返回清华的那两三天，儿子总会在电话上质问："爸爸，你什么时候回来？"

我回答："还有两个月爸爸就回去了。"

儿子追问道："两个月是多久？两天吗？"

我只好说："两个月就是 60 天。月亮圆一次、弯一次，再圆一次、再弯一次，爸爸就回来了。"

这时候，儿子会很不高兴地命令道："我要你明天回来！不回来我就不喜欢你了！"有时还会发脾气："我不给你打电话了，再也不喜欢你了！"

每天早晨 8 点多，也就是美国东部时间晚上 8 点多，我都会准时接到女儿和儿子打过来的越洋电话。这是他们晚上睡觉前必须进行的最后一个项目，也是我每天充当的第一个主角。在半个小时的通话期间，我必须给孩子讲上几个有趣的故事！女儿和儿子不喜欢我照着故事书读，也不喜欢听重复的故事。这可难坏了当爹的！在每天上班的路上，我就开始绞尽脑汁地想象、编撰，把传统的儿童故事加上飞船、火箭，天马行空地胡诌。不过效果还不错，儿子常常用鼓励的口气说："好吧！明天再讲猴子登月吧。"

还有一个多月，儿子和女儿就要搬回北京了。我盼着全家团聚、不再分开的那一天。

后记｜本文写于 2009 年 5 月 3 日。2009 年 6 月，仁滨带着阳阳和雪儿回到北京，至今已经快 14 年了。孩子们在北京长大，说一口带京腔的普通话，从幼儿园、小学、中学到大学，俩孩子不断适应变化的环境。阳阳一度发育迟缓，身高比雪儿矮了 30 多厘米，很令仁滨和我担忧。学习之余，两人都对艺术尤其是中国画产生了浓厚的兴趣，阳阳主动接触了生物学研究，雪儿则喜欢计算机，还具备运动天赋，一度是学校足球队主力队员。两人都很独立，2022 年夏天，阳阳去成都找朋友玩儿，参加了高空跳伞和蹦极项目。看着身高已经 1.75 米的儿子，我感慨不已。

绘画与阳春白雪①

　　我天生喜爱绘画。我的幼年是 20 世纪 70 年代在河南省中南部的驻马店小镇度过的，那里的生活条件尽管比较艰苦，但丝毫没有影响我对绘画的爱好。记得上学前，偶尔发现妈妈单位的宣传员出墙报或者创作宣传画，我会站在那里看上半天，欣赏作画的过程，觉得很神奇。一上小学，我的绘画天赋马上显现出来。记得小学一年级的美术老师教我们画"枪杆子里面出政权"：一只粗壮的大手紧握钢枪。说实在的，对于一年级的孩子来说，握枪的五指并不容易画好，但我却能画得惟妙惟肖，老师给了我全班唯一的满分。不过，我四下看看同班小伙伴们的作业，实在是忍俊不禁，这哪里是手握枪？明明是猪蹄踩在棍子上。这是我第一次隐隐约约意识到也许自己有绘画天赋。

　　我常常喜欢用石头在地上画画，既不花钱又容易涂改。我上小学二年级期间，大姐发现了我的绘画天赋，就把自己的零花钱拿出来，给我请了一位老师讲授绘画。这位姓董的年轻老师教我练基本功，用铅笔在白纸上画各种简单的线条和图形，几天后开始教我画荷花。我每天早晨一起床就开始兴致盎然地画画，很开心。可惜好景不长，父亲觉得绘画浪费时间，认为我爱好绘画是"小资产阶级习惯"。于是大姐辞退了董老师，我也只好放弃了从师学画。但一有时间，我就会偷偷地涂画，树木、花鸟、飞机、想象中的宫殿、古代武士、孙悟空……在美术世界中尽享美妙的感觉。

　　小学四年级，我转学到驻马店第十小学，绘画天赋被美术老师发现，老师

---

① 本文写于 2016 年 1 月 18 日。

建议我加入美术小组，我的绘画作品还获得过学校的奖励。随着学业的加重，我绘画的时间越来越少，父母在当时也都不鼓励我继续学习绘画，认为我应该好好学习数理化，将来走遍天下都不怕。不过，即便到了中学，我也还是喜爱绘画，也因此特别喜欢 48 集的《三国演义》小人书，其中栩栩如生的人物画常常让我爱不释手。

2004 年 1 月下旬，过了春节，进入甲申猴年，我们的龙凤双胞胎出生。儿女出生那天，当地下了足足 40 厘米厚的大雪。第二天雪过天晴，灿烂的阳光格外耀眼。仁滨很高兴，觉得阳春白雪既吉利又纯洁，就给女儿施慕华起了"雪儿"的小名，儿子施清华则叫"阳阳"。仁滨从小在哈尔滨长大，相对于我，家境和生活条件都更优厚。她对艺术特别感兴趣，从小练习舞蹈和小提琴，喜欢音乐和书法，上大学的时候还是清华学生艺术团的舞蹈队成员。俗话说：有其父必有其子，有其母必有其女。我们满心希望雪儿和阳阳能继承我们的绘画和艺术天赋。

果然天遂人愿，阳阳在幼儿园的音乐课上表现突出，钢琴老师连续弹出的音符，他大多能够准确无误地说出；围棋水平很快达到了业余一级，只待入段了。雪儿则是以很强的学习能力把单簧管在短短一年之内吹到了 6 级，并且在中国象棋的棋盘上纵横冲杀。最让我们欣慰的是，两个孩子都喜欢绘画和书法。绘画方面，阳阳更喜欢画动物和花鸟，雪儿则更喜欢画山水和花鸟。

40 年前，我没能得到董老师的真传，而两个孩子比我幸运多了。仁滨通过朋友介绍帮雪儿和阳阳找到了一位水平高超而又富有指导经验的老师——画家孙元先生。从 7 岁开始，雪儿和阳阳从师于孙元先生，得到悉心教诲和点拨。在一年的大部分时间里，每周日下午 1 点半至 6 点，仁滨都会带着两个孩子去前门附近的孙元书画社学习绘画和书法。而我作为父亲，目睹孩子的水平一年一年大幅提高，尤其是 2013 年两人的书法作品突然脱离"稚气"而变得"大气"，喜悦之外，更多的是慰藉。虽然我的书法停留在小学三年级的水平，绘画也不能再现儿时的灵性，但儿女的出色表现填补了我内心的一个深深的遗憾。家里的客厅、书房，处处悬挂着雪儿和阳阳的力作，而且年年更换成更新、更精彩的作品，为家里增添了不少色彩和故事。

儿女绘画和书法水平进步的同时，孩子的妈妈也获得了提升。拥有博士学位的妈妈不仅写得一手好字、画得一手好画，更能从理论上点评书法和绘画的精妙之处，让孩子爸爸也稍有长进。其实，孩子爸爸如果有时间学习绘画，也许能大器晚成呢！唉，鱼和熊掌不可兼得，只有舍其一，只是我不知道自己舍弃的是鱼还是熊掌。

半百知天命

不知不觉间，我似乎已经进入人生旅程的后半段。

头发少了。每次洗头，看着地上那一小撮短毛，我都会情不自禁地摸摸自己的脑袋，怅然若失；不知从什么时候开始，女儿的微信昵称居然改成了"某秃顶人士的龟驴"；乘坐电梯的时候，在前后镜子的映衬下，我头顶稀疏的头发格外显眼……两鬓的花白头发越来越多，以前对着镜子拔掉几根白头发的习惯早已戒除，只是染发的冲动还稳稳地被由此可能加剧脱发的风险抑制。

头发少了还好，尴尬的是斑秃。2021年6月底去理发，小余师傅善意地提醒我："施老师，您后脑勺少了一撮头发，您知道吧？"我不知道！一身冷汗之后接受了现实，便去浙大一附院就诊，米诺地尔溶液连续用了3个月，效果似乎也不明显，干脆弃疗。如今，我头上又多了两块斑秃……好在参加《最强大脑》节目录制的时候，化妆师用"生发笔"涂抹了几下就遮住了。

脸上皱纹多了。还不止于皱纹，不久前的一天早上洗脸，我怎么都无法把脸上的一块斑迹洗掉。夫人过来善意地提醒我："那不是脏东西，是老年斑……"每次和同龄人说笑开怀的时候，我都能看到对方密密麻麻的眼角皱纹和松弛的眼皮，会因此想到对方是否也在留意我的状态……

精力明显差了。年轻时，不知道什么叫困倦。大学寝室的卧谈会，最后一个入睡的永远是我。每天只有5个小时的睡眠，但依然有用不完的体力，狂欢两夜无眠，也能照常复习考试。可如今，熬夜到凌晨4点只能靠咖啡或可乐硬撑，晚上睡眠不足，白天就会恍恍惚惚……

体力下降之快让我唏嘘。记得1988年，我在大四那年参加高校运动会，

37 度高温下 10 000 米竞走脱水，咬牙完赛，短暂休息后的 10 000 米长跑比赛仍以 39 分钟完赛。2011 年，母校百年华诞，在教工运动会上，我以 5 分 36 秒完成 1 500 米比赛，比大学时慢了整整一分钟。2015 年初，操场 10 000 米跑，我努力地跑进了 50 分钟，比大学 10 000 米竞走成绩还慢了两分钟，但这个成绩如今已经成了我仰望的目标，我不知道能否再有一次机会达到。

如果身体衰老还算可以接受的话，那记忆力的减退真是令我备感痛心了。

年轻时，我最骄傲的是对数字的记忆力。大学越野训练，枯燥无味，我就边跑边记汽车牌号，这样 20 公里下来，我能记住几乎所有我看见的车牌号，多的时候有八九十个。1990 年到美国留学，第一站到艾奥瓦州立大学，我协助一位心理系博士研究生小夏做课题，跟 4 位同学一起测试记忆数字，一张小纸上密密麻麻写了十几行数字，每一行都是一连串的数字，包括一位数、两位数、多位数，观看三分钟后拿走小纸，请大家在另外一张白纸上按行写出能记得的数字。小夏告诉我，我的测试结果无法使用，也无法看出我记忆的规律，因为我的数字复原几乎完全正确，不在测试统计范围内。直到现在，我还能记得 1990 年艾奥瓦州埃姆斯小镇的门牌号，25 年前在巴尔的摩用过的电话号码。去年 10 月，儿子挑战老爹的记忆能力，故意泄露他 19 位数字的电脑密码给我。要是在 25 年前，我只需看一遍就记住了。这回，我费了九牛二虎之力，才勉强记下来。昨天一试，又忘了！我那会儿的心情，像是吃了酸梅……飞扬的青春已经成为昨天的回忆。

2019 年初，我参加中国科协常委会议，看到了沈岩老师，于是上前寒暄，他抬头惊讶地看着我，眉毛一扬："一公，我差点儿认不出你。一年没见，你似乎老了 10 岁，不再是小伙子了。"

毫无疑问，我在衰老。这是自然规律。我内心虽有惆怅起伏，但也静静地体验着衰老的感觉，感受着每个年龄段生命的状态……

其实，我不抗拒衰老，更不害怕衰老，在某种程度上，我甚至在享受衰老，品味自己面对衰老的心理变化。了解我的朋友都知道，极致地享受生命是我的处世哲学，而"瞬间即是永恒"则是我的心态所在。我一直告诉自己，要享受独特的每一天！最重要的是，无悔于每一天！

更何况，我知道我的能量、我的精力去了何方：我的50岁，开启了人生最富有激情、最为疯狂的一段体验。

西湖大学的创办是我这辈子最重大的事业。在临近50岁生日的那段日子，这件事的进展开始加快。2016年12月，西湖大学的前身——浙江西湖高等研究院正式成立；2017年8月，西湖大学（筹）的设立被浙江省人民政府正式批准；2017年9月，全国高等学校设置评议委员会来到杭州现场考察，全票支持设立西湖大学；2018年2月，教育部签发文件，正式批准设立西湖大学！从此，西湖大学走上正轨……

科学研究是我这辈子最钟爱的事业，我甚至已经做好为了西湖大学牺牲一些科研精力的最坏准备。没想到的是，在50岁之后，就在我全力以赴为西湖大学付出时间和精力的同时，我的科研之路依旧在全速前进。2017年底，我们开启了针对核孔复合物这一细胞内最大复合体的结构生物学研究。这项研究在2018年高歌猛进、全面突破。2019年4月，我迎来了收获的季节，而今，一系列成果已然陆续发表。与此同时，在剪接体、阿尔茨海默病研究领域，我们不断有新的发现。

从小到大，异想天开的我就一直想在人类知识的边界之外找寻意外发现，利用已有手段和方法探寻神话般的未知。这一点，在我50岁之后，终于可以认认真真地正式启程。其实，我在科学研究领域的主要关注点已经在近些年超越传统的结构生物学范畴。在伸手可及的空间和虚无缥缈的世界之间，我已经连续数年苦苦寻找对话的突破口。

人到五十，壮心不已！我已然披挂上阵，踏上征程……机体的衰老是为此付出的代价，但这是一项收益远远超越投入的投资，夫复何求！

我特别喜欢刘欢演唱的歌曲《少年壮志不言愁》，第一次听就喜欢上了，那时我才 20 岁，人生道路刚刚起步，踌躇满志，从内心深处觉得将来一切皆有可能。如今，我 55 岁了，仍然爱唱这首歌。"几度风雨，几度春秋，风霜雪雨搏激流……"有时，我会唱得热泪盈眶。是啊，峥嵘岁月，何惧风流！

踌躇彷徨的日子逐渐远去。不知不觉之间，我走上了科学探索之路。而立之时，创业于普林斯顿；不惑之年，成家立业，一对龙凤胎儿女，一个温暖的家，专业研究领域稳立山尖，回清华从头再来；知非之际，已然回馈清华十年，助力母校生命科学展翅飞翔；人生后半程，扎根杭州，身许西湖大学，为吾生之最大事业！

青春万岁，无怨无悔；老骥伏枥，志在千里！

后记 | 本文初稿写于 2019 年，定稿于 2022 年 3 月。这篇文章在内容上大起大落，时间上也跨越了三年之久才完成，写的是我的心情和感受。感受衰老，感受生命的全过程，是每一个人的必经之路，与其惆怅感慨，不如静静享受自然发生的一切。

仰望星空

谨以本文的头脑风暴献给未来

　　我相信科学，因为科学不仅揭示了万事万物的很多奥秘，而且让我们每一个人享受到现代文明的种种便利。

　　宇宙大爆炸理论，无疑置人类于不可思议的想象空间——宇宙万物居然起源于一个无限小的数学奇点。那么，大爆炸之前有物质存在吗？为什么会有大爆炸？……这些问题与上帝造人论有意外的相似之处：如果上帝创造了万事万物，那么上帝是怎么来的？又是谁创造了上帝？

原子和我们

　　如果相信科学，那么可以说我们身体里的每一个原子都源于宇宙大爆炸。重于氢原子的每一个原子，都曾经在千万摄氏度的高温、千亿个大气压的恒星内核产生……而我们却永远无法知道组成我们身体的这些原子究竟来自哪一颗恒星，也无法知道这些原子在多少亿年前产生。组成我们身体的每一个原子都会存在下去，也许会成为自然界其他动物、植物身体的组成部分，也许会简单存在于自然环境中，成为灰尘、岩石、房屋、桥梁、山脉……

　　极其微小的原子应该不会有记忆，也没有科学证据表明它会记得曾经存在的环境及和它共价结合的其他原子。但是，如果今后证明原子也有某种人类无法感性理解的记忆，那我们的世界会变得更加不可思议……我们能依此解释"第六感"现象吗？

智慧生命

据推测，宇宙已经存在了 138 亿年。但这个漫长的时间是非常难以理解和想象的，因为人类文明仅仅存在了几千年。宇宙的年龄居然是 200 多万个人类文明的时间总和。但人类却在短短的几千年里创造了不可思议的文明，我们能够检测到 14 亿年之前宇宙深空中的两个黑洞碰撞之后发出的引力波。

很难想象在浩渺宇宙中没有其他智慧生命存在，只不过智慧生命的形式未必是我们能够理解的。把外星智慧想象成类人生命，实在是对人类想象力的藐视和亵渎，为什么它一定会是碳基生命？为什么它一定会呼吸？为什么其生存的温度条件必须在地球气候变化的范围之内？

其实，如果抛开外星生命类人的限制，那么上述问题的答案都可能是否定的。不要忘了，即便是地球上的生命，也已经给我们提供了巨大的想象空间。比如身长一毫米的水熊可以忍耐真空、高压、没有防护的宇宙辐射和 150 摄氏度的高温。更何况，未来的人工智能很可能会创造出可以思考并能自我繁衍的存在形式，这种存在形式也许会有自我意识，难道还不算生命吗？究竟什么是生命？

我们难以定义或理解宇宙中可能存在的其他生命形式。我们既无法知道它们在哪里，也无法和它们沟通，更不确定的是黑暗森林法则——所谓来者不善、善者不来，一旦外星生命发现地球和人类，我们是否就会面临巨大灾难，一如《三体》幻想的情景？

定义时间

每个人从出生到衰老，能切切实实感受到时间的印记。时间的确是一个非常不可思议的存在。什么是时间？其实没有谁能够说清楚。只有在现实生活中，时间的流逝才显得很直观，而定义它实在是太难了。爱因斯坦的广义相对论把时间和空间统一起来，但利用数学推导后面的物理空间的意义同样艰深晦涩。

　　仰望星空，我们看到的，既是空间，又是时间。我们看到的星体，有的是一秒钟之前的状态，比如月球；有的是几年之前的状态，比如距离地球4.2光年的比邻星；有的则是5 000年之前的状态，比如距离地球约5 000光年的盾牌座红超巨星UY，体积是太阳的50亿倍左右，也就是说，与我们200~300代之前的祖先同期存在的恒星，直到今天才被人类观测到。

　　其实，时间就是运动，或者说是空间内的移动。地球围绕太阳运动一圈被我们地球人认为是一年，地球自转一圈则被定为一天。这些时间单位在太阳系其他星球各不相同，比如海王星的一年是地球一年的165倍。而在宇宙太空，我们已经很难这样定义时间。

　　想象一下。如果有一颗恒星距离地球6 500万光年，那么我们目前看到的就是它6 500万年前的状态，也就是地球上恐龙灭绝的白垩纪末期。以此推理，地球上的恐龙灭绝的画面和信息也刚刚抵达这颗恒星附近，如果这颗星球上有智慧生命存在，它们此刻也许正在观察着地球上悲壮的恐龙灭绝。

信息不灭

　　如果说时间还可以想象的话，那么信息的存在形式则是我无法想象的，也几乎无法被理解。地球上恐龙灭绝这一信息会永远存留在宇宙之中，就像上述的距离地球6 500万光年的恒星目前正在观察地球上的恐龙灭绝一样，这一信息会永远以光速向宇宙深空传播，并永远存留在宇宙之中。那么，这一信息会不会在宇宙特定的环境中被放大、被折射？甚至以某种方式被反射送回地球？

　　其实，任何信息都遵守一个不灭的原则。只要产生，就会永远存在下去，只不过它会离开源头。依此类推，所有的存在形式都是信息，每时每刻都在向外传递，而这种信息传递本身又是一种信息，相互叠加起来，永远积累下去，无穷无尽……这种信息可以被截获吗？如何才能截获它？

宇宙的末日

我们如果相信现代物理，那么推算一下就可以得知，很久很久以后，我们目前所处的宇宙是会灭亡的，组成宇宙的每一个原子也注定会消失。这一点虽然很难想象，但的确是科学家们所公认的。

太阳系已经跨过中年，预计再有 10 亿年，水星就会被膨胀的太阳完全吞噬，而那时的阳光已然无法支撑地球上的光合作用。不过，地球上的生命也不可能一直延续到那个时候。按照我们理解的客观世界的变化规律，地球正在经历深刻的变革，这种变革是人类文明史上从来没有出现过的。这种变革的结局是什么？很难想象。

地球的渺小

1977 年，由美国宇航局发射的"旅行者一号"在 1990 年情人节接收美国宇航局发出的指令，向它的后方拍摄一张照片，其中的地球距离它 64 亿公里，在照片中只是一个渺小的暗淡蓝点。美国著名天文学家卡尔·萨根（Carl Edward Sagan）博士有感而发：

"那个光点……是我们的家园，我们的一切。你所爱的每一个人，你认识的每一个人，你听说过的每一个人，存在过的每一个人，都在上面度过各自的一生。这里会集了我们的欢乐与痛苦，数以千计的宗教、意识形态和经济学说，人类历史上所有的猎人与强盗、英雄与懦夫、文明的缔造者与毁灭者、国王与农夫、年轻的情侣、母亲与父亲、满怀希望的孩子、发明家和探险家、德高望重的教师、腐败的政客、超级明星、最高领袖、圣人与罪犯，都住在这里——一粒悬浮在阳光中的微尘。在浩瀚的宇宙剧场里，地球只是一个极小的舞台……我们自以为在宇宙中拥有某种优越地位的错觉，都受到这个苍白光点的挑战。在这被漆黑包裹的浩瀚宇宙中，我们的星球只是一颗孤独的光点。由于我们如此渺小，在这广阔无垠的空间中，我们不会从任何地方得到提示来拯救我们自身。"

　　"旅行者一号"正在飞离太阳系。再过十年，它所记录的信息将无法传回地球。它将一直孤独地向宇宙深空飞行，视其所视，闻其所闻……虽然不被地球所知，但是它将长期作为信息的源头和传播者存在下去。在某种程度上，它不也是生命的一种形式吗？

　　生命万岁！

　　后记 | 本文写于 2015 年 2 月 6 日。为什么会写这么一篇天马行空的文章？每个人都有遐思狂想的片刻，在我看来，人类这种无拘无束的想象力正是最精彩的生命体验方式之一。晚上躺在床上入睡前，我常常控制不住地思考宇宙现象，可以想得很远、很深，把自己置于遥远的外太空，甚至想象着自己进入黑洞后的感知，把自己吓出一身冷汗。但这样的思维转瞬即逝，很难让我用笔记录下来。在这篇文章里能够写出来的内容，真的只是我的想象的万分之一。但我想记录下来，刺激思维，作为未来拓展的基础。

04

师友情谊

人生共同途。

亦师亦友的杨振宁先生 ①

一直以来，杨振宁先生在我的心目中都是一位极富传奇色彩的科学泰斗，可望而不可即。1957年，他和李政道先生因为发现宇称不守恒定律同获诺贝尔物理学奖，这也是中国人第一次获得诺奖，让全世界的华人都振奋不已。他们的学术成就，激励了一代又一代中国青年崇尚科学、发愤图强，从中产生了一大批在基础研究领域做出重要贡献的科学家。我也算是其中一分子，从这个意义上说，我早已是杨先生的敬慕者和追随者。

1997年，我完成了博士后研究工作，即将开始在普林斯顿大学的独立科研生涯，我从新闻中得知杨先生回到了我的母校清华大学，并且为本科生开设了物理学的大课。我兴奋不已，一方面羡慕清华的学弟学妹有机会近距离接触杨先生，有幸听他亲自授课，另一方面也憧憬着今后自己能在清华园与杨先生邂逅。

2007年，我从美国回到清华大学，梦想中的机缘便很快来临。夏日的一天，我收到一封显示来自cnyang的电子邮件，打开一看，分外惊喜，居然是来自杨先生的邮件！自此，我与杨先生的交往逐渐密切起来。因为他不用手机，所以我们一直通过电子邮件保持联系。日前，我整理电子邮箱，发现和杨先生的邮件往来已经有200余封，其中不乏对科学敏感话题的探讨。过去14年，从求是科技基金会顾问委员会共事到日常聚会和讨论，我有幸多次领略杨先生睿智的洞见和率真的品格。于我而言，杨先生亦师、亦友、亦同道！

---

① 本文写于2021年8月31日。

老师杨振宁

2008 年，国内的科学研究已经开始获得长足进步，但学术氛围仍有很大改善空间，尚缺乏一种有浓厚底蕴的科学文化氛围。杨先生对此应该有更加深刻的感受，因此他提议由他本人代表清华、饶毅代表北大，组织一个小范围的科学艺术论坛。2009 年 9 月 12 日的第一讲，杨先生做了题为"物理学之美"的精彩讲座，大约一个小时。杨先生做了认真准备，幻灯片上一张张老照片、一句句经典评论……他以著名物理学家为线索，如数家珍地勾画出 19 世纪末至 20 世纪中期这一物理学发展黄金期的一个个重大历史性突破，爱因斯坦、普朗克、狄拉克、玻尔、海森堡、费曼、薛定谔……杨先生绘声绘色地描述了每个人的独特个性和治学风格，一个个鲜活的学者形象跃然言语之间。他非常敬佩爱因斯坦，以一种近乎崇拜的语气介绍了爱因斯坦卓越的贡献，也讲到了他与爱因斯坦在普林斯顿高等研究院短暂而难忘的交集。结尾之时，杨先生感叹道：物理学真是世界上的一门万分精妙美丽的科学，堪比宗教的极致之美。毫无疑问，杨先生这次集科学、历史、艺术、感想于短短一个小时的讲座，"观古今于须臾，抚四海于一瞬"，是我三十多年科学生涯里最受震撼、最为享受的一次心灵和思维之旅！他就像一座博物馆，通过娓娓道来的演绎跨越时空，把每一位物理学大师的贡献和其对整个物理学史的深刻洞察表达得淋漓尽致。

这是我唯一一次聆听杨先生系统介绍近代物理学历史，也是我听过的杨先生演讲时间最长的一次讲座。此后，我又多次在不同场合聆听杨先生的演讲和分享，参加了很多与他相关的重要活动。我特别喜欢听杨先生讲述历史和人物，他思路清晰，反应敏捷，记忆力尤其惊人，哪怕是几十年前的事情，相关细节都记得清清楚楚，丝毫不逊色于年轻人。自 2012 年我受邀担任求是科技基金会顾问以来，在每年的顾问委员会会议和年会颁奖典礼上，我都会与他一起讨论问题，令我欣喜和兴奋的是，我与杨先生的很多观点经常不谋而合。他每次的发言平实、深刻又充满洞见，实事求是、当仁不让是他的一贯风范。举两个例子。

第一个例子。2015 年，为了庆祝屠呦呦获得诺贝尔生理学或医学奖，求是科技基金会在中国科学技术协会举办了一次别开生面的"求是之家"研讨会，邀请了往届"求是杰出青年学者奖"和"求是大奖"获得者参加。杨先生以"救亡"为主题做了发言，阐述了他对中国科技发展的忧虑和建议，大意是改革开放 37 年来，中国科技已经取得巨大进步，但其现状不足以支撑一个泱泱大国的科技安全，希望科学工作者们以"救亡"的态度全力进取，帮助中国尽快取得全方位的科技自强自立。当时杨先生的发言极其震撼、励志！而现在回味一下，想想 2018 年以来中美之间的贸易摩擦和科技对立，不得不叹服于杨先生的先见之明！

第二个例子。2012 年以来，中国的一批高能物理学家提出了 CEPC（环形正负电子对撞机）计划，呼吁国家投入数百亿元建造超大型对撞机，引发学术界激烈的争论。杨先生对于这一计划直抒己见，表示坚决反对，他从美国以往的经验教训、资金的投入与回报、高能物理学的发展历史和前景、大型对撞机可能产生的突破等各个方面陈述了反对的理由。杨先生明知道这样做会引来外界诸多责难，但他还是选择坚持自己基于史实和逻辑的判断，秉持公心、直言不讳。在历次公开和私下的讲话中，杨先生的视野常常不局限于物理学界，而是着眼于整个科技界，乃至整个国家和民族的现实需要与未来发展。应该说，他一直在理性务实地为国家建言献策。这种至真至纯的品格、无私无畏的情怀，令人感佩。

杨先生也十分关心我个人的学术进展。在日常交谈中，他多次问我对结构生物学和生物物理学的看法，并分享自己的见解。2015 年 8 月，我带领团队首次捕获剪接体高分辨率结构。他于 9 月初便发来邮件，邀请我到清华大学高等研究院做专题分享，由他亲自主持。一个多小时的讲座分享之后，杨先生也认真地问了不少问题。我时常感慨，自己何其幸运，能得到这样一位大师级科学家的关爱和帮助。也许，他对我如此用心地支持，不仅是在提携一位自己寄予厚望的后辈，更体现着一种对科学家精神传承的期冀。

杨先生对青年人格外关心。2012 年，清华大学生命科学学院第一届学堂班毕业生学术年会，学生们特别希望能请到杨先生，他欣然应允。他出席了整整一上午的活动，给学生们分享了他的科学品位，回答了学生们踊跃提出的问题，并和大家一起合影留念，活动结束后还应学生之邀留言："今天是一个大时代，年轻人应抓住机会。"2017 年，杨先生出席了由我主持的面向清华师生的一次巅峰论坛。主讲人是 DNA（脱氧核糖核酸）双螺旋结构的发现者之一詹姆斯·沃森。我专门邀请了杨先生作为嘉宾和沃森对话。可以说，这是近代科学史上生物学和物理学两大巨擘之间的一次巅峰对话。已是 95 岁高龄的杨先生提出的问题犀利而深刻，89 岁的沃森回答起来也直截了当，精彩纷呈的对话令清华师生回味无穷。

朋友杨振宁

在日常交往中，杨先生也对我颇为关照，让我受益匪浅。2012 年 6 月底，清华大学为杨振宁先生举办 90 岁寿宴，杨先生偕夫人翁帆出席。前来参加寿宴的有当时的清华校长陈吉宁和党委书记胡和平、清华的一些老领导、邓稼先遗孀许鹿希女士，还有杨先生的亲属、挚友和学生。让我感到意外又骄傲的是，我被安排在了亲友桌，与翁帆的父母、杨先生的表弟、亲属和多年的至交坐在一起。寿宴上播放了杨先生的弟子张首晟组织拍摄的纪录片，以杨先生 1971 年首次归国之旅为起点，内容包括杨先生受毛主席、周总理等国家领导人接见的一些珍贵历史影像资料，真实地记录了杨先生多年来为祖国奔走献策、默默奉献的人生历程，给我留下了深刻印象。其间，邓稼先遗孀许鹿希还讲述了杨、邓两人的手足之情。在首次归国之旅中，杨先生写了一份他想见的人员名单呈递给周总理，其中排在第一位的就是邓稼先先生。在周总理的帮助下，邓稼先从西北荒漠里一个条件极为恶劣的劳动基地回到北京，得以继续为国家核武器事业做贡献。讲到动情处，许鹿希几度哽咽，潸然泪下，在场众人无不为之动容。

2016 年，杨先生夫妇邀请我和妻子仁滨一起参加在清华科技园全聚德餐厅举行的晚宴，欢迎詹姆斯·西蒙斯（James Simons）夫妇。在杨先生的引见下，我结识了著名数学家、对冲基金传奇人物詹姆斯·西蒙斯。他与陈省身先生共同提出了陈-西蒙斯规范理论，在美国科教界、金融界都赫赫有名，被称为"华尔街最伟大的投资者"。尤其值得一提的是，杨先生知道创办西湖大学需要募集社会捐赠，特意告诉我詹姆斯·西蒙斯热心于公益捐赠，因此我也在晚餐时向西蒙斯重点介绍了西湖大学的创办理念。

杨先生是个十足的乐天派，他兴趣广泛，热爱艺术，喜欢美食，尤其对小笼包情有独钟，有空的时候喜欢去中关村当代商城的鼎泰丰品尝蟹粉小笼包，我和仁滨也曾有幸受邀在那里与其共进午餐。有一次，陈希老师在清华丙所招待杨先生夫妇和一些海归教授。餐叙开始不久，服务员说鼎泰丰的小笼包到了……大家不约而同地开怀大笑。

同道杨振宁

自 2015 年起，我和一批志同道合的朋友立足杭州创办西湖大学。在此前很早的一次拜访中，我就向杨先生汇报了我们的办学目标和理念。他表示支持，建议我们充分预估困难，鼓励我们团结一致向着目标前进。到了 2018 年初西湖大学正式成立前夕，钱颖一和我专程到杨先生家里，邀请他担任学校顾问委员会委员、董事会名誉主席，他当即欣然应允，并不辞辛劳地出席了当年 10 月 20 日在杭州举行的西湖大学成立大会，为新生的西湖大学揭牌。特别值得一提的是，杨先生非常认真地在我们准备的 60 个首日封上一一亲笔签名，留下了珍贵的历史纪念。

我清楚地记得西湖大学成立大会那一天，96 岁的杨先生早早就来到会场。他身着深蓝色条纹西装，里面穿着浅蓝色衬衫搭配一条红色领带，整个人神采奕奕。仪式上，我与杨先生、韩启德老师、当时的袁家军省长和代表教育部出席大会的杜玉波副部长一起揭牌。但万万没有想到，就在揭牌后，杨先生不小心被脚下的红绸布一下子绊倒在了主席台上！当时我惊出一身冷汗，赶忙上前把他扶起，慢慢步行到座位上，但他执意坚持到仪式结束才回房间休息。下午，翁帆告诉我杨先生无大碍，休养恢复即可。我惴惴不安一整晚，没想到，第二天的顾问委员会会议，他照常全程出席，跟大家一起讨论问题，并对学校的学术评价标准提出了中肯的建议，让我非常感动。

于我而言，杨振宁先生亦师、亦友、亦同道。作为老师，他过去十几年一直对我悉心帮助，他的学术成就、家国情怀、科研品位，特别是对科学极致之美的追求，无一不是我仰望的榜样；作为朋友，他对我许以信任和友谊，对我直抒己见，这是永存我心底的一股暖流；作为同道，他对西湖大学特别地关心、关注和支持，为学校建言献策，凝聚各方力量。他曾经告诉我："如果年轻 30 岁，我也会加入西湖大学！"这真是对我们最好的鼓励！我期待着 2028 年与杨先生共同回顾西湖大学正式成立的 10 年历程，希望届时他会感到由衷的欣慰和骄傲。

值杨先生百年寿辰之际，回顾与先生交往的点滴，谨以此文表达敬仰之忱，祝愿先生幸福安康、松柏常青！

吴瑞先生与华人精神 ^①

今年 2 月 11 日，惊闻吴瑞先生逝世的噩耗，心情久久难以平复。

我久闻吴瑞先生盛名，20 世纪 80 年代中后期我在清华读本科时已对他十分仰慕。但我真正初识吴瑞先生是在 2001 年。那时我刚获得普林斯顿大学终身教职，适逢吴先生着力收集关于在美国做出成绩的年轻一代华人生物学家的资料，我们就这样通过电话有了第一次接触，之后比较多的是通过电子邮件联系。真正与吴先生见面长谈是 2005 年底在美国科罗拉多州博尔德（Boulder, Colorado）召开的由华人生物学家协会（Chinese Biological Investigators Society）主办的学术会议上，也是那一次长谈，让我对吴瑞先生有了更深入的了解，对他肃然起敬。此后我们联系频繁，关于协会的一些重大事务，我都会征求吴先生的意见。

2007 年 7 月，吴瑞先生受邀参加在清华大学召开的第五届华人生物学家协会年会暨 2007 年生命科学前沿学术研讨会，其间吴瑞先生获得了协会颁发的第一个终身成就奖。我作为协会主席邀请他在清华大学共进晚餐，进一步进行深入交流。和吴瑞先生谈话是一种愉快的享受，我们围绕中国人在美国的地位、中国科学的未来发展、对中国年轻科学家的期待、对国内科技政策的看法、中国科技体制的现状等问题畅谈许久，我非常高兴地意识到自己的很多理念都与吴瑞先生不谋而合，甚至有"心有灵犀一点通"的感觉，深受吴先生的鼓舞。

---

① 本文写于 2008 年 11 月 28 日。

在我看来，吴瑞先生可谓海外杰出华人科学家的奋斗楷模，他身上既有优秀科学家的世界性品质，又有作为杰出华人的特质。

作为科学家，吴瑞先生是国际知名的生物技术领域开创人之一，学术成就斐然。在他众多的科学成就中，作为 DNA 测序技术的先驱者之一，他在 1970 年发明了第一个 DNA 测序方法；1971 年，他利用这种方法测出第一个 DNA 序列；他的方法经英国科学家弗雷德里克·桑格（Frederick Sanger）的发展和改进，成为世界上通用的大规模 DNA 测序手段。当吴瑞先生在 1980 年首次回到阔别多年的祖国后，他意识到食品短缺将成为中国在未来面临的一个严重问题，于是将自己的研究集中到转基因水稻方面，为水稻增产提供了新的技术途径。

作为一位杰出的华人，吴瑞先生虽然定居美国，但始终以中国人自居、自豪，对中国人、对祖国的事情总是高度关注。他最突出的两种精神值得每一位华人学习。一是他呼吁华人要团结。记得 2005 年底在华人生物学家协会主办的第四届学术年会上，大家讨论学术界"玻璃天花板"（glass ceiling）问题时，吴瑞先生突然很激动地站起来说："你们知不知道美国有一个名为'80-20 促进会'的亚裔政治组织？它的宗旨是为亚裔美国人服务，希望在选举时将 80% 的亚裔选票投给一个支持亚裔、为亚裔谋福利的候选人，包括对美国总统的选择。"吴瑞先生热情鼓励我们支持并参与 80-20 促进会，促进华人世界的团结合作，为全体华人谋福利。二是作为海外华人，吴瑞先生始终关注祖国的事务。对国内科技的发展规划、科技政策的制定，吴瑞先生不仅有求必应，而且主动关心参与，积极出谋划策。比如 1990 年，作为中国国家自然科学基金委员会的外籍顾问，吴瑞通过一些国内科学家了解到，国家自然科学基金委员会虽然评审公正，但资助强度偏小，难以用之干成大事。于是，他起草了一封信给时任国家主席江泽民，并邀请另外 9 位海外著名科学家（其中有 4 位华人诺贝尔奖获得者）讨论、签名，在信中陈述国家对自然科学经费投入的重要性，呼吁增加国家基金的支持强度。

　　对他的这些精神最完美的阐释是由他倡议创办的 CUSBEA 项目。1981—1989 年，有 425 名生物领域的中国学生通过这个项目得以赴美留学。在这些学生中，有一大批已经成为其所在领域的佼佼者和领军人物，其中包括得克萨斯大学西南医学中心的王晓东教授、哈佛医学院的袁钧瑛教授、杜克大学的王小凡教授等。CUSBEA 的成功，极大地推动了中国学生赴美留学的步伐，加快了中国教育和科研的发展。

　　为表彰吴瑞先生在生物化学和植物生物技术领域的杰出成就，以及他在中美学生交流项目中的领导作用，1997 年，新加坡分子生物学研究所所长邓兆生博士提议设立吴瑞基金会，立即得到在美华人学者的积极响应。1998 年 2 月，"吴瑞协会"在美国加州大学洛杉矶分校成立。该协会在华人生物学家中的影响越来越广泛。因此，"吴瑞协会"于 2004 年更名为"华人生物学家协会"，成为代表北美及其他地区 3 000 多名华人生物学精英的专业组织。2007 年，在华人生物学家协会第五届年会上，吴瑞先生被授予"终身成就奖"。协会还特设"吴瑞奖"，用以奖励致力于中国生命科学发展的杰出华人生物学家。历年来，"吴瑞奖"的获奖者包括加州大学伯克利分校的蒲慕明教授、北大的饶毅教授、中国国家自然科学基金委员会的朱作言先生及美国国立卫生研究院的资深研究员鲁白。从 2007 年开始，协会还特设"吴瑞青年科学家奖"，用以奖励最优秀的年轻华人生物学家。

　　逝者长已矣。华人生物学家协会一定会继承吴瑞先生未竟的事业，发扬吴瑞先生的精神，为华人生物学家提供交流与合作的平台，搭建海外与中国生命科学交流和合作的桥梁，促进中国生命科学的发展！

后记 | 2008 年 2 月 11 日上午，得知吴瑞先生逝世，我在震惊与悲痛之际，想到自己作为华人生物学家协会主席的责任，于是立即告知协会全体成员，并紧急召开理事会扩大会议，安排慰问家属、发布讣告、举办吴瑞先生纪念会等相关事宜，尽我所能地把这些事情做好。我告诉自己和身边的师友同道，一定要把吴瑞先生的精神好好传承下去，要让更多年轻人知道吴瑞先生和他的事迹。希望今后有更多人像他一样出现在世界科技、政治和社会舞台上，为中国人和中华民族的利益奔走、努力。

2022 年 12 月 20 日，第十三届华人生物学家协会双年会暨 2022 年华人生物学家协会年会在杭州的西湖大学云谷校区和美国拉斯韦加斯双会场同时开幕，来自世界多个国家和地区的生命科学领域的专家学者，通过 100 余场专题学术报告分享最新研究进展，云谷校区的学术交流中心见证了其中的 39 场精彩报告。这也是华人生物学家协会双年会首次在美国以外的区域设立平行会场。这场学术盛会是在国内新冠肺炎疫情强势来袭的背景下举行的，实属不易，不仅表现了学者们的敬业态度，更彰显了吴瑞精神。我想，吴瑞先生在天之灵也一定欣慰于海内外学者的携手合作。

追忆查懋声主席 ①

　　2020 年 11 月 9 日，惊闻求是科技基金会主席查懋声先生溘然长逝，我内心万分悲痛。查主席不仅是一位备受各界敬重的爱国企业家，更是一位尽力捐助科教、全心振兴中华的慈善家，他身体力行的求是精神和宽广博大的家国情怀，值得我们永远尊敬、铭记、传承。

　　1994 年，实业家查济民先生出资 2 000 万美元创办求是科技基金会，旨在奖励和资助中国内地的优秀科学家。当年，首届"求是杰出科学家奖"评选出包括邓稼先、于敏、周光召在内的 10 位杰出科学家，给予每人 100 万元的重奖，这一举动在当时的中国科技界引起轰动。迄今为止，求是科技基金会奖励了对国家科技进步做出过重要贡献的 31 位杰出科学家，对 16 项包括青蒿素研究在内的科技成就授予"求是杰出科技成就集体奖"。1995 年，求是科技基金会在陈省身、杨振宁、周光召等顾问的倡议下，设立了"求是杰出青年学者奖"；1996—2001 年，求是科技基金会奖励了 7 批共 120 位有潜力的优秀青年学者，其中相当一部分后来成长为中国科技界的领导者，包括中国科学院前任院长白春礼和现任院长侯建国，还包括包信和、张杰、杨玉良、饶子和、曹雪涛、裴钢、张希、刘德培等在内的一批大学校长。应该说，自创立以来，求是科技基金会对中国内地科技的发展起了重要的推动作用。2007 年，查懋声先生秉承父亲的初心和理想，接过求是科技基金会的接力棒，努力在父亲卓有成效的事业基础上续写新的求是篇章。

① 本文写于 2020 年 12 月 17 日。

　　我与求是科技基金会和查主席的结缘，始于我在 2010 年荣获"求是杰出科学家奖"，这是我在国内拿到的第一个有分量的奖项。当时，我回国不过三年，常常忍不住对科技界的一些干扰学术评价的现象提出批评，也常常因此陷入舆论和争议的旋涡。在这种复杂情形下，求是科技基金会的认可于我而言无疑是莫大的鼓励和鞭策。2010 年 11 月初在福州的"2010 年度求是奖"颁奖典礼上，我与查主席第一次正式见面，很快被他的豪爽和睿智吸引。其间，查主席与我聊起如何把求是科技基金会的奖励计划做得更好，我略做思考便回复道："恢复'求是杰出青年学者奖'。"他对此表示了浓厚兴趣，于是我们相约专门再见面探讨这一议题。

　　2011 年，查主席专程来到清华，我们彼此畅言心志，谈到了中国科技的发展，一致认为现在硬件条件已经得到了极大改善，但面临着优秀人才匮乏、青黄不接的严峻形势，当务之急是鼓励海外最优秀的一批青年科学家回国工作。我告诉他：目前以清华为代表的国内一流高校已经具备和美国普通州立大学竞争优秀青年科学家的条件，但还无法与美国的顶尖高校同台竞争。原因之一是个人待遇相差太大，而北京、上海等一线城市的生活费用和房价都居高不下，因此建议通过求是科技基金会的奖励来有效提高优秀青年学者的待遇水平，减轻他们的后顾之忧，为他们回国创造额外的吸引力。查主席完全接受了我的观点，当即表示愿意重启"求是杰出青年学者奖"的评审，给每位入选的青年学者分三年共奖励 15 万美元（大约 100 万元）。同时，他也正式邀请我担任求是科技基金会顾问并负责求是青年学者的遴选评审工作。于我而言，加入求是科技基金会，和杨振宁、简悦威、何大一、姚期智、孙家栋、韩启德等顾问一起共事是一项殊荣，便欣然应允。

　　在查主席的支持下，中断了 12 年的"求是杰出青年学者奖"于 2013 年重新启动。我作为遴选委员会主席，邀请了包括薛其坤、潘建伟、田刚、陈十一、陈赛娟、饶毅、张泽、张希、杨学明等在内的代表各研究领域的 19 位专家担任评委。迄今为止，我们共评选出 84 位优秀的青年科学家，他们的学术水平在国内外学术界均属顶尖。2013 年，第一批求是青年学者中的许晨阳已经开始享誉国际数学界。我相信，他们中会有一批人成为今后中国乃至世界科技界的中流砥柱。

自 2012 年开始参与求是科技基金会的工作，我便有幸多次与查主席共事，结下了一段深厚的友谊。其实，查氏家族在香港并非最富有，求是科技基金会的资源也不是特别丰厚。过去十年，中国的科技投入大幅增长，科技奖励越来越多。查主席一直特别关注如何最大化地把求是的"小钱"投入真正可以在中国科技界起"大作用"的方面。在每一次求是科技基金会年会的自由讨论环节，我们都会对这一议题进行深入探讨，每当有争议的时候，查主席总会提醒大家从国家科技大局出发，只要能更好地发挥求是科技基金会四两拨千斤的作用，只要有助于引进顶尖的青年科学家，他都会支持。他不经意间流露出来的纯朴爱国情怀和远见卓识，总让我由衷感佩。他曾说："求是科技基金会的出发点不是把我们家族或企业的名字宣扬出去，而是要继承我父亲的遗愿，真正为国家科技发展做些实实在在的事情，为祖国的强大贡献一分力量。"

多年来，查主席为求是科技基金会的发展殚精竭虑、兢兢业业。每年求是顾问聚在一起开会，他事无巨细，认真倾听大家的想法和建议，力求使基金会能够实事求是、与时俱进，根据中国科技发展的新形势找准努力的方向。除了继续奖励做出卓越贡献的科学家、激励优秀年轻学者，他也一直努力为基金会拓展新路，利用求是这个平台，更好地加强学者之间的思想交流，更好地传播科学精神和人文情怀，推动基金会为国家科技发展源源不断地注入强大正能量。

也许是查主席长我 25 岁、对我格外关照的缘故，在讨论求是科技基金会大事之余，他很乐于对我讲述自己过去求学创业的故事。他富有传奇色彩的人生经历给我留下了深刻印象。

查主席于 1942 年在四川出生，7 岁跟随父母去香港，初中毕业后赴海外求学。他在澳大利亚读书时，不止一次受到当地排华的白人孩子的围攻。遇到这种情况，"跑是跑不掉的，只有打！怎么打呢？对方好几个人，我一个人不可能打得过那么多人。那就找准其中一个人，狠狠地打"……查主席特别会讲故事，绘声绘色地描述他如何"攥紧拳头、瞄准部位、使劲用力"，把其中一个打趴下之后，其他人便一哄而散。他这样做既有战略又有战术，所以每次都能以一胜多，几次之后，那些孩子就不敢再来找他的麻烦了。他长大后又长期在非洲、南美洲为家族纺织厂的生意奔走劳碌，经历过很多危险，包括大大小小的内战、暴动和骚乱，几次险些丧命，直到 1977 年才返回香港。非常遗憾的是，2000 年，正值事业发展的黄金期，他却突然被确诊为胰腺癌晚期，医生判断他只剩几个月的时间。他顽强地接受了手术和长达几个月的化疗、放疗，从死神手里逃脱，奇迹般地活了下来……他用勇敢热血、坚韧无畏书写了一场惊心动魄的人生旅程，将自己锻造成一位传奇的非凡人物。

在我和一群同道创办西湖大学后，查主席对此一直特别地关心、关注。早在 2016 年，西湖教育基金会就开始与求是科技基金会合作，举办"求是西湖学会"学术交流活动。2019 年 10 月，查主席偕夫人查田红梅，以及同为求是顾问的何大一教授，专程来西湖大学参观。我们交谈了两个多小时，我详细介绍了学校建设发展的情况。查主席对西湖大学给予了很高的评价和期许，风趣地指出"求是科技基金会和西湖大学门当户对"，主动提出希望求是科技基金会能够和西湖大学深入合作，由学校承办今后的颁奖典礼、年会等活动，双方共同推进"求是奖"、"求是之家"和"求是西湖学会"的发展。查主席还特别对我讲，他希望求是科技基金会有一个稳定的家可以依托，他很希望这个家就是西湖大学。我非常感谢他对西湖大学的信任和厚爱。后来经过几次商讨对接，2020 年 6 月，西湖大学和求是科技基金会正式签署了战略合作协议。

然而，就在合作协议签署两个月之后，8 月 27 日，求是科技基金会执行委员、求是家族的朋友刘学进先生突然联系我，告知查主席胰腺癌复发并已经转移，情况危急，可能需要回上海接受手术，于是我马上联系远在加州的查主席了解具体情况。第二天一早，我接到了查主席的来电，他很镇定地告诉我，癌症复发了，马上准备手术，顺利的话可以多活两年，失败的话可能就只有半年时间了。我内心的震惊与悲恸交杂，半晌说不出话来。他顿了顿，继续平静地说："一公，从胰腺癌确诊到现在，我已经多活了十七八年了，这辈子我很知足。"没想到，这竟是我与查主席的最后一次通话。现在回想起来，也许查主席在去年有一些先知先觉，所以全力促成求是科技基金会与西湖大学的战略合作，希望基金会有一个同舟共济、并肩前行的长远伙伴，我们会牢记这份沉甸甸的托付，不辱使命、不负重托。

作为求是科技基金会主席，查懋声先生秉持其父的求是精神，持之以恒地为中国科技发展雪中送炭、默默耕耘，激励着一代代求是获奖人、科研工作者在科学前沿孜孜求索；作为一名杰出的企业家，他尽力捐助科教、回馈社会，其博大的家国情怀可贵可敬。在查主席和求是科技基金会的引领带动下，越来越多的企业家意识到了自己所肩负的社会责任，从"未来科学大奖"到腾讯基金会"科学探索奖"，企业家和科学家联合发起的民间科学奖项逐步兴起，西湖大学也有幸得到了一批企业家的倾力支持，这是时代之幸，也是国家之幸。

我希望，查主席留下的求是精神和家国情怀能深入大众心灵，在全社会形成尊重科学的风尚，把实事求是、追求真理的科学精神融入文化血脉，吸引更多优秀青年投身国家科学事业。我相信，这一定是对查主席最好的告慰和纪念。

饶毅其人其事 ①

从我听说和认识饶毅算起，已经有 15 年了，但直到 2005 年我才把他当作自己的朋友。而我们真正一起做事，直至我比较深入地理解饶毅的想法并与其成为莫逆之交，则发生在 2008 年我全职回国以后。我常常在别人面前主动提起饶毅，评论他和他做过的事情，因为我总觉得他留给大家的印象过于片面或失之偏颇，他的另外一面很少为人所知，所以也一直想写一篇关于饶毅的文章。但真正开写，才发觉要把饶毅丰富多彩的性格、行事方式和做过的事情原原本本地写出来，实在不是一件容易的事情。这篇文章从起意动笔到完成，历时一年多，也不过是择其一二，讲讲我眼中的饶毅。

"闲人"饶毅：1998—2001 年

1998 年，刚刚听说和认识饶毅的时候，我对他印象欠佳。当时，我刚刚开始在普林斯顿大学做助理教授，天天在实验室忙得焦头烂额。除了自己动手做实验花掉一半时间，还忙于指导学生的研究课题、讲课、参加学术会议、写论文和申请基金，天天觉得时间不够用。比我早 3 年做 PI 的饶毅却很特别，经常写一些与他的实验室研究课题无关的杂文，评论科学史上的人物和事件，这些文章引经据典，有的还很长，显然花了很多时间。他把这些文章通过电子邮件群发给在美国的中国学者、教授们阅读。由于对饶毅有成见，我一般会直接删掉他发来的杂文，不会花时间阅读。所以，我对饶毅的第一印象是：有点

---

① 本文写于 2013 年 12 月 9 日。

儿不务正业，喜欢多管闲事。

因为对饶毅的第一印象不佳，对他要做的事情我也不感兴趣，其中最有代表性的一件事发生在 2001 年。有一天，饶毅发来邮件，希望我签名支持一项中国的科学研究计划。其核心是通过引进海外人才，创建 10 所针对生命科学不同领域的国家级研究所，同时政府通过高强度的财政投入建立一个充沛的基金，用其利息对这些生命科学研究所的运行和科研进行稳定支持。该计划的出发点虽好，但这一建议所需的费用在当时令人咋舌：仅仅维持这些研究所的运行就需要 130 亿元的稳定基金。看到这封建议信后，我颇有意见，在当时科研经费还相当紧张的情况下，一下子提出百亿元的支持力度建议似乎是异想天开、不负责任的：为什么不先建立一所研究所作为试点？投入巨资建立这么多研究所，由谁来负责？达不到预期的效果怎么办？在当时的大环境下，有多少海外科学家会全职回国工作？我觉得这个建议会带来不负责任的奢侈和浪费，甚至负面影响国内的科研发展。第二天，饶毅打电话来解释，我很情绪化地把满腹不满一股脑儿倒出来了。之后还嫌不够解气，专门打电话给包括王晓东在内的其他几个朋友，想抵制这个计划。当然，这个计划最终并没有完全付诸实施，其中的一个试点倒是在 2004 年启航，即王晓东、邓兴旺担任共同所长，饶毅担任副所长的北京生命科学研究所（NIBS）。

很有意思的是，当时虽然我在电话里冷嘲热讽，饶毅却颇有君子风度，一点儿都没有生气，而是一直耐心地给我解释他的道理：中国的国力已然很强，经济飞速发展，但科技仍很落后，应该用生命科学的试点来带动全国科技进步。当时，我根本听不进去，觉得这小子在狡辩。

贤人饶毅：2002—2005 年

其实，早在 1995 年，饶毅刚刚在华盛顿大学医学院取得助理教授职位的时候，就开始积极参与中国科学的建设，在上海建立了一个小的实验室。后来，他与鲁白、梅林一起投入大量时间和精力，协助蒲慕明，直接参与了中科院上海神经所的创建，并为此承担了不少压力。这些事情，我听说过一些，觉得饶毅还算是个爱国的热心人，多少对他有了一点儿好印象。

真正让我改变对饶毅印象的有两件事情。一是在 2002 年的一次朋友聚会上，我偶然听到了饶毅组织"Bio2000"课程的详情。原来，早在 2000 年，饶毅就为了改变中国生命科学研究生教学落后的状况，联合中科院上海生命科学研究院的吴家睿一起提议、推动、创办了一门生命科学领域综合性的研究生课程，取名"Bio2000"。该课程由饶毅邀请的 20 多位海外优秀华人生物学家担任主讲教师，每位教师专程回国，在上海和北京分别针对上海生命科学研究院和清华、北大的一年级博士研究生各讲授 6 节课。这门课程的开设在当时非常及时，深受学生欢迎，也许是近 10 年里中国生命科学领域最知名和最受欢迎的研究生专业课程。为了组织这门课，饶毅花了很多时间和心血，实属不易！将心比心，我佩服他！

第二件事情发生在 2002—2005 年。众所周知，一个中国人在美国的职场上奋斗着实不易，要拿到一份称心如意的工作比美国本土人难多了，每升迁一步都要付出比别人更多的努力、取得更大的成绩。即便如此，最终往往还要面临一面"玻璃天花板"：亚裔很难获得学术界的领导地位，也很难得到学术界更高层面的荣誉。和千千万万的留美中国学者一样，饶毅在 10 多年前就意识到了这个问题。很遗憾，尽管大家都能意识到这一问题，但尽力扭转这种不公局面的中国人实在是少得可怜。原因可能有四点：一是觉得自己的生活已经富足，知足常乐，不必追求其他；二是自己刚刚起步，还没有面临"玻璃天花板"的问题；三是不愿意花时间做这样一件尽管对大家都好但不知何时才能见效的事情；四是觉得呼吁美国主流社会关注这个问题可能对自己不利，留下负面印象。饶毅是我认识的华人中为数不多的认认真真花时间、花精力为维护华裔乃至亚裔科学家的权益而付诸实际行动的科学家。

2003 年，饶毅写了一封长信给美国生物化学与分子生物学学会（ASBMB），善意地提醒他们：在 ASBMB 长达一百多年的历史上很少有亚裔的领导，其主办的学术刊物中也缺乏亚裔主编和副主编。2006 年，杜克大学的王小凡教授作为华裔教授的杰出代表受聘为《生物化学期刊》（JBC）副主编，也成为 JBC 历史上第一位华人副主编。王小凡的聘任也许与饶毅的呼吁不无关系。有意思的是，小凡恰好也是一位为了华人乃至亚裔的利益不懈努力的热心科学家！小凡上任之后，又在力所能及的范围内尽力帮助中国学者，包括推荐一批有水平的中国科学家出任 JBC 编委，用实际行动改善亚裔科学家在国际上的学术地位。同样，饶毅也写信给拥有 3 万多名会员的美国神经科学学会（SfN），指出在该学会的上百个各种各样的领导位置上，没有一个来自中国大陆的学者教授。结果该学会在当年的理事会上紧急增补了美国国立卫生研究院的鲁白进入干部遴选委员会（负责各级委员会的提名工作），斯坦福大学的骆利群进入年会程序委员会（负责下一年年会演讲人的挑选工作）。

饶毅还用同样的方法给《细胞》杂志主编薇薇安·西格尔（Vivian Siegel）写信，建议她增加亚裔科学家在副主编里的比例，特别是鼓励她邀请来自中国大陆的学者加盟副主编委员会。果然，这一建议也得到了采纳，来自耶鲁大学的许田成为第一位在改革开放后中国大陆赴美留学生中产生的副主编。类似这样的例子还有很多。应该说，饶毅在客观上帮助了一大批在美国的亚裔生物学家。我相信，在美国，因为饶毅的所作所为而受益的亚裔科学家不在少数，可能其中绝大多数人都没有意识到这一点，甚至一些人可能还对饶毅印象不佳。

这两件事情足以让我佩服饶毅的大度、正义与智慧，也让我意识到饶毅是一个坚持原则、仗义执言的人，也是一位与我志同道合、值得深交的朋友！

盟友饶毅：2005 年及以后

随着时间的推移，我与饶毅的接触逐渐增多。随着了解的加深，我意识到自己和饶毅在许许多多的原则性问题上的看法非常相似，包括对亚裔在美国发展的"玻璃天花板"问题的看法，对中国科技和教育发展的看法，对中国科研文化和学术界的看法。不知不觉之间，我们在全职回国前就开始联合做事。2005 年底在科罗拉多州博尔德举行的华人生物学家协会的年会上，饶毅和我作为辩论的同一方，针对是否存在亚裔的"玻璃天花板"问题及如何应对这一问题，与另一方展开激烈讨论。当时，在华人生物学家协会的会员中，有相当一部分人不承认这种现象的存在或不愿意采取任何行动。但我俩的共同观点是，这一现象普遍存在，我们要对美国学术界和全社会大声疾呼，让大家关注和解决这一问题，而且要利用所有的机会影响身边的科学家，帮助我们一起改进亚裔的处境。

从 2005 年开始，我也加入以饶毅为代表的一批同道的努力中。每一次外出讲学或开会，我都会向美国同事和朋友们讲述亚裔遭受的不公平待遇。在普林斯顿大学接待有影响力的科学家时，我更是会抓住机会陈述其实。其中印象最深刻的是 2006 年我负责接待哈佛医学院教授、当代著名的分子生物学家汤姆·马尼亚蒂斯（Tom Maniatis），我决定争取他的支持。在办公室里，我准备用 30 分钟与他讨论这一问题，但刚刚讲述了 5 分钟，他就打断我的陈述并赞成道："一公，你不需要说服我，亚裔的'玻璃天花板'太明显了！在 20 世纪 70 年代末的哈佛大学已经有很多很多亚裔学生，可能有 20%~30%。但是 30 年之后的今天，每当参加系主任会议或高级领导的会议时，我几乎找不到亚裔的影子！以前的亚裔学生都去哪儿啦？！"随后的时间里，关于如何应对亚裔"玻璃天花板"的事情，汤姆给我出了一些主意。同时，他也非常赞成我们让美国同行意识到该问题严重性的做法，认为这是解决问题的必经之路。

在以饶毅为代表的一些同道的努力下，美国的一些学术团体、一大批教授专家开始意识到亚裔面临的尴尬处境：一方面学术成绩出色、经济状况良好，另一方面在职场面临难以升迁的困境。而对于这个问题的普遍共识，让很多在美工作的华裔学者受益。2011年6月，在谢晓亮主持的北京大学生物动态光学成像中心（BIOPIC）的学术委员会会议上，我又遇见了汤姆·马尼亚蒂斯教授，他告诉我，美国科学院已经意识到亚裔没有得到合理代表的问题，并已经由一些资深科学家成立了一个专门提名委员会，推动美国的亚裔优秀学者入选美国科学院。2012年，一批亚裔学者通过这个委员会顺利当选为美国科学院院士，其中包括几位杰出的华裔科学家。

饶毅在2007年9月正式辞去美国西北大学的终身讲席教授职位，担任北京大学生命科学学院院长。我在清华的实验室于2007年4月开始正式运行，次年我辞去普林斯顿的终身教职，开始负责清华大学生命学科的规划和人才引进。我们在2007—2010年联系密切，几乎每周都有不止一次的交流，甚至一天之内沟通几次。我们在原则性的问题和观点上几乎没有任何分歧，在操作层面密切配合，尽力加强清华与北大之间的合作和发展，成为理念上的知己和事业上的盟友。

兄长饶毅

2007—2010年，是我们两人回国后感觉最艰难的几年，在工作、生活中时时有不顺心的事情发生，我们也会彼此鼓励和安慰，有时会再找几位志同道合的朋友一起坐坐，乐观地展望未来。饶毅和其夫人吴瑛育有一女一子，2007年饶毅刚回国时，老大饶婕已上高中，跟着吴瑛留在芝加哥；老二饶杰铭9岁半，上四年级，跟着饶毅回到了北京，在北大附小读书。但对于9岁多的孩子而言，适应新的成长环境不是一件容易的事情。尽管2007年暑假饶毅请家教给杰铭补习了三个月的语文，杰铭在开学以后还是面临很多问题，压力一直很大，饶毅也很是为此操心。大约在当年的感恩节前，饶毅给我发了一条释怀的短信："语文 64 分，及格了！"学习还算简单问题，适应环境对孩子来说更难一些。杰铭回国两年多之后，学校命题作文"假如我有一双隐形的翅膀"，杰铭毫不犹豫地写道："那我就立即飞回芝加哥……"这对深爱儿子、希望儿子有中国人归属感的饶毅来说应该是非常苦恼的。听到这些令人揪心的事情，我也只能稍稍安慰饶毅。好在回国三年半之后，杰铭真正开始喜欢北京，有了中国是家的感觉。

我也常常向饶毅讲述自己的苦闷。我刚回国便面临很多质疑和不解，公共媒体也屡次把我推到风口浪尖，对我的工作产生了一些负面影响。这期间，饶毅总是一次又一次地像兄长一样替我解释，回应恶意攻击，在很大程度上帮助改变了媒体的主流态度。也有个别头脑里"阶级斗争"观念强烈的同事奉劝饶毅不要帮我，不要有"妇人之仁"，免得我将来咸鱼翻身，成为对手。一次，我通过短信向饶毅诉说工作中遇到的挫折和自己的苦恼，几分钟后饶毅回了第一条短信："千万不要轻易撤，困难肯定很多，本来就是要克服才来的。"没等我回复，他又发来第二条短信："如果要撤军，提前告诉我，也许一道；当然最好不要，单枪匹马太难了。"看完第二条短信，我不禁笑出声来：不愧是自己的好朋友，进退与共！后来饶毅告诉我，他那样写是怕我冲动之下头脑发热做出过激反应，想先稳住我再一起商量对策。其实，我从来没想过打退堂鼓，只不过是把心里的郁闷说出来，当时说完就已经感觉好多了。

我从小有点儿清高的毛病，很少会长期佩服一个人。但经过 10 多年的接触和了解，我从心里敬佩饶毅。首先是他的学问。尽管饶毅花了很多时间去管那些和他"似乎不太相关"的事情，但他是我认识的在科研上最富有创新性的科学家之一，他的思维总是比一般科学家多两个跨度，聚焦在一些重大的悬而未决的科学问题上。他常阅读很多原始文献，即便是出行也总是带上一本《自然》《科学》或《自然-神经科学》。其次是饶毅的为人，我不敢说我百分之百地了解他，但 10 多年来我看到的是一个正直、智慧、敢言、有思想、有远见、心口一致、忠于祖国的科学家。

饶毅说话或做事从来不会故意讨人喜欢，他有自己信奉的原则，并严格按照这些原则做人做事，即使这意味着他的所作所为会引起别人的误解。回国6年来，我对逢场作戏、见人说人话、见鬼说鬼话的人早已司空见惯，也逐渐理解为何有人在不同的场合会适当改变说话的角度，"曲线救国"也不失为一种策略。但饶毅似乎不会改变讲话的语气和方式，对所有人的态度总是不卑不亢。我相信，饶毅会将讲给博士研究生听的观点原原本本地告诉同事、媒体和领导。多年来，我从来没有见过饶毅在领导面前阿谀奉承，也从未见过他对学生声色俱厉。饶毅总是用相对平稳的语调说出他信奉的、不是人云亦云的观点。

老顽童饶毅

饶毅比我年长5岁，但他生性顽皮而天真，喜欢善意地搞恶作剧，颇有点儿老顽童的感觉。我知道很多让人捧腹的故事，但未经其本人同意，还是少说为妙，这里只列举一二。大约在2009年深秋，我和饶毅应邀参加在京郊凤山举行的生物膜与膜生物工程国家重点实验室的学术年会。下午休息，我们一起登上了凤山山顶。在山顶平台上，正有一位年轻女子和教练一起，背着滑翔伞，准备迎风跳下山崖，享受滑翔的刺激和乐趣。可惜，风向突然变成顺风，他们只好等待。饶毅上前聊天，得知女子是第一次滑翔飞行，便调侃道："你不害怕吗？如果你逆风跳下悬崖的一瞬间风向突然变成顺风怎么办？那不就摔下去了吗？不会摔坏吗？"他越说越来劲，女子越听越害怕。旁边那位魁梧男子忍无可忍，喝道："你这人会不会讲话？！一边儿待着去！"饶毅一点儿也不着急，嘿嘿笑笑说："我先替她把最坏的情况想到，她知道后就不会害怕了。"这话一说，男子越发生气……我赶紧过去拍拍饶毅的肩膀，让他少说两句。当然，女子和教练很顺利地完成了一次精彩的滑翔。

两年前的一个假日，饶毅、饶杰铭和我们全家一起到京郊度假村休息。周六上午，度假村举行一场盛大的婚礼，非常热闹。我与饶毅没聊几句，一转身他就不见了，他竟然跑到参加婚礼的宾客中去高谈阔论了。我心里纳闷儿：他认识那些人？这么巧？！十几分钟后，饶毅又急急忙忙地跑回来了，而且脸上带着坏笑。我好奇道："怎么回事？"饶毅坦白："我自称是新娘的舅舅，开始还好，后来被新娘的家人识破了！"唉，童心未泯啊！

既然是老顽童，那就时不时地会因为出言不逊在外面惹事儿。饶毅有时会公开取笑别人，有时则是用尖刻的语言奚落别人。别人有不满顶多是私底下骂骂，发泄发泄，饶毅骂人则常常是公开通过博客，似乎唯恐当事人和大众听不到。个别时候，他也会骂错，评论不准确，但他愿意对自己说的话负责。在这里就不一一举例了，诸位可以到他的博客里品评。对他的博客文章，我并不是一概赞同，每当觉得不妥时，我都替他捏把汗，忍不住提醒他。但这就是天真耿直又自以为是的饶毅，他绝对不会在背后搬弄是非，而是什么话都摆在台面上。

王晓东对饶毅有一个我认为非常精准的评价：Predictable（可以预测）！的确，饶毅始终如一的品行、观念和待人处事的方式，让熟悉他的人很容易预测和理解他做的每一件事情。过去三四年，我几乎没有对饶毅做的任何一件事情感到意外。

回国6年来，我和饶毅在原则性问题上从来没有分歧，包括共同执笔在2010年9月为《科学》周刊撰写批评中国科研文化的评论文章，但我们在具体问题的处理方式上常有不同，也反映了我们性格上的区别。所以我们决定各自发挥所长，运用自己擅长和能够接受的方式，在中国这块土地上发挥作用，促进科教发展。每每遇到共同关心的具体事情，我们总是很在乎对方的观点，共同商议、达成共识、统一行动，比如共同建议并创立生命科学联合中心，以及共同负责中心内部的运行事务。

我完全理解饶毅回国的赤子情怀，也理解饶毅的行事风格。我常常庆幸自己在一街之隔的北大有饶毅这样一位好朋友。今年上半年，一位中学同学把我在高中毕业时援引巴金、写给他的临别赠言重新转给我："友情在我过去的生活里就像一盏明灯，照彻了我的灵魂，使我的生存有了一点点光彩。"我想，我当时对友情的理解也许仅限于中学逸事、同学意气，现在则是对价值观和使命感的认同。在中国，有一批志同道合的朋友为了共同的理想而努力。这种感觉，很好！

饶毅，忧国忧民的科学大家，光明磊落的正人君子，犀利耿直的"现代鲁迅"，我行我素的半老顽童。无论你是否喜欢他，饶毅都在用自己的方式启蒙中国社会，也注定留下重要影响。

怀念王旯大哥 ①

　　我和王旯相识于 2007 年，也就是我刚从普林斯顿回到清华的第一年。我们初次见面的具体时间和情景，我已经记不清了，但印象里，我对这位浓眉大眼、英俊潇洒的海归感觉挺投缘。当时，仁滨和孩子们还没有回来，我一个人在清华二次创业，虽然雄心勃勃，但对国内科研文化环境并不适应，加上我直言不讳的个性，得罪了不少人。在这个过程中，王旯很热情，主动以过来人的身份安慰我，帮我出主意。

帮助清华建立电镜平台

　　2008 年 5 月，在我的努力推动之下，清华决定投入巨资购买一台当时世界上最先进的生物冷冻电镜 Titan Krios，这笔钱在当时是一个天文数字。当时我从侧面了解到，中科院生物物理所与荷兰的 FEI 公司经过长期艰苦的谈判，已经把拥有类似配置的电镜价格谈到了 FEI 公司的底线。5 月 20 日上午 10 点整，我在清华医学科学楼 C333 会议室接待了 FEI 公司销售团队一行 6 人。双方寒暄之后，我开门见山，把我们计划购买的 Titan Krios 电镜配置和基于生物物理所谈判获得的底线价格作为报价告诉了对方，并直接交底："清华将建设世界上最优秀的结构生物学中心，这台电镜是关键设备，如果你们同意，今天就可以签协议，如果不同意，那就请你们回去请示公司总裁，但清华只会付这么多钱。"对方的副总乔纳森·金（Jonathan Jing）对我这样的谈判方式感到

_____

① 本文写于 2023 年 1 月 3 日。

很意外，他也非常坦诚，说道："原本我们想好好谈上几天，没想到您 10 分钟就封顶又交底了，但您给出的价格实在太低，完全不在我授权的范围内，所以我只能带着您的信息回去请示公司最高层了。"于是 FEI 团队于 10 点 20 分离开了清华。

两天后我从上海乘坐过夜软卧火车返京，凌晨收到王旻发来的手机短信，说他已经在北京站等我，接我回清华。盛情难却，我也就接受了。没想到的是，王旻在路上直接问我："听说你们要购买 FEI 的 300 千伏 Titan Krios 冷冻电镜？"我马上警觉，原来王旻是代表 FEI 公司来游说我的！更让我没想到的是，他马上交底："可否你们多出价 5 万美元，我给清华生物系提供 10 万美元的无偿资助？"我舒了一口气，还有这样的好事！我虽然不知道王旻会怎样说服 FEI，但他的提议比我以前的计划对清华更有利，所以我马上接受了。在王旻的帮助下，清华和 FEI 在 6 月初签约。次年，亚洲首台 Titan Krios 冷冻电镜在清华成功安装调试并投入运行，奠定了清华结构生物学依托电镜飞速发展的基础。毫无疑问，王旻在其中起了重要作用，功不可没！

300 千伏工作电压的 Titan Krios 高端冷冻电镜需要一台 200 千伏或者 120 千伏的电镜配套，用于样品初筛。但购买了 Titan Krios 电镜之后，我委实无力购买价值 50 万~150 万美元不等的配套电镜。这时，不可思议的事情又发生了。王旻听说我为配套电镜苦恼，就主动找上门来，提了一个建议：请 FEI 把一台 200 千伏的冷冻电镜作为样机无偿放在清华，平时归清华使用，有客户需求的时候给客户演示一下即可。这个建议虽然非常好，但我知道要说服 FEI 非常困难。王旻再次充当了斡旋大使，成功说服了 FEI 接受这一方案，帮助清华完美地解决了问题！样机被使用的前两年，用户几乎全部来自清华。两年之后，在王旻的斡旋之下，FEI 同意以非常优惠的价格把这台电镜永久卖给清华。

直到王旻离世前，清华几乎所有的电镜设施的购置，都是王旻从中尽力斡旋的，每一次的价格都令我们非常满意。谈好价格以后，王旻还会尽力督促 FEI 公司及时发货、安装调试、做好维修保障。可以说，他以一己之力帮助清华快速高效地建立了一个世界级的生物冷冻电镜平台。现在回望这一段历史，在清华进行结构生物学和生物物理研究的过程中，王旻发挥了至关重要、不可磨灭的作用。

不以赢利为目标的企业家

2017 年以后，随着西湖大学的创建，我的重心转到了杭州。在西湖大学冷冻电镜设施的建设过程中，王旻又一次发挥了不可替代的作用。西湖大学不仅拿到了令人满意的报价，电镜的安装调试也得以加速进行。后来我才知道，王旻不仅悉心帮助清华和西湖大学，也尽力帮助北大、其他高校及中科院各院所，赢得了科学家的广泛信任，享有无可挑剔的口碑。

其实，大家心里都有一个解不开的谜团：王旻身为一名企业家，其主营业务之一就是大型仪器设备的销售，把价格压得这么低，他怎么赚钱？关于这个问题，我也纠结了多年，终于有一天，我直截了当地问了王旻。他笑笑说："我只有一个原则，那就是决不赚科学家的钱。科学家买仪器的经费来之不易，所以我从来不会把厂家给我的价格加钱卖给科学家；同时，我会尽一切可能压低厂家的价格，帮助科学家省钱。至于赚钱嘛，我会拿到厂家销售价格的两个点，有时三个点。"我反问："仪器价格高一点儿，你拿到的提成不也高一些吗？"他又嘿嘿一笑，说道："为了我的两个点，让科学家付出 98 个点，这事咱不能干，毕竟大家都是朋友。"王旻的回答不仅让我释怀，也让我心生敬意。王旻的做法，是对网上一句广为流传的名言"没有永久的朋友，只有永久的利益"最有力的讽刺和反驳。

大哥王旻

从第一次见面开始，王旻对我就一直特别关照，对我总是很慷慨地以诚相待，让我觉得他是那种为朋友两肋插刀的仗义之人。但我也深知，作为清华在生物医药领域的带头人，我与销售方有天然的利益冲突，所以一直会刻意和他们保持一定的距离。但是唯有王旻大哥，用实际行动和时间换来了我的信任。

2009年，仁滨带着两个年幼的孩子回北京，由于不太适应环境和随后几年北京的空气污染，阳阳和雪儿生病发烧是常事。每一次孩子需要看病时，我都手忙脚乱，常常第一个给王旻打电话，请他帮助介绍医院和医生。从北大第三医院、北大第一医院、北大人民医院到北京儿童医院，王旻从来都是第一时间尽全力提供帮助。我很少对他说感谢的话，也从来没有给他友谊之外的任何"回报"，但我潜意识里就是认为找王旻是应该的。再后来，但凡家里有事需要帮忙，我第一个想到的总是王旻，第一时间联系的也总是王旻。他对我说："我就是你大哥，你不找我找谁呀！"慢慢地，我就真的把他当作大哥一样信任和依赖。

2007—2016年的10年间，我们经常一起聚会，毫不夸张地说，我在餐馆吃饭的一半次数是和王旻一起的。我会向他"吐槽"工作中的问题，甚至生活中的烦恼，也会与他分享每一份喜悦。他非常了解我的喜好，待我如亲弟弟，关照有加。

2009—2020年连续12年，每年的圣诞节和新年期间，王旻都会做东，组织一次家庭聚餐，邀请几个谈得来的朋友和家人一起总结过去、展望未来、畅谈人生。后来聚会成了传统，每到12月初，大家就惦记着王旻的圣诞和新年晚餐聚会。

2017年以后，我常驻杭州，和王旻在北京聚会的次数越来越少。他只要有时间，就专程跑到西湖大学来看我，他也成了云栖校区五号楼一楼咖啡厅的常客。我多次看到他在校园里散步，在食堂吃饭，和学校生物医学仪器平台负责人王亚林聊天……他会把西湖大学的事情当成自己的事情，急我所急，为西湖努力。他还一直关心西湖大学云谷新校区的建设，希望建成后能去好好看看。

病榻上的王旻

　　王旻生性乐观，脸上总是挂着笑容。他很幽默，很坚强，遇到麻烦时总是以开玩笑的口吻化解紧张情绪。尽管他常常叮嘱我要注意身体，但他对自己的身体情况和病情却一直守口如瓶，也许就是为了不让我担心。

　　一起吃饭的时候，我偶尔能看到王旻给自己的胳膊打针，我猜测是进行针对糖尿病的胰岛素注射。直到 2015 年，王旻突然轻描淡写地告诉我，他要去青岛做一个手术，需要两周时间康复。问询之下，我才知道他是要接受一次重大的移植手术。一个月之后，他又出现在我面前，全然没事的样子。2020 年 9 月 18 日，突然得知王旻罹患小肠癌，我顿感抑郁。在随后的日子里，他一直很淡定、乐观地接受治疗，有时会跟我谈论康复之后的旅游计划。

　　在北京大学肿瘤医院沈琳大夫的悉心诊疗下，2020 年秋天，王旻开始接受化疗。化疗效果不错，到年底，肿瘤就基本消失了。但停药仅仅 6 个月，到 2021 年夏天，他的癌症复发并开始迅速扩散。王旻于当年 10 月初到福州接受 CAR-T 细胞治疗，病情一度得到控制。但随后出现肺部感染，情况变得很复杂。我于当年平安夜从杭州坐高铁去福州，第二天是圣诞节，我吃完早餐后到福州协和医院看望他。尽管我给自己做了充足的心理建设，但看见脸色蜡黄的王旻大哥时，我还是忍不住心痛。三个月前我们还在餐馆一起谈笑风生，现在他却躺在病榻上，身上挂满了各种导管。他看我进来，非要下床，坐在椅子上，一起聊天将近一个小时，后来实在坚持不住了，才又躺下。他知道我计划乘坐中午 12 点 15 分的高铁返杭，于是 10 点半以后就一再催促我赶紧去高铁站，别误了行程。

　　没想到 2022 年新年过后，王旻病情急剧恶化，1 月 7 日进了 ICU（重症监护室）。其间，我一直和他的大女儿西西保持着联系。西西告诉我，她爸爸清醒的时候会叫我的名字，有时做梦也会喊"一公，快来救我"，令人泪目。1 月 14 日，我再次赶到福州看望他，那时，他已经用上了呼吸机，口鼻上罩着塑料装置，能听到呼吸机沉闷的操作声。他常常处于深度昏迷状态，清醒的时间不多。晚上9点多，护士帮助他吸痰，稍微清醒一些的王旻紧紧拉住我的手，嘴里嘟嘟哝哝说着什么，西西与李岩嫂子大声询问和重复着他试图说出来的几个字，大意是"谢谢一公来看我，可以了，你去赶高铁吧"。我唯一能做的就是握住他没有插管的那只手，用纸巾轻轻拭去他眼角渗出的泪水和额头上因为用力咳痰留下的汗珠。看着眼前令人揪心的状况，想想数月前还谈笑风生的好哥哥，我有如万箭穿心。

王旻的病情持续恶化，李岩、西西和二女儿安安决定带王旻回家。2022年1月26日一早，西西联系了一架急救飞机，搭载着王旻和家属、护士，离开福州。中午飞抵北京后，王旻立即入住北大第一医院。傍晚病危，经急救，病情暂时得到稳定。27日一早，我赶到了ICU，王旻已经陷入深度昏迷，没有一点儿知觉，生命体征很弱，血压很低，舒张压只有30左右，收缩压也只有50，脉搏也很慢，护士每隔10分钟左右就会进来进行一次药物注射。我握着王旻凉凉的手，心也逐渐下沉，只能默默祈祷，希望奇迹发生。王旻的好友和同事一一进来看望，抢救一直持续到中午12点15分。尽管一直被注射升压药，他这时的血压还是降到了30/15左右，药物作用的痛苦也显现在其身上。征得家属同意后，医护人员拔掉了所有带来痛苦的导管，王旻在亲人和朋友的关爱与注视下，安详地离开了人世。

安息吧，王旻兄弟

一转眼，王旻大哥已经离世快一年了。这辈子，我见过很多人，经历过很多事，看破过红尘，也曾经愤世嫉俗，努力地适应环境，常常纠结于理想和现实的脱节，但最终支撑着我坚定前行的是心中的梦想。王旻病重期间，我常常问自己：他是为了什么？作为王旻生前最亲近的朋友，我俩有许许多多只有彼此心知肚明的经历和感想。但说心里话，即便如此，至今我也说不清、道不明他为了什么活着，为了什么奋斗。

有一点，我心里很清楚，他绝不是只为自己，甚至不是为自己。王旻对朋友的仗义发自灵魂深处，他会真诚地为朋友着想、尽力，这样会给他带来快乐。他不是不会敷衍应付世俗，而是选择无愧于自己的内心，对朋友赤诚相待，不计个人得失。他的同情心、同理心和发自内心的善良跟随他走完了短短的一生。

王旻很想活下去，因为他还有那么多希望做但还没有做完的事情。病重期间，他多次谈到康复后要做的事情，也多次安排自己的会诊。他总是很乐观，总觉得前面有路。他也总希望再多帮我这个弟弟几年，即便已经罹患癌症，也还常常问我还有什么事情要交代他去打理。他跟我讲了西湖大学云栖校区运行的问题，云谷校区基建的重要性，用人要考虑的方方面面……在他和我的心目中，他早已是西湖大学的一分子，是西湖大学不在编的忠实一员。

王旻很坚强。对于死亡的来临，他有所感觉，但一直坚强面对。哪怕在生命的最后关头，他偶尔清醒时也不忘为他人着想。他很睿智，过去 15 年一次次用自己的智慧化解危机，解决复杂问题。他经历丰富，阅人无数，和社会各路人马打交道游刃有余，但他始终待人真诚，尤其是对待最普通的人非常谦和、充满善意。他以带着自己鲜明特点的风趣和幽默在中国各地、在这个时代，更在我心里留下了独特的印记。

王旻是真正的正人君子。他的存在，让我可以唾弃在社会上流传甚广的一句所谓的至理名言"没有永久的朋友，只有永久的利益"。对王旻而言，只有永久的朋友和情谊，利益则是身外之物，可多可少不足惜。

好兄弟，你我相识 15 年，你也帮助了我和其他朋友 15 年。你是我在北京最信任的兄弟，你生病以后的世界对我就已经不一样了——2022 年不再有圣诞节的聚会，不再有往年过节的氛围。

好兄弟，再有几天，你就已经在另一个世界安息整整一年了。我相信，你能看到我们在世间的一举一动，你也一定知道，家人和朋友并没有因为时间的流逝而淡化对你的思念。我也相信，你会用另一种方式继续关注你的家人、你的兄弟和朋友。

兄弟安息！人生共同途。

05

育人之思

独立人格和脾气格外重要。
不要刻意磨平学生的棱角，
而是要鼓励学生发挥个性优势。

我们为什么上大学 ①

　　从我回国建成实验室算起，到现在整整 8 年。今天又有一批本科生、硕士生、博士生从清华毕业，我的心情很激动，有很多话想说，我想给大家讲讲我的心里话。

　　今天的主题是毕业，但回头看，我们从上大学开始，都在想一个问题：为什么要上大学？我相信不少家长到现在还在想这个问题。我作为院长也还在想这个问题。我这里讲的"上大学"，其实不只包括本科，也包括硕士、博士阶段的学习，究竟是为了什么？

　　当然，我们上大学是为了学知识、充实自己，但一定不只是为了学知识！甚至在你这一辈子当中，在大学里学习的知识只是其中很不重要的一部分。我们上大学也是为了学技能，学习解决问题的能力，但也不只是为了学技能！甚至学技能也不是大学教育中最重要的一部分。

　　那么上大学最重要的是什么呢？我以为，是学做人。

　　做人并不是一定要做我们觉得可望而不可即的英雄模范，更不是要学会八面玲珑，而是学做一个健全的、有自信的、尊重别人的、有社会责任感的人，大学最重要的目标就是培养这样的人。关于大学的作用，最根本的一条就是帮你树立社会价值观、人生观。清华就是这样一所大学。

　　我想拿今天的两位演讲嘉宾来举例，但我要先给大家讲一个故事：2000年夏季，话剧《切·格瓦拉》让整个北京沸腾了。2001年，清华校园也因此沸

---

① 本文根据施一公在清华大学生命科学学院 2015 年毕业典礼上的即兴演讲整理。

腾了。切·格瓦拉是一位革命英雄，出生在阿根廷一个上流社会的家庭，他读了医学院，本来可以做医生，可以挣很多钱，可以买洋房，可以有很好的生活，但是他觉得这个世界很不公平，于是去古巴参加、领导了革命以后，输出革命到非洲，后又回到美洲在玻利维亚继续领导革命，最后被当局抓获并杀害。

徐彦辉博士当时是学生辅导员，他在看完话剧后难以抑制内心的冲动，找到我说："一公，我很纠结，现在这个社会的价值观如此之混乱，大家各自奋斗，似乎很少关注社会底层，又有腐败现象。看到这些社会弊端，我作为一名博士生，空有报国之志，真想做点儿什么，但我能做什么呢？"我毫不犹豫地跟他说："彦辉，我长你10岁，恰好经历过你这个困惑期。我告诉你，你现在唯一能做的就是兢兢业业地做好你的学问。你记住，你总有一天会成为这个社会的中流砥柱，会成为这个社会的领导者。到那时，你一定会承载起社会发展的重任！我只怕你十年、二十年之后不再有今日的沸腾心声，不再有现在这份先天下之忧而忧的心气儿，变得淡漠和世故。如果那样，你就真的堕落了，你就愧为清华人。"

当时，徐彦辉听了以后非常激动，我也很激动。但我也真的担心他10年之后会被社会同化，被不健康的社会舆论同化。我很高兴彦辉接受了我的建议。他现在是复旦大学的教授，从事前沿的基础科学研究。我觉得他在实现自己人生价值的过程中已经迈出坚实的第一步，他对履行对社会的承诺和承担对社会的责任也迈出了第一步。

我们的另一位嘉宾邓锋先生是企业家。他作为清华的校友、清华的学生，完全尽到了他的责任！邓锋一直在回馈社会、帮助清华，也帮助了我们生命科学学院、医学院。我相信很多人挣的钱比邓锋多，但是不一定愿意无私地拿出这些钱来帮助母校培养下一代的清华学子。

我6月中旬把自己的两个孩子带到河南省驻马店，到一所农村留守小学，和那里的小学生一起吃、一起住，接受教育。这所小学尽管已经得到当地乡政府的关照，但条件还是很差，如果不是农村长大的孩子，你不会知道那里的条件有多艰苦。我的孩子们很受教育，我也很受教育。中国是一个发展如此不均衡的国家，当你们在这里、在清华享受所有的优势和优惠的时候，你们每个人其实应该好好想一想：我凭什么享受这些优待？我承载了多少人的期望？我需要做什么以回馈社会？

有些学生，包括本科生、硕士生、博士生，有时候会陷入一种无端的狭隘——在一些消极的舆论影响下，天天想着找工作，为找工作发愁，天天想着只为个人奋斗。其实，为个人奋斗是很重要，但这只是你生命中的一部分，因为你生活在一个大世界中，看看你生活的这个国家，看看中国社会的方方面面，有多少人需要你的关爱？你超越了多少人才有机会参加今天的毕业典礼？你难道不应该有一点儿社会责任感，为承担社会责任尽一分力？到清华以后，如果你的人生目标还只是为自己、为自己的家庭找一份工作，你不觉得这实在是很狭隘吗？天下之大，有这么多事情需要我们去做，当你把自己限制到这么小的一个圈子里的时候，你的路只会越走越窄。

大学培养的是你的价值观，我希望大家都树立自己最认同的价值观。在这个毕业季，我想对毕业生说几句话：现在是一个大时代，希望每一位同学不要辜负你的老师、你的家长和那些对你充满期望的人，中国要想腾飞，一定是我们的学生、我们的青年人强大才会腾飞。我们清华人的奋斗目标从来不只是也不应该是简单地找一份令人惬意的工作！我衷心希望你们每一个人在追求"小我"的同时，心里有一个"大我"——即便身处困境，也要有一份兼济天下的雄心壮志！做事的时候要做到极致，不留下遗憾。生命就是体验，既然体验只有一次，何不做到极致？

"起跑线"重要吗？[①]

　　我既是老师，也是家长。在这两个群体里，近年来最常听到的一句话就是：不能让孩子输在"起跑线"上。这句话不仅用于指代学生学习和基础教育，也常用来描述成年人的奋斗，不论是求职还是完成任务。

　　从某种程度上说，这句话乍一听是有道理的，所以被很多人奉为圭臬。想想看，不管是100米的短跑比赛还是42公里的马拉松，运动员们可不都很重视起跑吗？于是，做父母的把孩子接受"教育"的时间一再提前，从怀孕胎教就开始了，经过小学努力、初中刻苦、高中冲刺，终于高考一举中的，父母欢喜，邻居羡慕。当然，如果孩子上大学时再学习一个时下公认的未来就业机会广、薪酬高、福利好的专业，父母就更加满意了，人生梦想几乎实现。对父母而言，离圆满就差一步：找个好对象，早日生孩子。这种公式化的完美人生成为无数中国家庭的奋斗动力。

　　但且让我们退一步想想：在比赛中，起跑的瞬间固然重要，但最终决定成败的是能否率先撞线。即便是100米比赛，起跑领先的选手也常常在途中跑和冲刺阶段被对手超越。相对而言，中长距离比赛的起跑就更没那么重要了，常常出现跟跑选手在后程发力超越前半程领跑选手的情况。至于马拉松比赛，最艰难也是决定胜负的是30公里以后体力到达极限之后的策略和坚持。

　　马拉松比赛尚且如此，对于人生这场充满无穷变量的"超长马拉松"，"起跑线"的影响更不是决定性的。或者，我们首先应该想一想，到底什么是"起

[①] 本文写于2023年2月8日。

跑线"？"起跑线"是指大家都要经历的一个过程的初始。在大部分语境下，"起跑线"指的是基础教育的各个阶段。其实，在起跑阶段和前半程只要不掉队太多，你就仍有机会后来居上。从这个意义上讲，在小学、初中甚至高中阶段，只要成绩不是太差，只要父母相信孩子的潜力，孩子就不会丧失信心，就会具备在未来创造奇迹的可能。真正掉队的是饱受父母和老师质疑的孩子，他们会在心底里失去自信，从而很难抓住机会。因为，后半程同样重要，在没有父母师长鼓励督促的情况下，一个人的自信心和内驱力尤为重要。

克雷格·梅洛（Craig Mello）是 2006 年的诺贝尔生理学或医学奖获得者。梅洛从小学一年级到初中二年级，成绩一直很差，甚至老师讲课都听不太懂。老师问问题的时候，他和其他同学一样举手想要表现，但被问到的时候常常回答错误。这一时期，梅洛的父亲起了关键作用。父亲虽然意识到儿子的学业有问题，但他坚信这是暂时的，只要孩子不放弃，将来就有机会。于是梅洛的父亲连续多年以晚餐聊天的方式鼓励梅洛，一边吃晚餐，一边和孩子平等对话，在轻松对话中让孩子保持心理平衡。直到初中三年级以后，梅洛的成绩才逐渐好了起来，但在高中仍没有取得耀眼的成绩。即便如此，梅洛始终认为自己将来会成为一位优秀的科学家，对大自然浓厚的探究兴趣一直是他学习的动力。大学毕业以后，他根据自己的兴趣选择继续攻读博士学位，经过 8 年的博士阶段学习和 4 年的博士后训练，他终于在 34 岁那年成为马萨诸塞大学的助理教授，开启了自己的独立科研生涯，并取得了问鼎诺奖的重要发现。

如果说克雷格·梅洛的故事体现的是父母的鼓励对起跑落后的孩子后程发力的积极作用，那么我实验室两位博士后的故事则诠释了自身坚持的意义。第一位博士后是我经常在演讲中提及的柴继杰。他比我还大一岁，高考成绩很一般，1983 年于大连轻工业学院（现大连工业大学）造纸专业学习，毕业后去了东北一家造纸厂当技术员，一干就是好几年。但他不服命运安排，在工厂工作之余刻苦努力，考上了硕士研究生，后来又考上了中国协和医科大学（现北京协和医学院）的博士项目，获得博士学位后进入中科院生物物理研究所从事博士后研究，一步一步向上攀登。1998 年初，我在普林斯顿大学初创实验室，在全球招聘博士后，柴继杰的简历在 70 多位申请人中排在后半段，但我非常看重他从造纸厂技术员到生物物理研究所博士后这段异乎寻常的奋斗史。在我看来，这样起跑严重落后、后程全力拼搏的人很可能会有大出息。于是，我忽略了他英语磕磕巴巴、生物学知识匮乏、研究水平不乐观的缺陷，坚定地录用了他。当他于 1998 年下半年到普林斯顿大学做博士后的时候，他已经 32 岁半了。当时在我实验室的所有博士生、博士后里面，继杰的基础是最差的。但在所有人中，他的毅力是最强大的。

以前在国内，继杰有烟瘾，每天两包烟。到了美国以后，校园吸烟不方便，进入我实验室的一周后，他说想戒烟，我半信半疑。真没想到，从那以后的 5 年，他真的一支烟也没有抽过，这样的意志力让我感佩。和他果断戒烟同样让我印象深刻的是他不服输的个性。他觉得别人能做到的，他也能做到，无非就是要付出更多努力。果然，继杰可以说是标准的大器晚成。他并没有因为自己的基础差而自卑，而是很用心地学习各种实验技能，没事就翻阅各种经典英文教材。经过 5 年奋斗，继杰成为我实验室最优秀的成员之一，在基础研究的前沿做出了重要贡献。2004 年，本科毕业 17 年之后，已经 38 岁的柴继杰才开始自己的独立科研生涯，成为北京生命科学研究所最早的一批研究员之一，领导自己的独立实验室，后来成为清华大学长聘教授，2017 年成为首位来自中国大陆的德国洪堡讲席教授。他一直从事植物抗病的分子机理研究，做出了一系列具有里程碑意义的工作，尤其是近两年有重大突破，令人叹为观止！

用今天的标准来看，柴继杰属于"输在起跑线上"的人，但他比许多"天之骄子"走得更稳、更远，哪怕年过半百，在科学上依旧前途不可限量。可以说，他的科学人生极致地演绎了起跑不重要、后半程起决定作用这样的常见现象。

如果说继杰好歹是受过完整正规教育的，那另外一位博士后的故事则更为传奇。他叫李平卫，也比我大一岁，出生在陕西农村。与绝大多数科学家不同的是，平卫没读过本科。他在中专毕业以后就被分配回到中学教书，但他一路自学，竟然考上了北大的硕士研究生，继而完成了博士生学习，于1996年获得了博士学位。2001年，李平卫申请到我实验室继续做博士后的时候，他已经先后在中科院生物物理研究所和美国西雅图的福瑞德·哈金森癌症研究中心（Fred Hutchinson Cancer Research Center）做了5年多博士后，科研工作也算不错了，为什么还要做第三轮博士后呢？我带着疑问，拨通了平卫的电话，我问他："你现在的研究做得不错，为什么不找份正式工作？"他的回答让我意外："我找工作了，已经有美国制药公司给了我职位，年薪十多万美元，但我不想去，我想去您实验室再做博士后。"我很不解地问："为啥还要做博士后？"他说："不怕您笑话，我从小就有个梦想，将来要做洋人的老师（当时中国老百姓常常无恶意地称外国人为'洋人'），现在我离这个目标就差一步了。我想做美国大学的教授，但申请了几所大学都被拒了，所以我想到您实验室再深造几年。"他坚持儿时梦想这一点太让我感动了，我在电话里就爽快地同意了他的申请。

要想后半程发力超越是要有一些过人之处的，每个人的特点各不相同。柴继杰凭借的是毅力和悟性，而李平卫则是凭借执拗。他的执拗就是坚持儿时梦想，不惜付出年月也要实现人生的目标。个性执拗和固执常常是一个缺点，实际上平卫也因为他在实验方法上的固执付出了惨重代价。他加入我实验室之后的第一个课题是重组表达纯化并结晶Apaf-1这个蛋白，我多次叮嘱他纯化Apaf-1这样的胞内蛋白必须用还原条件，他满口答应着，但尝试了18个月，他每次纯化Apaf-1都失败了，我百思不得其解。有一天上午，平卫兴冲冲地跑来找我："一公，还是你对，今天纯化Apaf-1，我用了还原条件，拿到蛋白了。"我很郁闷地问他："那你过去这一年半用的是什么条件？"他低头，喃喃地说："用的是氧化条件，因为以前我在西雅图都这样做，也都成功了。"听到后，我气得脱口而出："难以置信！你以前在西雅图用的蛋白都是胞外蛋白，必须用氧化条件。而现在是胞内蛋白，只能用还原条件。"这么浅显的道理到了执拗的平卫这里居然没能被接受，他白白浪费了一年半的时间！

李平卫的固执让他在研究上付出了代价，但在职业选择这一更高层次上得到了回报。他在我实验室两年时间，虽然在其他课题方面有贡献，但最终没有完成 Apaf-1 课题。2003 年，我以为拖家带口且课题进展不利的李平卫会选择去制药公司工作，没想到，执拗的他又联系了加州理工的帕梅拉·比约克曼（Pamela Bjorkman）教授做第四轮的博士后！"执拗者事竟成"，前后经过近 10 年的博士后训练，他终于在 2005 年获得了得克萨斯 A&M 大学（Texas A&M University）的助理教授职位，并一路攀升做到了终身正教授，实现了成为美国人的老师这个执念。

柴继杰和李平卫的路径虽然有所不同，但有两个共同点，一是他们对自己所从事的科学研究有发自内心的热爱与痴迷，二是他们都具备不被社会舆论裹挟的自信与坚毅。这两点里，也许第一点是最难能可贵的。正是因为对事业的执着，他们才能在起跑落后的情况下坚持下来，后程发力成为领域内的佼佼者。

你也许又会说：那个年代的竞争不如今日激烈。非也，任何一个年代都有独属于那个年代的机遇与挑战，比如李平卫没有上过大学本科，这就落后于今天的绝大多数年轻人，况且那时候自学的难度也远远高于网课、补习班遍地开花的今天。

上面描述的"起跑线"都是指代教育背景和科研起点，当然，"起跑线"也可以泛指离开学校环境之后的成年人创业的初期。第一份工作，第一个任务，第一年的表现，甚至创业前几年的成绩，都可以视作"起跑线"。当同质化严重，千军万马争过同一座桥的时候，"起跑线"确实重要。谁率先冲过桥，谁就可能获得很大的先发优势，但这样的优势绝不可能让过桥者真正脱颖而出，因为他只是循着常规跑路的芸芸众生中的一员。不论是在科技领域还是商业世界，真正成为领袖的，不论是企业还是个人，往往都是那些与众不同、独树一帜的，他们凭借着"源头创新"一骑绝尘。要创新，就必须在自己通过了那段拥挤的起跑赛段之后，敢于放弃舒适区，不怕挑战，大胆尝试新的发展方向并持续不断地努力。

事实上，任何时代都有少年得志、一鸣惊人的幸运儿，也有厚积薄发、大器晚成的负重者。人生的成功既有社会公认的一些标准，也应当有自己的定义。其实，人生不是一场马拉松，因为它本就不是一场比赛，而是时时刻刻的体验。每个人沿途的风景都不相同，终点也不一样。所以，与其说"不要输在起跑线上"，不如先想想自己期待的终点在何方，以及想要走一条什么样的路径。

试答钱学森之问

2005 年，时任总理温家宝看望钱学森先生，钱老感慨道："这么多年培养的学生，还没有哪一个的学术成就能够跟民国时期培养的大师相比。为什么我们的学校总是培养不出杰出的人才？"多年来，钱学森之问牵动着方方面面的思考。在此，我想用这篇心得作为对钱学森之问的回复。

在阐述个人观点之前，我首先谈谈对"应试教育"的理解。应试教育在中国有着悠久的历史和广泛的社会基础，科举制度就是典型的应试教育模式。现在为了在高考中取得理想成绩，大多数中学围绕高考这根指挥棒，从初中开始要求学生"刷题"，尤其是数理化，分门别类、总结题型，甚至有些学生会选择高强度地死记硬背标准答案，知其然而无暇求其所以然，这是典型的应试教育现象。一些高校的本科教学、研究生录取依旧遵循应试教育的模式。

应试教育是中国独有的吗？当然不是。日本有，韩国有，美国和其他国家也有。但总体而言，东亚国家更加强调应试教育。如果把高考和 SAT（Scholastic Assessment Test，学术能力评估测试，相当于中国的高考）做一个比较，那么高考成绩在中国大学的录取中所占比重远远超过 SAT 成绩在美国大学录取中的分量。

我国于 1977 年恢复高考，不看家庭出身，只凭考试成绩录取，是中国现代教育史上一次伟大的进步。无论是农村还是城市，每年高中毕业季，百千万考生在考场发挥自己的最高水平，用实力为自己争取未来的机会，改变自己和家庭的命运。作为最公平公正的选才模式，高考非常适合中国国情，也为国家的建设发展做出了重要贡献。

就自身经历而言，我既是应试教育的产物，也是应试教育的受益者。记忆中，我初三开始拼命学习，几乎每天早晨 7 点到晚上 11 点，除去吃饭的时间，其他时间都在听课和做题，对各类题型融会贯通。尽管我对数理更感兴趣，但是为了高考，我不敢偏科。高中三年在河南省实验中学一共 11 次期中、期末、毕业考试，我 9 次获得年级总分第一，语文、政治靠死记硬背也都几乎满分。应试教育跟着我走完了 4 年大学。在美国攻读生物物理博士学位期间，我一度跟不上生物课的逻辑，成绩几乎到了不及格的边缘，但应试教育打下的坚实数理基础，在我最困难的时候帮助我恢复了信心。

后来，在普林斯顿大学做助理教授和副教授的 5 年里，我运用应试教育的解题思维，主动选择有稳定预期和丰厚回报的科研课题，潜意识里回避了高风险的基础前沿课题。果然，科学研究一路高歌猛进，1998—2002 年，我以通讯作者的身份在科学界三大顶级期刊发表了十多篇文章，在我选择的研究领域内迅速建立自己的学术声誉。我曾不止一次地告诉国内来访的教育界领导和分子生物学系的美国同事：中国的应试教育保证了学生具备扎实的知识储备，为他们今后的发展奠定了坚实基础，这种训练可以让学生受益终身。

2002 年，我 35 岁。这一年，我拿到了普林斯顿大学终身正教授的职位。也许是因为已经到了职业和职称的目标终点，我有些惴惴不安，失去一部分前进的动力，也开始反思过去 5 年，甚至从攻读博士开始的心态和思路。此后 5 年，我逐渐对应试教育有了深入的思考，得出了一个在我潜意识里被回避的结论：长期受应试教育的影响，寻找标准答案的惯性思维深入我的骨髓和每一个细胞，即便在博士毕业之后的独立科研生涯里，我仍然缺乏足够的冒险精神，不自觉地回避前途不明的前沿方向，而常常选择相对保守但回报较为丰厚的研究课题！然而，科学研究的前沿恰恰是这些前途不明的、具有高风险性的前沿探索领域。实事求是地讲，应试教育赋予我的理念，在一定程度上束缚了我从事科研最珍贵的原创精神。

　　2008年，刚过不惑之年的我全职回到母校清华，教书育人，研究探索。这一年，我做了一个大胆的决定：在科研上，我的实验室用很小一部分力量延续来自普林斯顿的科研课题，而把大部分力量投入崭新、高风险、没有任何成功把握但激动人心、令人痴迷的研究方向。其中第一个就是与阿尔茨海默病息息相关的人源γ-分泌酶复合物，这一结构的解析也许会为人类理解和最终征服阿尔茨海默病提供重要线索；第二个是真核生物剪接体的结构，这是真核生物中心法则中重要的一步，理解其分子机理需要弄清楚其结构；第三个是真核生物核孔复合体的结构，这一结构与剪接体结构并称整个结构生物学的两大世界性难题；第四个，也是最雄心勃勃的课题是量子生物学的一个关键分支——人体与电磁波的相互作用。最初选择这些方向的时候，任何一个都没有哪怕5%的胜算！我既不确定这些方向能否做出成果，也无法预知要花多少年才能做出成果，甚至对于有些方向，我完全不知道路在何方、关键问题是什么。可以说，这是绝地进击、愿赌服输的背水一战。

　　打破应试思维禁锢、踏入科研无人之地的挑战比我想象的还要大。2008—2011年连续4年，4个主要方向几乎全部折翼，没有取得任何实质性的进展。而与之形成鲜明对比的是，那些相对保守的延续类课题却一帆风顺，高水平期刊文章不断，使得那些拥有一腔孤勇的学生严重受挫，我不得不一次次给苦苦探索奋战的团队打鸡血，鼓励大家拿出勇气和信心坚持下去。但当时就连我自己都没几分把握，怎么可能完全解除学生的疑虑？！我一度也认真考虑过退却，但这样做的后果就是彻底放弃梦想，重新回到用应试思维选择研究方向的主轴，重回循规蹈矩的科研老路。我扪心自问：这样的重复有什么意义？

　　创新就是走一条前人没有走过的道路。多少次内心的焦虑和挣扎之后，我坚定信心，告诉自己只有一条路可走，那就是勇往直前地探索！但往前走是要有策略的，我决定集中优势力量，率先突破第一个研究方向。8位博士生分成3组，攻坚人源γ-分泌酶。同时，我从蛋白表达方法上做出较大创新，除了沿用我熟悉20年之久的大肠杆菌表达体系和拥有15年经验的昆虫细胞表达体系，还专门邀请世界范围内蛋白表达的权威专家——来自瑞士的弗洛里安·沃尔姆（Florian Wurm）教授来清华举办3天讲座，专题介绍哺乳动物细胞瞬时表达方法。这种新方法的尝试，使得第一个研究方向在2013年初迎来突破性进展：我们首次拿到了重组表达的大量有活性的人源γ-分泌酶！借助冷冻电子显微镜和分析方法的突破，先后于2014年和2015年在世界上率先解析并报道了人源γ-分泌酶的高分辨率空间三维结构。这样的坚持也给我们团队带来了意外收获，第二个研究方向出奇兵，在2015年取得重大突破，3.6埃的酵母剪接体空间三维精细结构横空出世，打破了"不可能获得完整剪接体结构"的传说。在我写这篇心得的时候，几位博士生和博士后正在全力以赴攻坚第三个方向，他们主动放弃春节期间与家人的团聚，充分利用实验室仪器设备闲置档期，连续14个昼夜收集实验数据，获得较大进展。而听起来最为"玄幻"的第四个方向，在一批又一批博士生和博士后的接力奋斗下，也取得了一些初步的原创性发现。

如今，我已经过了知天命的年龄，深感记忆力开始减退，理解力也大不如前。回望大学毕业后30年的科研生涯，我深刻认识到应试教育的利弊。如果带着现在的思考，让我重新走一遍过去的30年，我极有可能在博士后期间就选择跨学科的实验室，接受崭新的研究领域的训练和挑战，也极有可能在担任助理教授期间选择更有开创性、更有挑战性的前沿研究方向，而不是过多关注具有较强可行性和确定性的科研课题。需要说明的是，我这种刻骨铭心的体会绝不是全盘否定应试教育，更无法否定应试教育的鲜明优点，即短时间内强化学生对基础知识和技能的掌握程度。但是，应试教育赋予学生寻找标准答案的惯性思维、固化思维，很可能对其今后从事最原创的科研、挑战前沿的问题产生持久的负面影响。

试想，如果100位训练有素的中国科学家都选择更冒险、更创新的研究方向，我相信，他们中间一定会有人脱颖而出，成为一些领域的奠基人、佼佼者。但可惜的是，大多数人都如年轻时的我，倾向于选择保险、可靠的科研方向。相比之下，犹太裔科学家则更愿意挑战，选择冒险、创新的研究方向。虽然在美国的中国科学家的平均科研建树很可能并不低于犹太裔科学家，但是在做出最杰出科学贡献的这批科学家中，中国人却远少于犹太裔。在我看来，强调标准答案、追求既定目标的保守思维方式是直接原因，而应试教育在一定程度上正是这种思维方式形成的根源。

很多分析中美教育差异的学者一致认为，中国大学生的理工科平均水平是相当不错的，甚至可以比肩一些发达国家的学生，这在很大程度上归功于应试教育的成效。但是，拥有批判性思维和创新精神的拔尖学生非常缺乏。这也就是中国教育"均值很高，方差很小"的现象。其实，这种现象不仅体现在人才培养质量上，也体现于对科技创新与核心技术的攻关之中！这对中国未来创新驱动发展非常不利，严重影响我国在高科技领域的核心竞争力。因为一个国家的科技实力，并不是看所有科研人员的平均水平，而是看顶尖科学家的水平。

从另一个层面来看，应试教育侧重保证的是公平。唯物辩证法告诉我们：任何事物都是一分为二的。过分强调公平会对卓越产生压制。每个人都是独特的，因材施教就是根据每个人的特点来进行相应的教育，所以必然会产生更好的效果，正如只有百花齐放才会欣欣向荣。从这个角度看，高考应该在保障公平的前提下，给予学校和学生更多自主权，构建多元化的人才选拔方式，让一些单科天赋异禀、创造力超强但不适应传统高考制度的学生也能脱颖而出，享受应有的教育机会，从而为社会做出特殊的重要贡献。令人欣慰的是，新高考改革慢慢开始侧重因材施教，将大大助益于学生的全面发展。

这是我第一篇关于钱学森之问的文章，日后如果还有机会，我将进一步阐述自己对基础教育的思考。真心希望大家为了整个中华民族的未来，能够放弃惯性思维，认认真真正视、思考这个问题。

后记 | 本文写于 2020 年 1 月，修订于 2022 年 10 月。2022 年，高考恢复 45 年之后，西湖大学首次在浙江以创新班的模式招收了 60 名本科生，希望用因材施教的做法培养担当未来的青年科学家，也算是高等教育领域一次大胆的尝试。

做诚实的学问，做正直的人①

刚刚开启科学研究之路的青年人，一定对未来充满美好的憧憬，也同时有一点点恐慌和不安，因为他们无法预测未来的科学研究是否会一帆风顺。

因此，作为一个曾经的博士研究生、博士后和已经培养了几十位博士生、博士后的相对资深的科研工作者，我想和大家谈谈自己对学术品位、学术道德、学术道路的看法。我的观点都来自我的切身经历和感悟，但也请大家记住：我的观点和世界上其他任何人的观点一样，都是主观的，也都是有局限性的，因此未必绝对正确，更未必适用于任何一个具有不同成长经历、来自不同培养环境的人。所以我讲的内容仅供大家参考，更多的是抛砖引玉，希望能够由此激发大家的独立思考。

一、时间的付出是必须的

所有成功的科学家都有一个共同的特点，那就是他们必须付出大量的时间和心血。实际上，一个人无论从事哪一种职业，要想成为本行业中的佼佼者，都必须付出比常人多的时间和心力。有时，个别优秀科学家在回答学生或媒体的问题时，轻描淡写地说自己的成功凭借的是运气，不是苦干，这种客气的回答避重就轻，只是强调成功过程中的偶然因素，常常对年轻学生造成很大的误导。一些幼稚的学生甚至会因此开始投机取巧、不全力进取，而是等待所谓的运气。说极端一点儿，如果真有这样主要凭运气而非时间付出取得成功的科学

① 本文根据施一公 2018 年 10 月 15 日在北京人民大会堂召开的全国科学道德和学风建设宣讲教育报告会上的发言整理。

家，那么他的成功很可能是窃取别人的成果，而自己十有八九不具备真正在其领域内领先的学术水平。

神经生物学家蒲慕明先生在多个神经科学领域做出了重要贡献。十几年前，身处加州大学伯克利分校的蒲先生曾经有一封电子邮件在网上广为流传，这封邮件是蒲先生写给自己实验室所有博士生和博士后的，其中的一段翻译过来是这样说的："我认为最重要的事情就是在实验室里的工作时间，当今一个成功的年轻科学家平均每周要有 60 个小时左右的时间投入实验室的研究工作……我建议每个人每天至少有 6 个小时的紧张实验操作和 2 个小时以上的与科研直接有关的阅读等。文献和图书的阅读应该在这些工作时间之外进行。"这封邮件写得语重心长，用心良苦。其中的观点我完全赞同，无论是在普林斯顿大学还是在清华大学，我都把这封邮件的内容转告给了实验室的所有学生和工作人员，让他们反思体会。

我从小就特别贪玩儿，不喜欢学习。但来自学校和父母的教导迫使我尽量刻苦读书，于是我被保送进了清华。尝到甜头以后，我在大学阶段机械地保持了刻苦的传统，综合成绩全班第一，提前一年毕业。当然，这种应试教育的结果就是我很少能真正独立思考，对专业也提不起兴趣。

大学毕业后，我去了美国留学。博士研究生一年级，因为对科研和专业没有兴趣，我内心浮躁而迷茫，无法继续刻苦，而是花了很多时间在中餐馆打工、选修计算机课程。第二年，我开始逐渐适应科研的"枯燥"，对科学研究有了一点儿兴趣，并开始有了一点儿自己的体会，有时领会了一些精妙之处后会得意地产生"原来不过如此"的想法，对自己的科研能力有了一点儿自信。这时，攻读博士学位要求的课程，我已经全部修完，每周五天从上午 9 点做实验到晚上七八点，周末也会做半天实验。到了第三年，我已经开始领会到科研的逻辑和奥妙，有点儿跃跃欲试的感觉，在组会上常常提问，而这种"入门"的感觉又让我对做研究有了更多兴趣，晚上常常干到 11 点多。1993 年，我在实验记录本的日期旁标注"这是我连续第 21 天在实验室工作",以激励自己。到第四年,我完全适应了实验室的科研环境,再也不会感到枯燥,时间安排则完全服从实验的需要。其实,我在这段时期的工作时间远多于刚刚进实验室的时候,但并未感觉辛苦。在博士研究生阶段后期,我的刻苦在实验室出了名。

在纽约做博士后时期则是我这辈子最刻苦的两年,每天做实验到凌晨 3 点左右,回到住处躺下来睡觉时常常已是凌晨 4 点以后。但我每天早晨 8 点都会被窗外街道上的汽车喧闹声吵醒,9 点左右又回到实验室开始新的一天。每天三餐都在实验室,分别在上午 9 点、下午 3 点和晚上 9 点。这样的生活节奏会持续 11 天,从周一到第二周的周五,周五晚上乘坐灰狗长途汽车回到巴尔的摩家里,周末两天每天睡上近十个小时,弥补过去 11 天严重缺失的睡眠。周一早晨再开始下一场 11 天的奋斗。虽然很苦,但我心里很骄傲,我知道自己在用行动创造未来、艰苦创业。有时我还会在日记里鼓励自己。我住在纽约市曼哈顿区 65 街与第一大道的路口附近,离纽约著名的中心公园很近,那里常常有文化娱乐活动。但在纽约工作整整两年,我从未迈进中心公园一步。

我常常把自己的这段经历告诉我实验室的学生,新生常常问我:"老师,您觉得自己苦吗?"我回答:"只有自己没有兴趣的时候才觉得很苦。有兴趣以后,一点儿也不觉得苦。"一个精彩的实验带给我的享受比看一部美国大片强多了。现在回想起当时的刻苦,我仍感觉很骄傲、很振奋!我在攻读博士和博士后阶段那七年半的努力进取,为我独立科研生涯的成功奠定了坚实基础。

二、必须具备批判性思维

要想在科学研究上取得突破和成功,只有时间的付出和刻苦是不够的。批判性分析是必须具备的一种素质。

研究生与本科生最大的区别是:本科生以学习人类长期以来积累的知识为主,兼顾科学研究和技能训练;研究生的本质是通过科学研究来发掘创造新的知识，而探索新知识必须依靠批判性的思维逻辑。其实，整个大学和研究生阶段的教育很重要的一部分就是培养批判性分析的能力，掌握能够进行创新科研的方法。这里的例子非常多，覆盖的范围也非常广，在此举几个让我难忘的例子。

1. 正确分析负面结果是成功的关键

作为一名博士生，如果每一个实验都很顺利地得到预期结果，除个别研究领域，可能一般只需要 6~24 个月就可以获得博士学位所需要的所有结果。然而，在美国，生命学科的博士研究生平均需要 6 年左右的时间才能得到 PhD（哲学博士）学位。这一分析说明：绝大多数实验结果会与预期不符，或者是负面结果。很多低年级的博士生一看到负面结果就很沮丧，甚至不愿意仔细分析原因。

其实，对负面结果的分析是养成批判性思维的最直接途径之一。只要有合适的对照实验，判断无误的负面实验结果往往是通往成功的必经之路。一般来说，任何一个探索型研究课题的每一步进展都有几种甚至十几种可能的途径，取得进展的过程就是排除不正确方向、找到正确方向的过程，很多情况下也就是将这几种甚至十几种可能的途径一一予以尝试、排除，直到找到一条可行之路。在这个过程中，一个可靠的负面结果往往可以让我们信心饱满地放弃目前这一途径。如果运用得当，这种排除法会确保我们最终走上正确的实验途径。

非常遗憾的是，大多数学生的负面实验结果并不可靠，经不起逻辑的推敲。而这一点往往是阻碍科研课题进展的最大障碍。比如，对照实验没有预期结果，或者缺乏相应的对照实验，或者是在实验结果的分析和判断上产生了失误，从而得出"负面结果"或"不确定"的结论，这种结论对整个课题进展的伤害非常大，常常让学生在今后的实验中不知所措、苦恼不堪。因此，我告诫并鼓励我所有的学生：只要你不断取得可靠的负面结果，你的课题很快就会走上正轨；在不断分析负面结果的过程中，你所练就的强大的批判性分析能力会使你很快成熟，逐渐成长为一名优秀的科学家。

我对一帆风顺、很少取得负面结果的学生总是很担心，因为他们没有真正经历过科研上批判性思维的训练。在我的实验室里，偶尔会有一些学生只用很短的时间（两年以内，有时甚至一年）就获得了撰写博士论文所需的结果。对这些学生，我一定会让他们继续承担一个富有挑战性的新课题，让他们经受负面结果的磨炼。没有这些磨炼，他们不仅很难真正具备批判性思维，将来也很难成为可以独立领导一个实验室的优秀科学家。

2. 耗费大量时间的完美主义阻碍创新进取

尼古拉·帕瓦拉蒂奇是我的博士后导师，对我影响非常大，他做了一系列里程碑式的研究工作，享誉世界结构生物学界，31 岁时即升任正教授。1996 年 4 月，我刚到尼古拉的实验室不久，纯化一个表达量相当高的蛋白 Smad4，两天下来，蛋白虽然被纯化了，但结果很不理想，得到的产量只有预期的20% 左右。见到尼古拉，我不好意思地说："产率很低，我计划继续优化蛋白的纯化方法，提高产率。"他反问我："你为什么想提高产率？已有的蛋白不够你做初步的结晶实验吗？"我回答道："虽然我已有足够的蛋白做结晶筛选，但我需要优化产率以得到更多的蛋白。"他毫不客气地打断我："不对。产率够高了，你的时间比产率重要。请尽快开始做结晶筛选。"实践证明了尼古拉建议的价值。我用仅有的几毫克蛋白进行结晶实验，很快意识到这个蛋白的溶液生化性质并不理想，不适合结晶。我通过遗传工程除去其 N 端较柔性的几十个氨基酸之后，蛋白不仅表达量高，而且生化性质稳定，很快得到了有衍射能力的晶体。

在大刀阔斧进行创新实验的初期，对每一步实验的设计当然要尽量仔细，但一旦按计划开始，对中间步骤的实验结果就不必追求完美，而是应该义无反顾地把实验一步步推到终点，看看可否得到大致与假设相符的总体结果。如果大体上相符，你才应该回过头去仔细改进每一步的实验设计。如果大体不符，而总体实验设计和操作都没有错误，那你的假设很可能是有大问题的。这样一个来自批判性思维的方法论，在每一天的实验中都会用到。

过去 20 年，我一直告诉实验室的所有学生：切忌一味追求完美主义。我把这个方法论推到极限：只要一个实验还能往前走，就一定要做到终点，尽量看到每一步的结果，之后需要回头看时，再逐一解决中间遇到的问题。

3. 科研文献（literature）与学术讲座（seminar）的取舍

在我的博士生阶段，导师杰里米·伯格非常重视相关科研文献的阅读，会安排每周一次的实验室组会，讨论重要的科研进展及研究方法。作为学生，我受益匪浅，也一直以为所有的科学家在任何时期都需要博学多闻。

进入博士后阶段，刚到尼古拉的实验室，我试图表现自己读文献的功底，也想与尼古拉讨论以得到他的真传。1996 年春天，有一天我精读了一篇《自然》周刊上发表的文章，午饭前遇到尼古拉，向他描述这篇文章的精妙，同时期待着他的评述。尼古拉面露尴尬地对我说："对不起，我还没看过这篇文章。"我想也许这篇文章太新，他还没来得及读。过了几天，我精读了一篇几个月前发表于《科学》周刊的文章，便又去找尼古拉讨论，没想到他又说没看过。几次碰壁之后，我不解地问他："你知识如此渊博，一定是广泛阅读了大量文献。为什么没有读我提到的这几篇论文呢？"尼古拉看着我说："我阅读不广泛。"我反问："如果你不广泛阅读，你的科研怎么会做得这么好？你怎么能在自己的论文里引用这么多文献？"他的回答让我非常意外，大意是他只读与研究兴趣有直接关系的论文，并且只有在写论文时才会大量阅读。

我做博士后的单位斯隆-凯特琳癌症研究所有一个精彩的系列学术讲座，常常会邀请生命科学领域的著名科学家来演讲。有一次，一位诺贝尔奖得主来此做客，并且点名要与尼古拉交谈。在绝大多数人看来，这可是一个接近大人物、取得好印象的宝贵机会。然而，尼古拉却告诉他的秘书："请替我转达歉意，讲座那天我已有安排。"我们都为尼古拉感到遗憾。让我更加想不到的是，诺贝尔奖得主举办讲座的那天，尼古拉把自己关在办公室里，从早晨来了以后直到傍晚都没有出门，当然也没有去听讲座。以我们对他的了解，他十有八九是在写论文或者解析结构。后来我意识到，尼古拉常常如此。

在我离开尼古拉的实验室前，我带着始终没有完全解开的谜，问他："如果你不怎么读文献，又不怎么去听讲座，你怎么还能成为一位如此出色的科学家？"他回答说："我的时间有限，每天只有 10 个小时左右在实验室。权衡利弊之后，我只能把有限的时间用在我认为最重要的事情上，如解析结构、分析结构、与学生讨论课题、写文章。如果没有足够的时间，我只能少读文章、少听讲座了。"

尼古拉的回答表述了一个简单的道理：一个人必须对他做的事情有所取舍，不可能面面俱到。无论是阅读科研文献还是听学术讲座，都是为了借鉴相关经验，更好地服务于自己的科研课题。

在博士生阶段，尤其是前两年，我认为必须花足够的时间去听各种相关领域的学术讲座，并进行科研文献的广泛阅读，打好批判性思维的基础。但随着科研课题的深入，对于文献阅读和学术讲座的选择就需要有一定的针对性，也要开始权衡时间的分配了。

4. 挑战传统思维

我从懂事开始，就受到这样的教育：但凡失败都有其隐藏的道理，应该找到失败的原因再重新开始尝试。直到 1996 年，我在实验上也遵循这一原则。但在尼古拉的实验室，这一基本原则也受到有理有据的挑战。

有一次，一个比较复杂的实验失败了。我很沮丧，准备花几天时间多做一些对照实验以找到问题所在。没想到，尼古拉阻止了我，他皱着眉头问我："告诉我，你为什么要搞明白实验为何失败？"我觉得这个问题太没道理，便理直气壮地回答道："我得分析明白哪里错了才能保证下一次可以成功。"尼古拉马上评论道："不需要。你真正要做的是把实验重复一遍，但愿下次可以做成。与其花大把时间搞清楚一个实验为何失败，不如先重复一遍。面对一个失败了的复杂实验，最好的办法就是认认真真重新做一次。"后来，尼古拉又把他的观点升华：是否需要找到实验失败的原因是一个哲学决定。找到每一个不完美的实验结果的原因，未必是最佳做法。仔细想想，这些话很有道理。并不是所有失败的实验都一定要找到其原因，尤其是生命科学的实验，过程烦琐复杂，大部分失败的实验是由简单的操作错误引起的。比如 PCR（聚合酶链式反应）忘记加某种成分了，可以仔细地重新做一遍，这样往往可以解决问题。只有那些关键的、不找到失败原因就无法前行的实验，才需要刨根问底。

我选择的这些例子多少有点儿"极端"，但只有这样才能更好地起震荡大家思维的作用。其实，在我自己的实验室里，我早已给所有学生反复多次讲过这几个例子了，而且每次讲完之后，我都会告诉大家打破迷信、怀疑成规，而关键的关键是：跟着逻辑走（follow the logic）！这句话，我每天在实验室里会对不同的学生重复讲上几遍。严密的逻辑是批判性思维的根本。

三、科学家往往需要独立人格和一点点脾气

对社会人而言，科学研究是件苦差事；对真正的科学家而言，科学研究令人牵肠挂肚、茶饭不思、情有独钟，实在是妙不可言。靠别人的劝说和宣讲来从事科学研究不太可行，真正自己从心里感兴趣直至着迷，一心一意、持之以恒地探奇解惑，才有可能成为一流的科学家。正所谓"不疯魔，不成活"。在这个过程中，独立人格和脾气显得格外重要。所谓独立人格，就是对世界上的事物有自己独立的看法。恰恰是一些有脾气的人，才不会轻易随波逐流，可以

保持自己的独立人格。

四、不可触碰的学术道德底线

做学问的诚实反映在两个方面。首先是有一说一，实事求是，尊重原始实验数据的真实性。在诚实做研究的前提下，对具体实验结果的分析、理解有偏差甚至出现错误是很常见的，这是科学发展的正常过程。可以说，绝大多数学术论文的分析、讨论和结论都存在不同程度的瑕疵或偏差，这种对学术问题的争论往往是科学发展的重要动力之一。越是前沿的科学研究，就越容易出现错误的理解和错误的结论。

比较有名的例子是著名物理学家恩利克·费米于 1938 年获得诺贝尔奖，其获奖的重要原因之一是发现了第 93 号元素。实际上，尽管费米在 1934 年曾报道用中子轰击第 92 号元素铀可以产生第 93 号元素，但德国的化学家奥托·哈恩在 1939 年 1 月发表论文，证明该过程产生的元素根本不是第 93 号元素，而是第 56 号元素钡！但这个错误并没有改变费米是杰出的物理学家的事实，也没有影响他继续在学术上进取。费米之后很快提出后来用于制造原子弹的链式反应理论，并于 1942 年在芝加哥大学主持建成世界上第一座原子反应堆。

再举一个生命科学领域的例子。埃德蒙·费希尔（Edmond Fischer）和埃德温·克雷布斯（Edwin Krebs）因为发现蛋白质的磷酸化，于 1992 年获得了诺贝尔生理学或医学奖。但如果仔细阅读他们发表于 20 世纪 50 年代的几篇关键学术论文，你会发现他们当时对不少具体实验现象的分析与我们现在的理解有一定差距，用今天的标准可以说不完全正确。但瑕不掩瑜，这些文章代表了当时最优秀、最有创意的突破。

举这两个例子是希望大家区分"错误"（error）与学术"不端"（misconduct）的区别。比如一个实验由于条件有限，得出了一个结论，后来别人用更高级的实验手段、更丰富的实验数据推翻这个结论，那么第一篇只要翔实地阐明当时的实验条件，更重要的是基于这些描述，其他实验室都可以重复获得其阐明的实验结果，就情有可原，无须撤稿。但如果明知实验证据不足，为了支持某个结论而编造实验条件或实验证据，那就是造假了，即被视为学术不端。

但诚实的学问还有另外一层重要含义：只有自己对具体实验课题做出了相应的贡献（intellectual contribution），才应该在相关学术论文中署名。这一点，很多人做不到。大老板强势署名的事情屡见不鲜。更有甚者，利用其学术地位和影响力，使一些年轻学者不得不在自己的文章里挂上这些人的名字，有时还以许诺未来的科研基金来换取论文署名。这种做法不仅有失学术道德，更会严重阻碍创新，对整个学术界风气的长远恶劣影响甚于一般的造假。

五、你不习惯的常识

1. 科学上没有绝对的真理

你们在课堂里学到的所有定律、公理等，都是前人对自然现象的归纳总结，是现状下最好的归纳总结，可以有效解释当下现象，甚至预测一些还未发现的现象。也许这些定律和公理可以非常接近真理，但它们仅仅是对现实的近似描述，都不是永恒的真理。随着人类对周围环境和宇宙认识的加深，这些定律和公理都可能会有失效的时候。这里最有代表性的例子应当是强大的牛顿万有引力定律，它可以解释太阳系行星围绕太阳公转的现象，但它无法完美地解释水星近日点进动的问题，而需要引入爱因斯坦的广义相对论。所以，请牢记：科学研究中没有绝对的真理，只有不断改进的人类对自然的认识！

2. 科学和民主是两个概念

科学研究是探寻未知，其结果是科学发现和规律定理，而民主通常是指在决策过程中每个人都有发言权的现象和过程。很遗憾，但也许是很幸运，在科学研究的过程中，从来没有"少数服从多数"这一原则。实际上，在前沿和尖端的科学研究领域，常常是极少数人孤独地探索，取得一些有违常规的意外发现，这些发现也常常会被大多数人排斥甚至攻击。但最终，极少数的这些科学探索者的发现还是会被学界和社会接受。从苏格拉底到布鲁诺、哥白尼，这里的例子不胜枚举。虽然人人知晓科学真理最初往往被极少数人发现，但到了日常科学研究中，在各种嘈杂声的干扰下，能够全力探索、冷静辨别真伪的，又有多少人呢？

其实，真正优秀而公正的科学评价，也绝不是简单的一人一票。我在从约翰斯·霍普金斯大学读博士到在普林斯顿大学当教授的这 18 年间，常常看到一个有趣的现象，那就是在一场激烈的学术讨论过程中，初始阶段坚持一个观点的大多数人，逐渐被少数几个人的观点说服，成了实实在在的多数服从少数。这些少数人制胜的法宝就是精准的学术判断力和严密的逻辑。这种现象在基金评审、科学奖项评审、重大科研课题讨论及评审等过程中也常常出现。

3. 科学是高尚的，但科学家未必高尚

走上科研的道路，每个人的动力都不同。有人可能是基于兴趣，有人可能是因为成就感，也有人就是把科研当成了追求名利甚至仅仅是谋生的手段。所以，大家没有必要盲目崇拜所谓学术权威、教授、专家。

然而，在科学评价中，却是"论迹不论心"的。也许以名利为手段的人会最终心想事成，取得重大科学成果，名利双收，也有清高淡泊、醉心学术的人却基于种种原因一事无成。这都是实实在在会发生的。

但不论个体是以什么目的、什么动力做科研，科学的本质都是求真，科研的目标是不断拓展人类知识的边界、推动技术进步。哪怕你的初衷只是把科研当成一份普通的工作，当成谋生的手段，如果你坚持走下去了，我也祝福你能够慢慢从日复一日的重复、无路可走的焦灼，到柳暗花明、灵光乍现的起伏中，

逐渐体会到从事科研的幸福感、满足感和成就感。真正的科研动力来自内心的认同。真正的学术道德，存在于完善的科研管理体制之外，有赖于每一个人对科研之道认同而实现的自律。

　　青年人是祖国的未来，青年人的努力和成绩将决定中国未来的科技安全。我衷心希望青年人能够沉下心来，刻苦钻研，做诚实的学问，做正直的人，在中华民族伟大复兴的历史征程中做出无愧于自己也无愧于祖国和人民的贡献！

鼓励学生"唱反调" ①

今年 5 月，一个偶然的机会，我应邀出席以色列驻华大使举行的晚宴。席间，最重要的话题是中国和以色列教育文化的对比。大使先生很自豪地对我说，同中国人一样，犹太家庭也有深厚的望子成龙传统，比如以色列总统西蒙·佩雷斯的母亲，在佩雷斯儿童时期，每天在他放学回家后会问两个问题，一是"Did you ask any question in your classroom that your teacher couldn't answer?"（你是否在课堂上问过一个你的老师回答不上来的问题？），二是"Did you do anything creative in school that impressed your teachers?"（你在学校里是否做过一件让你的老师印象很深、有创意的事情？）。我听后，感慨万千地回复道："每天我的两个孩子回家后，我问他们的第一个问题常常是：'Did you listen to your teacher at school?'（今天你在学校是否听老师的话？）"

从 1990 年开始，我在约翰斯·霍普金斯大学攻读博士学位，师从年轻的教授杰里米·伯格，前三年跟着师兄约翰·戴佳雷（John Desjarlais）学习实验技术和研究方法，受益匪浅。这期间我在实验室以提问题多出名，而且常常让杰里米和约翰回答不上来，为此颇得导师赏识。在攻读博士学位的后两年，我的经验、方法逐渐成熟，常常帮助解答师弟、师妹的研究问题，俨然成了个小老师，也从不忘鼓励师弟、师妹多问问题。1996—1997 年，我在尼古拉·帕瓦拉蒂奇的实验室做博士后，经常帮助大家答疑解惑，心里也颇为愉快。随后，我又在普林斯顿大学教了整整十年的书，带出了一批优秀的博士生和博士后。

---

① 本文写于 2010 年 7 月 28 日。

这期间，我常常鼓励学生有理有据地与我"唱反调"，因为这样有利于启发学生的思维，也有利于学生找到最佳的研究方法。我为自己培养学生的方式自豪。

有个性的学生做研究的潜力较大，而八面玲珑的学生尽管讨人喜欢，却常常在研究上坚持不下去。多年来，我一直期望大学、中小学教育不要刻意磨平学生的棱角，而是要鼓励学生发挥个性优势。

回到清华之后，在研究上，我同样喜欢有个性的学生。无论是在实验室里还是在课堂上，我总是尽力启发学生的思维，希望学生挑战我的推理，鼓励学生与我争论，破除对所谓学术权威或权威思想的迷信。每次学生跟我有不同意见时，我更会刻意表扬学生！原因很简单，做创新性的科学研究需要批判性的分析思维。作为学生，特别是中国学生，必须去除墨守成规的思想。但没想到，在教育自己孩子的时候，我竟然忽略了这一点，而是下意识地采用了鼓励"乖孩子"的中国传统教育方法！

中国的教育系统、人才培养系统对"乖孩子"情有独钟。这不仅体现在大学、中学、小学，而是从幼儿园就开始如此。我的儿子性情随和、听话，颇得老师喜欢，在亲戚朋友眼里也可爱又懂事，所以大家常常夸他。相比之下，我的女儿很聪明、有个性，喜欢自己拿主意，不喜欢听别人的指点，在老师和同学眼里逐渐成了不听话的孩子。一年下来，6岁半的儿子在清华幼儿园如鱼得水，而同龄的女儿居然开始有种失落感。

相比之下，回国前，女儿和儿子在新泽西州普林斯顿的同一个幼儿园，老师从来不以是否听话、是否顺从来衡量孩子，而是积极引导孩子，鼓励孩子个性化发展。那时候，尽管女儿和儿子的性格已经表现得不同，但每天回家，他们都能快乐地描述白天在学校发生的事情。

我们现在开始在大学教育中大力提倡拔尖创新人才的培养。在我看来，如果不从基础上改变鼓励"乖孩子"的教育习惯，就很难持续大规模地培养出拔尖创新的人才。

科技创新需要责任和勇气 ①

　　自古英雄出少年！1900 年，梁启超先生写就《少年中国说》："少年强则国强，少年独立则国独立，少年自由则国自由，少年进步则国进步，少年胜于欧洲则国胜于欧洲，少年雄于地球则国雄于地球。"可惜，20 世纪初清朝末年的中国，内忧外患，落后挨打，有志少年只能将满腔热情投入民族救亡，无法施展民族振兴的鸿鹄之志。

　　20 世纪三四十年代，日寇的铁蹄肆意践踏中华大地，一批又一批热血青年担负着抗日救亡的重任，在前线战场抵御外辱，奋勇杀敌。特别值得一提的是，在当时极端艰苦的条件下，在抗日后方的昆明，西南联合大学的教师和学生坚守科教救亡的信念，刻苦努力，产生了包括杨振宁、李政道两位诺奖得主，以及邓稼先、郭永怀、朱光亚、王希季、陈芳允、屠守锷等"两弹一星"元勋在内的一大批杰出的青年才俊，同时取得了科学研究上的一系列突破，留下中国科教史上浓墨重彩的一笔。毫无疑问，即便在民族存亡的危难关头，中国这样的泱泱大国也必须有科学和教育的雄厚储备！

　　21 世纪刚刚开始，经历了改革开放的中国以强劲的经济增长势头，稳健地迈上中华民族伟大复兴的征程，中国在世界上的综合地位达到近代以来的最高点。但是，过去几十年的发展是粗放型的，主要依靠中低技术和劳动密集型的经济模式，在经济发展的同时，也带来了严峻的能源和环境问题。而且，尽管中国的经济总量已经位居世界第二，但人均收入水平仅仅在世界中游的八十

① 本文根据施一公 2016 年 8 月 14 日于第 31 届全国青少年科技创新大赛开幕式上的演讲整理。

多位！中国的经济必须转型，才能保证可持续发展。

中国的和平崛起也引起某些国家的焦虑，从南海、东海到朝鲜半岛，我国面临着复杂而严峻的国际形势。可以说，世界上没有任何一个大国像中国这样处在一个激烈挑战与重大机遇并存的历史关头。进一步，中国转型发展将引领全球；退一步，现代化进程艰难。这是一个激动人心的时代，也是一个充满挑战的时代。

身处这个时代，我们必须保持清醒的头脑：中国的创新能力、科学研究水平、尖端技术水平还落后于世界发达国家。居安思危，也许从西南联大开始的科教救亡意识，在今天应该被赋予崭新的寓意：中国这样一个人口最多、快速崛起、负责任的和平大国，必须在科技和教育领域引领世界，才能让国家安全和百姓福祉得到保障，让世界更加理性健康地发展。

在这样一个大格局下，每一个青少年都肩负着科教兴国、民族振兴的重任。对于世界上任何一个强国，科学技术都是最终的话语权，而教育是科技的基础。我发自内心地鼓励青少年以天下为己任，义无反顾地追求前沿的科学，创造最先进的技术，为中华崛起和人类文明做出自己的贡献。

也许大家会诧异，为什么要"义无反顾地追求科学、创造技术"？原因很简单：当今的世界异常地喧闹，投机取巧、不劳而获的扭曲价值观居然在互联网上时时被热捧，拜金主义和对物质享受的狂热追求竟然成为一些青少年的生活目标，低俗下流和荒诞无聊的内容充斥网络。遗憾的是，社会上没有足够的正能量去平衡和抵御这些颓废的社会文化，这些本末倒置的价值观正在负面影响着一些意志不够坚定的学生，也在侵蚀一大批青少年的成长。

在当今社会，做正确的事，是要有些定力的。

有这么一家企业，1987 年创立，在公司发展初期的 1991 年，就毅然决定把每年销售收入的 10% 投入研发，坚持至今，从未动摇，2022 年的研发投入高达 600 亿元。这家企业，在艰难起步的前几年，不仅在业内处于劣势，被行业领先的企业忽视，更是不时得到专家顾问"在中国做创新研发吃力不讨好"之类的忠告。但是，这家企业一直坚持着创新科技引领中国和世界的梦想，砥砺前行。如今，这家企业的核心技术已领先国际！它的产品享誉全世界 170 多个国家和地区，惠及全球三分之一的人口。

这家民营企业，叫华为。我是这样理解"华为"二字的：华为，中华所为，中华作为。我最近有幸参观了华为的研发部门，深受感动和感染。他们告诉我，在这里，听不到"搞不定"或"没办法"这样的托词。过去二十多年，华为的研发人员艰苦奋斗，踏踏实实地研究并实现突破，一次又一次赶上并超越昔日强大的竞争对手，一直在创造着前沿科技引领企业发展的奇迹。华为的这种义无反顾的创新精神和勇敢担当，彰显了中国企业对社会的责任感和崇高的追求。华为是名副其实的中华作为，是中国企业的脊梁。

华为是中国的一批卓越进取、锐意创新的民营企业的代表。同时，我们还有以中国中铁、中国铁建、中国交建、中国重工、中国中车等为代表的大型国企，百万员工脚踏实地地工作，共同书写着当今世界历史的中国篇章。过去几十年，这些坚信实业创造价值、努力造福人类的企业，坚持前沿科技创新，坚持研发主导，在封锁和逆境中艰苦前行，实属不易。

然而，在这一历史时期，中国也产生了不少赚快钱的投机倒把者……在这些人眼里，财富成为衡量成功的唯一标准，一些本不应被标榜的所谓成功表象居然持续得到了狂热追捧。但与此同时，一批有识之士多年来一直在向社会发出忠告，担心这种价值取向会腐蚀刚刚毕业的大学生，致使青年人不再为艰苦创业、创新创业而骄傲，不再为脚踏实地、兢兢业业起家而自豪……这种不负责任的渲染给社会带来了许多负面影响，对青年学生、对大众的价值观造成严重误导。

1978 年，我 11 岁，看到过一幅标题为"落后就会挨打"的漫画：一个梳着长辫的中国人弓着腰，被一个外国士兵从后面殴打。栩栩如生的画面至今在我的脑海里，印象深刻。一个大国如何才能避免挨打？一个大国的底气究竟来自哪里？一个大国的安全最终靠什么保障？社会进步、财富创造的原动力又来自何方？作为一名科学家，我毫不犹豫地回答：来自科学技术！一个科技无法领先的国家就难免受气挨打。对世界上任何一个强国来说，科技创新都是应对挑战、创造未来的必然选择。

中国的创新转型发展必须且只能依靠领先世界的科学技术。在这个意义上，以华为为代表的一批民族企业的操守和精神，是实现中华民族伟大复兴中国梦的体现和保障。

我希望，科技创新成为全社会每一位公民崇尚、欣赏和践行的精神与态度。在 2016 年的里约奥运会上，我们看到了运动员的拼搏，也看到了观众崇尚竞技精神，热爱体育和运动员本身。我们应该树立正确的价值观，不再将金钱作为衡量成功的唯一指标，而是去问每个人做的事情是否真正在为人类社会创造价值，对百姓、国家乃至世界的意义何在。在目前的网络嘈杂声干扰之下，坚持科技创新需要更大的责任和勇气。

希望广大青少年能成为科技创新的信使和践行者，不仅坚持自己的信念，同时也用这种正能量影响自己周边的人，用踏踏实实的行动为社会带来实实在在的价值，用世界领先的科技创新托举起中华民族灿烂的明天。

中华有我，我为中华！

人才培养呼唤良好的制度环境 ①

如果老师只是把最新的科学发现和知识教给学生，而没有对学生进行方法论和思维方式的培养，那就是本末倒置了。我们应该让学生了解科学前沿，而不是只学习 50 年前的东西。更重要的是，我们应该教会学生怎样去发现问题和创造知识，也就是方法论。在普林斯顿大学，我们的"原核生物遗传学"（Prokaryotic Genetics，简称 PROX）这门课基本不讲该领域的最新发展，只讲这个学科的历史，把整个原核生物分子遗传学概念、逻辑的演变讲得清清楚楚，让学生融会贯通。

有兴趣才可能拔尖

在我看来，人才培养的事情如果只在底层做，能产生一定效果，但十分有限。我们可能会培养出个别好的学生，但对国家来讲远远不够。大的环境不改变，国家将来的拔尖人才培养、创新能力提高还是会不尽如人意。

我在普林斯顿大学的 10 年间，做了 10 年的研究生工作委员会成员、5 年的本科生工作委员会成员，对普林斯顿大学的教育体系比较熟悉。而且我们在设计课程的时候，经常会参照周围的一些院校，比如宾夕法尼亚大学、麻省理工学院或者哈佛大学，对这些学校的运作也比较熟悉。我想，我可以比较中国和美国不同教育体系下培养出来的学生。

从清华本科毕业之后，我就去了美国。到目前为止，清华学生的数理化等

---

① 本文根据 2013 年 4 月 11 日施一公与黄达人教授在清华大学的访谈整理。

基础知识在总体上可以完胜美国各大高校的学生。我在清华攻读了生物、数学双学位。在美国约翰斯·霍普金斯大学读博士的时候，因为生物底子薄，我选修了天体物理系的数学物理方程。结果，在和天体物理系其他博士生竞争的时候，我虽然也得了 A+，但是压力极大。美国的学生十分聪明，而且充满动力，非常优秀。我当时很震惊："他们本科成绩这么差，怎么可能突然冒出这么一波尖子生，在博士生阶段跟我竞争？"后来我意识到美国的高等教育是宽口径：因为这一部分学生是真正对天体物理感兴趣的，所以他们会主动学习，以至数理基础也非常扎实，甚至跟我的水平不相上下。

总体来讲，美国学生的数理基础比较差。比如，美国的高中生在申请大学的时候都要考 SAT，中国学生随便做些准备，数学就能考满分。甚至，我们学人文学科的本科毕业生考 GRE，都可以考接近满分。为什么？GRE 的通用基础测试（General Exam）部分就是普通知识的考试，和你在清华学的数学、物理、化学没什么关系，完全是考察你的通识能力（general aptitude），只要英文成绩不是很差，你都可以考到很高的分数。美国大学，尤其是研究生院的门槛好像很低，但实际上它对学生能力的要求很高。凭的是什么？是你的兴趣，是你对自己的要求。

所以，在约翰斯·霍普金斯大学的经历让我感触很深。我本来想的是，以我在清华大学攻读生物、数学双学位的功底，学了这么多数学、物理，肯定绰绰有余。来了以后，我却发现，和那些普通学生相比，我的数学、物理确实好很多，但并不比那些想学数学和物理的学生好多少。美国高中生的数理化水平虽然比中国高中生差很多，但它是根据兴趣分类的，每一个专攻此行的高中生都不比中国学生差。到了大学阶段，他们已经赶上或者超过中国学生了。在这个时候，他们的学习已经开始分层次，而我们的大学还是把"你要学这个，要学那个"的理念强加于每个人，直到研究生阶段还在灌输很多东西，忽略了以兴趣为导向激发学生主动学习和创造的原动力，也偏离了中国数千年来一直有的"因材施教"理念。

中美两国高等教育体系的这种差别的最终结果就是：中国学生的方差较小，拔尖的不多，掉队的也不多。因为我们的教育体系以保姆式管教为主，既封顶又保底。相比之下，美国学生的方差很大，拔尖人才非常优秀且为数不少，同时也有不少掉队的。但是，我们应该意识到，一个国家的科技实力并非由所有科技人员的平均水平决定，而是由其中最优秀的一批人的前沿水平决定。

我再举英国的例子。在英国读博士是没有选课要求的，而且一般只读三年。学生只要进实验室做实验并写出一篇论文，有时不发表文章，导师就让他毕业了。所以，我觉得英国博士的平均水平比美国低。但是，英国最好的 PhD 的水平与美国完全可比，甚至还可能比美国的更高一些。因为它不保底也不封顶，虽然很多人掉队，但总会有一些人脱颖而出。那些脱颖而出的人是非常有自制力的人。而对科学的推动和发展，其实主要看最优秀的一些精英，而不是看规模和平均水平。我认为，如果生命科学领域里只有前 10% 的文章，即便没有剩下的 90%，生命科学的整体发展进程也不会受多少影响。

中美教育在课程设置上的差异

普林斯顿大学以优秀的本科教育在世界闻名，在过去 20 年的大学综合排名中，大多数时候它都排到美国第一名。在普林斯顿大学分子生物学系，本科生毕业的时候，要考查些什么呢？ 8 门课加一篇毕业论文，简单得不得了。如果在清华大学分子生物学系读 4 年，大概得学五六十门课，其中很多课程与毕业拿到的学位直接相关。而普林斯顿大学的学生学习的课程数目只有这一数字的一半还不到，更有趣的是，毕业考核就只要求考核 8 门课。这 8 门课中，有 4 门属于跟生命科学没有直接关系的基础和人文必修课。生命科学的专业课程只有 4 门，我们叫作分子生物学专业（molecular biology major）。其中，只有生化、细胞和分子生物学这两门是必修课，另外两门由学生从很多课中任选。原则上，这 8 门课的成绩会占毕业总成绩的 65%，还有 35% 来自毕业论文。只有这 8 门课是算到毕业要求里面的，如果想在 4 年里主攻 8 门课，非常容易。但是，普林斯顿大学的本科生忙得一塌糊涂。为什么？因为每个人都在为自己的前途担心，都在拼命地学，拼命地做实习，拼命地把时间利用起来。他们靠的是自我激励，内心彼此竞争、向上。而我们是强行给学生施压，总怕学生课程学少了。所以，中国的教育更多地体现为以学校和教师为主体，而在普林斯顿的本科教学里，学生是主体，每一门课都由学生评价，要求每个老师讲课都得很认真。

另外，普林斯顿大学和其他大部分美国常春藤盟校的本科一样，前两年让学生自由选课，也没有什么太过固定的班级或专业的概念。比如 2013 年入学、2017 年毕业的 1 400 个学生，就叫 "2017 届毕业生"。到大三，就要确定专业。三年级开始，学生到我们系里以后，就开始按照我们系的要求选一些课程。我们提供的选修课非常多，都是每个 PI 根据自己的情况设计的。比如我教过两门选修课，一门是结构生物学领域的，另一门是细胞凋亡癌症领域的。其中有一门选修课平均每年有十五六个学生注册，算是比较多了。另一门选修课经常有 6~8 个学生。普林斯顿大学规定，选课人数在 4 个以上的课程就可以开了。有一年，只有 5 个学生选课，我不仅能叫出每个人的名字，而且对他们非常熟悉。我们进行的是小班讨论，学生会跟我互动。这些属于启发性的课程，对学生的影响非常大，因为他们可以知道这些知识是从哪儿来的。比如讲到细胞凋亡，我会纵深地讲这个概念是从哪儿来的，有什么历史，有谁获得了什么发现，这些人的生平怎么样，有哪些重要的实验，等等。然后我会把那些三四十年以前的文章拿出来让他们读并提问题，我们再进行讨论。这些小班选修课中就已经开始有启发性的东西了。而在清华本科阶段，这一类型的课程是比较缺失的。

课程学习与科研的时间分配

我回清华以后实施的第一项措施就是减少必修课数量，降低对学生总学分的要求。清华生物系原来的规定是要求学生修满大约180个学分。在这180个学分所含科目中，有一些是社会实践等。我们暂且算有150个是要考试的学分。一个学分就是一学期16节课，那么，150个学分乘以16节课，就是要上2 400节课，才能拿到学位。我回来后，就开始逐渐减少学分，从大约180个学分减少到目前剩下的150多个学分，目的就是讲求一个平衡。

与此同时，我还希望学生不要人云亦云。现在有些大学或院系提倡本科生尽量早进实验室进行科学研究的训练，我觉得这需要看学生的背景和准备情况。千万不要一刀切，导致拔苗助长。大部分本科生不宜过早进入实验室接受系统科研训练。大学一年级的学生刚从高中毕业，一时还找不着北，无论是对生物学基础知识还是对研究手段都没有基本的准备，突然让他们进实验室，他们可能马上就蒙了，无所适从，甚至对研究产生片面和负面印象。因此，我认为没做好准备的学生是不适合进实验室的。但是，对个别准备充足的大学新生甚至是准备充足的高中学生。比如参加过生物竞赛，并产生了浓厚兴趣的学生，我欢迎他们到实验室体验真正的科学研究。因为我们大学一年级的课程本来就很紧，一般人会感觉手足无措，需要一个过渡期。所以，现在大部分本科生来的时候，我就跟他们说："除非你已经完全做好了准备，大一就可以进实验室。否则，我建议你大二下学期再进实验室。"因为这时他已经学了一些基础课，并有一些想法了，可以到实验室来看一看。而对大部分人来讲，真正开始做实验是在大三下学期。这个时候，他的功课已经学得差不多了，心智也比较成熟，可以在实验室接受比较系统的训练。尤其是大三暑假，一定要留在实验室，认真做实验，大四再做一年，他就可能有所建树。

我对大部分学生是这样要求的，但不是对所有学生都这样。对待学生要因人而异，有些学生准备得特别好，比如我有两个北大来的学生王丽、陈问，大一就进实验室了。她们为做实验付出了不少代价，课程成绩都下滑了。但这是必须付出的代价，有得必有失。由于长期从事研究训练，她们的科学素养非常好，从我的实验室毕业的时候，我认为她们已经基本满足一个博士的要求了。夸张一点儿说，因为她们比较完整地学到了我对博士研究生要求的科学思维方式和研究方法，她们的思维方式可能比一些清华毕业的博士还要好。事实上，她们本科毕业之后就分别顺利地被加州理工学院和麻省理工学院录取，从事博士研究。所以，进实验室是为了什么？为了学方法论，为了逐渐完成从在课堂上接受知识到自己创造知识的转变。在课堂上，你学一节课的内容是前人几十年、几百年积累下来的东西，进了实验室之后，你就开始创造知识了。这个过程极其痛苦和漫长，需要你有兴趣和毅力。人不可能一下子就入门，需要一点一点地接受熏陶。我认为，生命科学的入门需要 3~5 年。本科生不可能有什么很特别的见解，除非这人是个天才。我是属于入门比较晚的，到了博士毕业前后才有点儿开窍了，觉得科研"原来是这么回事"。做博士的前一两年都是很郁闷的，这个过程很漫长，并不是像大家想的那样，一进实验室，一学期下来，马上就可以解决问题了。

方法论的训练比学习前沿知识更重要

我在清华做的第二件事就是开了一些启发思维的课。我自己开了一门"生命科学的逻辑与思维"，这是一门关于方法论和逻辑思维的课程，共 48 个学时，在秋季学期讲授。我把它分成 8 个单元，每个单元集中一个生命科学的重大发现。比如第一个单元是"蛋白的磷酸化"，1955 年被发现，费希尔和克雷布斯因此于 1992 年获诺贝尔奖。我便把磷酸化在 1955 年之前的 20 年的研究背景、关键人物及其生平讲给学生听，并把 1955 年的两篇文章及其后的几篇相关文章拿给大家精读讨论。我意识到本科生课业繁重，没有足够的时间读太多。于是，我让他们组成一个团队一起读，一起做展示。他们精读以后，我跟他们讲解这些文章的逻辑和失误，说明为什么有些实验做得如此精妙，而另一些却如此失败。你要是看了这些文章，就会发现其中有大量的错误。这些文章如果现在发表，也许会被网络舆论判定为造假。以 1955 年费希尔和克雷布斯的文章为例，有多处基本数据计算错误，比如 26 除以 50，应该是 0.52，结果文章中算成 0.32。

其实，对科学前沿的探索需要容忍很多不自觉的错误。因为运用非常严谨的思维方式很难有跳跃性的发现，很难有灵感。会有小的阶段性的成果，但很难有大的发现。你一定要容忍一些失误，容忍一些跳跃性的甚至是违反常规的思维。在我上中学时，老师告诉我们，李政道在 20 世纪 80 年代初对学生做过一段评论，大概意思是，中国学生的问题之一就是知识结构太缜密。结果有一点儿沟壑的时候，中国学生就过不去这个坎儿，觉得"坏了，我不懂"，从而惊慌失措。而美国学生的思维很跳跃，这儿学一点儿，那儿学一点儿。其实，很多知识系统都有大的漏洞，但是这样反而会提高学生自学、解决问题和创新的能力，会让人有一些奇怪的想法。所以，跳跃式的想法常常是重大科学发现的必备因素。结果，我们中国学生的优势反而成了劣势。

所以，我这门课的目的，第一是教学生方法论，第二是教学生破除迷信。有时候，我会调侃那些诺贝尔奖获得者。在这门课的 8 个单元中，前两个单元是生化的发现，讲述蛋白磷酸化的发现和泛素化的发现；第三、四单元是细胞生物学，分别讲述细胞凋亡和细胞周期；第五、六单元是分子生物学中的两个重大发现——RNA 干扰和端粒酶；最后两个单元是医学——因为我觉得这门课应该有些应用的部分——一个是幽门螺杆菌引起胃溃疡和胃癌的发现，另一个是通过抑制血管生成治疗癌症，即通过阻止血管生成，不给癌症细胞提供养料，让癌细胞死亡。

每个单元分为 6 节课，前三节完全由我讲，学生只能提问题。我很少用 PPT（演示文稿）。当然，这在教师中是不常见的。但在普林斯顿，恰恰有一些我所敬仰的讲座大师不用 PPT，而是用板书、用粉笔和学生交流。所以，我备课花了不少时间，将知识、逻辑全记在脑子里，然后写在黑板上。偶尔遇到像照片等画不出来的，我才会给学生看 PPT。讲后三节课时，我一般只讲一半，后一半让学生讲。学生讲什么？就讲他们精读的文献，并提出批评意见，这很有意思。我会让他们先分小组排练好，每个人在讲之前都会花很长时间做准备，会非常紧张。但不是所有的学生都能上台讲课，不讲的学生该怎么办呢？在这个学期快结束的时候，我会留出两节课，每个人用 4~5 分钟讲一个主题，随便讲什么内容，讲这门课的体会也行，目的就是让他们到台上锻炼锻炼。这样下来，给学生渲染方法论、科学史，让学生知道以前的东西是怎么做出来的目的就达到了。我们的本科教育、研究生教育在这方面的培养非常少。

这种启发思维的课是我在清华开创的，我原先在普林斯顿的时候不是这样讲课的。我在清华讲了两年，一直让学生录像，但是我还有很多不满意的地方。我讲课的时候，偶尔会有一些和我们的传统教育方法有矛盾的地方。比如我讲到某个地方的时候，突然忘记了备课的内容或顺序，怎么办呢？我有两个选择，一是花 5 分钟打开电脑，按部就班地讲给学生听，二是按照自己的猜想和发挥讲给学生听。我选择后者。个别时候，我自己猜想的东西是错的。没有关系，第二节上课时我会纠正自己的错误。我不愿意打断自己的思路。我在普林斯顿的时候，有一个系主任叫阿诺德·莱文（Arnold Levine），课讲得非常精彩，我们每次都听得如痴如醉。后来我才知道，他讲的有些细节是错误的，但他对学生的思维方式和方法论的训练跟他的细节错误几乎没有一点儿关系，学生照样可以得到很好的方法论训练，照样认为他表达清晰。这样说出来肯定会有争议，因为这有悖于我们的传统想法，大家会说"你不严谨，不认真"。我不同意，我认为只要在第二节课上及时纠正，学生会对细节理解得更准确。我们这个社会中有些人太喜欢不分主次地去挑别人的毛病，而以这种挑毛病的方式占主流地位的社会是难以创新的。

读 20 世纪五六十年代的科学文章，你就会发现这些天才的思维跳跃得很厉害，而且有很多大大小小的错误，有很多现在看来不平衡的东西。但科学是很宽容的，允许这些错误的存在，正确的会被接受、被传承，错误的很快会被遗忘。很遗憾的是，在科学上没有原创、在研究上主要靠人云亦云的成果的人，却仍可以很安全地在学术界和工作场所一步步得到提拔。

我在约翰斯·霍普金斯大学读书的时候，发现它的博士生教育体系和普林斯顿非常不一样，每一门课程都是大杂烩。一门专业基础课由十几位教授讲授，每人讲两三节课。普林斯顿是不允许这种情况发生的，它信奉一条原则：讲课要有系统性，每门主课不能超过两个教师，多的话，系里不允许，学校也不允许。所以，普林斯顿很有意思，都是一个教授或者两个教授开一门课，系统性非常强，这也是它的强项。像我们的原核生物遗传学，是由美国总统教学奖得主汤姆·西尔哈维（Tom Silhavy）讲授的。他讲课很有意思，从 20 世纪 50 年代分子生物学创立前期的一些文章开始读，一直围绕着原核的遗传学，最后到 20 世纪 90 年代后期。经常有出版社跟我约稿，问我能不能把一些最新的科学发现写成书，或者写到讲义里面。其实，方法论的培养是不需要这样做的。

如果我三年不读《科学》和《自然》，会缺些什么呢？会缺了这三年的知识。如果我仍然沉浸在自己的研究领域里，就可能出现我仍在做某项研究，但别人已经发表相关成果了，而我却不知道的情况。但我进行科学研究的方法论基本可以不受影响，因为它是我过去的科研训练培养出来的。请注意，当你训练博士生的时候，他拿到的学位叫哲学博士，而不是科学博士。也就是说，研究方法论的培养比知识的更新更加重要。学生应该知道科学前沿发展到哪里了，不能让学生只学习 50 年之前的东西。但更重要的是，我们应该教学生怎么样去发现问题和创造知识，也就是方法论。在普林斯顿，我们的 PROX 整门课基本不讲最新发展到了什么程度，而是讲它的历史，把整个原核生物分子遗传学的概念、逻辑的演变讲得清清楚楚，让学生融会贯通。现在，学生看文章的时候，马上就会联想到该学科在以前是怎么回事，非常明白。

当然，你也可以兼顾，在讲述方法论的时候，把最新的知识加进去。就像我在讲"生命科学的逻辑与思维"的时候，虽然讲的是蛋白磷酸化的发现，但我一定会跟他们讲蛋白磷酸化在当今发展到了什么程度，影响了哪些东西。

方法论是历史行为。后面这些东西远远不如前面的那些重要。后面只是又发现了什么现象，又用了什么东西。比如，清华的一位年轻教授发现了一个生化现象，发现它影响了细胞自噬，他的这篇文章发表在《自然》上。他发现一个调控蛋白经过赖氨酸乙酰化，会影响细胞自噬的功能。这一发现毫无疑问在细胞自噬研究领域是个重要发现，所以被世界顶尖学术期刊接受并发表。但批判性地想一想，蛋白质赖氨酸的乙酰化早就被发现了，而且我们已经知道蛋白乙酰化会影响细胞的很多功能，他只是发现了其中的细胞自噬功能而已。也就是说，在科学发现的长河中，这一发现的相对意义很有限，是渐进的。我们的某些研究成果是比较前沿的，但未必代表对科学的贡献有多大。同样是《科学》或《自然》上的论文，有些成果的影响力会远远大于另外一些。通过这样的课，可以让学生具备判断力。有时候，这些东西可以通过听课获得，但更重要的还是在实验室带学生，让学生知道什么是好的学术品位。

讲课要讲前沿内容，但是目前的本科生和研究生教育没有把方法论的培养放到足够的高度，这是非常遗憾的一点。

我还在那门课上挑战了一个在学术领域大家都知道的东西，就是问问题。大家都知道，提出科学问题很重要，重要到什么程度？国内天天在强调这个问题，一个人不管会不会提问题，都知道这句套话——"科学问题很重要，要有系统性"。实际上，这个科学问题重不重要呢？在科学、哲学领域当然重要，但大家不能孤立地谈提问题，同时又忽视研究体系。比如说 RNA 干扰是在线虫中发现的，但是人们在人及其他哺乳动物和果蝇中都做了很长时间的相关研究，没有发现 RNA 干扰现象。为什么呢？因为研究体系不对。问题是提出来了，但实际上，我也可以说，提问者真的不知道这是什么问题。问题有是有，但是一个比较模糊的问题，而如果体系对了，自然就有发现了。

我在这门课里也举了一些例子，有些诺贝尔奖完全不是靠提科学问题得来的。比如蒂姆·亨特（Tim Hunt）发现了细胞周期蛋白。他原本是想在蛋白合成方面有一些发现，却在做海胆卵的时候，无意中发现有一个蛋白被标记了以后，在这一个小时出现了，在那一个小时又消失了，他这才突然意识到：这个蛋白会不会被降解了？他做了十几年蛋白合成方面的研究，结果，他后来的发现跟他提的问题几乎没有任何关系。但他就是很坚定，他意识到可以在一个研究体系中发现并解决重大的科学问题。海胆卵是一个很好的体系，他获诺贝尔奖主要依靠两篇文章，都是基于海胆卵这一研究体系的。

很多重要的科学发现，包括很多获得诺贝尔奖的发现，并不是一开始就基于这个科学问题提出来的。能获得诺贝尔奖的发现是设计不出来的，常常凭借的是意外发现。它是因为体系对了，才得到的意外发现。这一点可能是我的原创性见解。如果过分强调问题，会让学生觉得：只要问题对，就可以往前走。其实不是这样的。在既有问题，体系又对的时候，有一些技术的东西也很重要。实际上，这些东西缺一不可。十几年前，我们老是强调技术，博士生毕业都要说"我会哪项技术"。结果，现在天天强调提问题，好像哪位科学家嘴上不天天挂着问题，就不是一个好科学家。我不愿意跟大家争论这件事，因为每个人心里都明白自己在干什么，也知道自己对这个问题的理解有多深。实际上，我的学生受益最多的，就是我对他们方法论的培养。作为我的学生，5年下来，博士生大约有500个小时是在开组会（科研进展交流会），跟我一块儿交流。我会很自信地跟学生讲，讲课虽然时间短，只有48个小时，但也足够把我的思维方式告诉学生了。实际上，学生不全是在学历史，也是在学老师的一些思维方式等。像师父带徒弟一样，就这么简单。以前，媒体还争论过，是"严师出高徒"还是"名师出高徒"。我认为，当然是"名师出高徒"。如果老师不懂学问，那么老师再严厉，对学生都是没用的。我们以前老觉得老师严厉就可以了，学生拼命干就可以了。但实际上，拼命只能培养出一些技术工人，学生根本获取不到现代科学的思维方式。

其实，老师对学生的影响是一辈子的。

增加小班选修课

我在清华进行课程改革的第三项举措是增加小班选修课。因为我们招的 PI 很多，到现在为止，已经招了近 80 位 PI 进来。我来之前，清华只有不到 40 个独立实验室，现在我们已经有 120 多个，独立实验室的数目增加了两倍。现在，我们几乎是想开什么课就可以开什么课，为了做好表率，我每年大概要上 80 个小时的课。

清华的规定是，一门课有 5 个以上的学生选修就可以开。饶毅有一个理想：每个人学的课都跟别人的不一样。针对每一个人开课，现在不仅清华、北大做不到，甚至连普林斯顿也没有完全做到，它们只是开的小课比较多而已。在开小课方面，做得最成功的是加州理工。我们北大、清华、北京生命科学研究所三方联合的 PTN（联合培养博士研究生）项目采取了一个"模块课"的新做法。怎么操作呢？比如给研究生开了一门"分子细胞生物学"，有 4 个学分。所谓 4 个学分，就是一个学期有 64 节课。我们把它分成 8 个模块，每个模块请一个教授来讲。对于教授而言，可以从几个不同的模块中选择自己的主题，可以是基础理论模块，比如生物化学基础等，也可以选择高级模块，比如"细胞凋亡的分子机理"，或者是选择讨论课模块，任讲一个模块都可以。这样我们就有几十个主题供学生选。对于学生而言，只要从中任选 8 个模块就行了。老师在讲自己模块的时候，只要圈定教室，学生来这里上课就行了。我们把足够的灵活度都考虑进去了，同是一门课，学生选的并不完全一样。

虽然这样会让排课的人比较头疼，但其实，世界各个大学没有统一的教学模式，也没有统一的教育标准，贵就贵在百花齐放、百家争鸣。而我们教育的主要问题就是把很多东西框死了，规定学生必须学某些课。结果，除了必修课，学生就没有时间学其他课了。我们 PTN 项目在"两课"上也有创新。例如，饶毅开了一门哲学课，是关于唯物辩证法的。第一节课，他请学校的老师讲唯物辩证法总论；第二节课，他自己讲神经学里两个辩证的概念；第三节课，他请一个细胞生物学家讲细胞死亡和细胞生长的辩证。其实，他们讲的都是一些科学史和背景，但是讲得非常富有哲理。

无论是哲学教育、思想政治教育，还是爱国主义教育，我们都有待提高。

大学自主权有两个层面：大学和学院

当然，在改革过程中，阻力肯定是有的。就拿减课来说，我们原来学的普通物理跟物理系的一样，于是我们把它改成了"大学物理"，并将授课时长由三个学期改成两个学期。化学课减少了一个学期，数学也减少了一两个学期的课程。结果马上就有人不满了。当然，他们的不满是有一定道理的，因为我们传统的教育体系摆在那里。有人会跟我讲："清华学生的长处就是基础好，你把课程这么一砍，学生的基础就不扎实了。他出去以后，本来还可以凭基础吃饭，现在基础都没了。"这句话有一定道理，因为清华的学生习惯了强压式的教育，课程被砍下来以后，他们就不知道时间该怎么花了。

说到底，我认为办学自主权还没有充分下放。美国的本科生和研究生都不存在由教育部颁发文凭的事情，也不存在教育部批准认可的问题。在美国，一所私立大学的创办不需要美国教育部批准，只要在州政府走一个程序就行了。设立一个非营利教育机构，很容易获得批准。这样的大学拥有相当大的办学自主权，所以美国的大学优劣分明、各有特色，质量的差别也极大。中国和美国的国情不同，历史和文化的差别很大，所以我相信美国模式不一定适用于中国，但我们应该借鉴美国的某些方面。

假设办学自主权一步一步放开，比如由全国最好的"985"大学自主决定招多少博士生，会出现什么情况？清华的博士生会从每年的 1 500 个突然升到

3 000 个吗？不会。因为清华一定在乎自己的信誉，我相信学校一定会告诉各个院系研究生的指标是多少。在美国的大学，研究生院会控制各个系的研究生名额，因为学校在乎自己的名声，教育部从来不管这件事。只有不在乎自己名声的学校才会胡来，但这样的学校很快会被社会抛弃。所以，我认为让"985"大学招生名额自定后，不会出乱子。个别学校的名额可能会突然增长一些，但它会受不了压力，使得名额马上回落。

只有具备了充分的自主权，大学才能有充分的空间更好地遵从教育教学规律。负责任的大学不会无限扩张，比如向市里要 5 000 亩地，建第二、第三个校区。普林斯顿每年只有一千三四百名本科生，但是它有很多地，有上百亿美元可以建校舍，但它就是不扩建。为什么？因为它太在乎自己的名声，认为这样一个规模已经足够。

自主权下放的内容包括两个方面：第一，教育部把办学自主权下放给大学；第二，大学把一些自主权下放给院系。大学行政部门对院系的考核应该是宏观考核，而不是微观指导它具体该怎么做。有时，学院跟学校的职能部门打交道很麻烦。其实，职能部门怎么可能事无巨细地知道每个学院的具体情况？如果管得太多、太细，就会因小失大，阻碍学校的整体创新和提升。

学院的院长不需要事无巨细地管行政

在清华生命科学学院，我牵头实施了人事制度改革。作为生命科学学院的院长，我主要对总体学科和招人的标准进行把关，并且推动那些分管本科生、研究生的副院长进行教育改革。我不插手具体的细节，只是从总体上建议别人应该怎么做。学院财务、后勤、设备等行政方面的事都交由行政人员管理。如果我只是担任生命科学学院院长，一年都花不了我 10% 的时间，5% 就够了。因为我不像有些系主任和院长那样需要事无巨细去管行政，这不是我的长处。但是，我知道世界一流大学在怎么做，世界趋向于怎么做。比如在美国，系主任不管具体事务，而是由一个系办公室主任或者行政副院长全权管理，就像公司的 CEO（首席执行官）。领导知道做什么，行政人员知道怎么做。

行政人员在管理这个系，系主任只管学术。他懂他的领域，我懂我的领域。所以，一定要让专人做管理，专业的人做专业的事。行政为学术服务，教授通过各种委员会对具体事务进行决策，行政人员去执行，受教授委员会的监督与质询，这种职业化的行政管理叫"行政治校"。在美国，几乎不存在"教授治校"的问题。欧洲不太一样，但其大学整体的发展不如美国。

我们必须做一些事情，而且是做自己能做到的事情。就像人事制度改革，在推进过程中，我们几易其稿。现在，清华生命科学学院对标国际通行做法，除采取准聘制之外，还加了一条"新人新办法，老人老办法"。总之，我们做了很多折中处理，最后找到一条通往理想的现实路径。因为清华是所有清华人的清华，清华生命科学学院有四十几位教授、副教授，他们每个人的观点可以大相径庭，但都值得尊重。最后，我们全院 69 个人进行投票，以 80% 以上的赞成票通过了这项改革方案。对于一些一定要做但面临较大阻力的事情，如果不能急变，我们就缓变、渐变。每个人都做出自己的努力，这个社会才能往前走。

人才培养需要实事求是 ^①

　　值此教书育人研讨会召开30周年之际，我想跟大家分享一下我的心得体会，算是抛砖引玉，引起大家的深入思考，希望这个会开得更加生动一点儿。

　　我是一名教学一线的老师，每年都要给清华学生讲70多节课。同时，我也是一位班主任，负责我们学院的几个教学项目。所以我日常跟学生接触很多，经常会和他们一起座谈、聊天，其中包括本科生、研究生。本次教书育人研讨会的重点是师德论坛，所以我想从个人角度谈几个我认为比较关键的问题，总结起来有三点。一个方面是谈教育背景，其他两个方面谈建议和自己的感受。

　　第一个方面，我们的教书育人研讨会开了30年，从1984年到现在，情况变化很大。1984年我还在读高二，那时候我们接受的是传统教育，心中都充满理想和信仰。在当时的时代背景下，尽管物质生活没有那么丰富，但大家的精神不贫乏，都很积极向上，大学教育也相对简单。那现在呢？已经很不一样了。社会正在急速变化，人们的思想受各方面的冲击很大，尤其是来自网络的冲击。不管大学里老师怎么教育学生，如果我们的教育不能实事求是、与时俱进，学生在走上社会的一年之内，也许就会被彻底地同化。关于这方面，相信很多人，包括我自己和我们的老学长们、在地方政府任职的老校友们，都能够举出不少例子来。针对这种现象，我想教育的与时俱进是关键，也就是在新时代下如何育人的问题，如何让我们的育人目标与社会发展相适应，如何让学生接受我们教授、传递给他们的职业道德观念，如何让学生走上社会之后，10

---

① 　本文根据2013年5月30日施一公在清华大学教书育人研讨会30周年师德论坛上的发言整理。

年乃至20年还能够坚守道德底线。如果能够做到这样，我们的社会就将充满更多的正能量。

第二个方面，我想具体结合几个例子说说个人建议。我的建议是希望我们的教育能够把自我奋斗和为国家做贡献高度统一起来。所谓自我奋斗，可以理解成每个人追求自己的人生梦想。每个人都会有自己的梦想，想干什么，能干什么，想干成什么样。为国家做贡献呢？可以说是一个中国梦，也可以说是一个民族复兴的梦。其实，这两者是可以完美统一的，但我们的教育在这两点上的结合还不够完美，有时甚至把它们对立起来，过多要求我们的学生大公无私、一心为公。我的名字"施一公"取义"一心为公"，但我常常对我的学生说，我有很多个人向往、个人追求，希望实现自己的抱负，但我从来不认为我的这种自我奋斗与为清华、为国家做贡献有任何矛盾，我在为清华、为国家工作的过程中也实现了个人价值，这个是非常统一、相辅相成的。

我不教条地给大家举三个例子。第一个例子是诺贝尔奖的启示。有的老师告诉学生，那些诺贝尔奖获得者，他们一心一意做学术，一心一意做贡献，从来没有想过个人荣誉，没有想过个人得失，拿奖完全是意外。实际上，这个说法非常不靠谱。我不知道在物理化学、生物医学等领域的诺贝尔奖获得者，有哪位不是将获得诺贝尔奖作为自己梦寐以求的目标的。他们都盼着得这个奖，得不到的时候会非常郁闷。我的朋友里有几位得过诺贝尔奖，从普林斯顿大学到洛克菲勒大学，其中有一个朋友在20世纪90年代初期获知没有得到诺奖，他非常难过和郁闷，曾一度沮丧。因为在他这个领域，历史上差不多是八九年才给一次奖，他只能再等下去。另外一位朋友，他觉得自己很应该得诺贝尔奖，最后因为没得上非常气愤，在《纽约时报》上整版做广告，批判诺贝尔奖遴选委员会。还有一个我不认识的科学家的故事。诺贝尔奖委员会在1999年某天半夜打电话给洛克菲勒大学的一位教授，这位教授一听是诺贝尔奖委员会打来的，激动不已，以为自己获奖了，连声道谢。结果对方连忙解释说，实在对不起，他只是想问洛克菲勒大学另外一位教授的电话号码是多少，要通知他得了诺贝尔奖。这次乌龙事件，让这位教授很受打击，一蹶不振。

实际上，做学术是为了什么？其实，大家不要去空谈好高骛远的目标，学生不会信，就算信任你，也就是当时当你的面说信任你，走上社会之后就不一定接着相信了。我觉得，如果对学生不能将心比心、以心交心的话，学生会被误导。其实，很多成功的人都希望自己能够被社会认可，被各种奖项认可，这是很正常的事情，我们为什么要否定呢？为什么非要说获得诺贝尔奖是意外？这不是意外，这是他们梦寐以求的。

第二个例子，我想说的是个人主义和集体主义的统一问题。美国的教育其实不太强调集体主义，强调得非常多的是个人奋斗，包括我自己在普林斯顿讲学，也很少跟大家讲集体主义。只讲一点，对社会的责任感，也就是公共道德。在美国，从小学、中学到大学，都很注重每一个人的发展轨迹，强调个人。但同时，学校也会告诉每个人要有行为准则、道德准则，对社会要有责任。以前我在国外的时候，初中生、高中生会给我写信，告诉我他们经常去医院里的急救室帮助病人、帮助医生、做义工等。这是一种自发的行为，他们是在社会环境的熏陶之下主动去做的。而我们呢？鼓励学生学雷锋，并把做志愿者等活动转化为年末综合评估的学分绩点，使助人为乐本身有了功利色彩，这种功利心对学生的长远发展将产生负面的影响。当然，我不是说我们的学生没有责任感，但我发现有些学生在学校里表现得非常好，但走上社会之后会把这种底线忘得干干净净，甚至会以损害他人利益和集体利益、国家利益为代价，来让自己受益，这是极端自私的一种表现。这种矛盾的出现，在一定程度上归因于我们没有在中学教育、大学教育中把个人主义、个人奋斗和集体主义、为国家奋斗有机结合在一起。这两者原本并不矛盾。我认为个人奋斗的同时，坚守好道德准则，就是在为国家做贡献。

我回清华快6年了，对清华的学生一直寄予厚望。也正是因为对清华爱之愈深，有时候要求也愈切。

第三个例子，就是讲讲我认识的很多在海外的清华大学毕业生。清华的学生都是过五关斩六将，万里挑一从全国选出来的。这些人到了海外也是轻而易举就把本职工作做得很好。但是，不妨看看我们的校友统计数据，在本专业做到领军地位的学生占多大比例？很多人都有份体面的工作，过着房子、车子、妻子、孩子、票子"五子登科"的悠闲生活，但也就到此为止了。从一个角度说，公民安居乐业是社会成熟的标志，但是从另一个角度看，国家花了大力气培养的清华学子们，缺少对社会和民族的责任感，总让我觉得有些遗憾。这是否也是我们教育中的一种缺失？

第三个方面就是实事求是。作为一名教师，最基本的就是把内心的道德准则和底线，身体力行地教给自己的学生。我不会强求我的学生做得比我好，我只能用我的行动示范学生应该怎么做一个人，应该怎么做一名教师。我们每一位老师也都要这么做，不能只把大话、空话教给学生，而是要让学生理解这个社会，理解我们为什么会这么做。

清华在新中国成立以后的六十余载岁月中，为中国的发展做出了极大的贡献，今后能否做出更大的贡献，则主要靠我们的学生和接班人。所以，如何培养和教育我们的学生，是直接关系到中国将来前途命运的大问题。我经常告诉生命科学学院和医学院的学生，如果你们走上社会 20 年以后，还能像现在一样坚守信念、怀抱理想、充满热情、有责任感的话，中国一定是个非常美好的国家。关于这一点，学生能否做到，也得看老师能否实事求是地把我们发自内心信奉的东西讲授、传递给学生，与时俱进地培养民族复兴的践行者。

如何提高英文科研论文写作能力①

    作为一名科研工作者，在国际学术期刊上发表科研论文是与同行交流、取得国际影响力的必经之路。国内的一些科学家，实验做得很漂亮，但常常苦恼于论文的写作力不从心，成为国际交流的一大障碍。本文从我的亲身体验出发，给博士生、博士后及年轻的 PI 提供一个借鉴。

    我大学时的同班同学都知道，那时我的英语不算好（英语四级考试仅为良），英语写作尤其糟糕。初到美国之时，我对英文环境适应得很差，读一篇 *JBC* 的文章要五六个小时，还常常不理解其中一些关键词句的意思，心理压力极大。

    很幸运的是，1991 年 4 月我在约翰斯·霍普金斯大学攻读博士学位时，遇到了师兄和启蒙老师约翰·戴佳雷。他告诉我："每天花 45 分钟读《华盛顿邮报》，两年后你的写作能力会得心应手。"（Spend 45 minutes every day reading *The Washington Post*, and you will be cruising with your written English in two years.）这条建议正合我意，因为我原本就对新闻感兴趣！于是，我每天上午安排完第一批实验后，都会在 10 点左右花一个小时阅读《华盛顿邮报》，主要看 A 版（新闻版）。刚开始，我一个小时只能读两三则短消息或一篇长篇报道，中间还不得不经常查词典看生词。但不知不觉间，我的阅读能力明显提高了。1992 年老布什与克林顿竞选总统，我跟踪新闻，常常一个小时能读上几

---

① 本文写于 2010 年 8 月 4 日。

个版面的消息或四五篇长篇报道，有时还把刚看到的新闻绘声绘色地讲给师兄师姐听。

阅读直接提升了我的英文写作能力。看完一些新闻后，我常常产生动笔写感想的冲动。1992 年巴塞罗那奥运会，中国游泳队取得了四金五银的好成绩，美国的主要媒体纷纷报道称中国运动员服用违禁药物，但没有任何检测证据，完全凭臆想。此事让我很气愤，我生平第一次给《华盛顿邮报》和《巴尔的摩太阳报》各写了一封信，评论报道的不公平。没想到两天后，《巴尔的摩太阳报》居然把我的信原封不动地刊登在读者来信栏目，同事对我表示祝贺，我也得意扬扬。受到此事鼓励，我在此后三年多的日子里，常常动笔，有些文章被发表在报刊上（大部分投稿石沉大海），我也曾代表中国留学生向校方写信，为中国学生争取利益，有时还收获了意外的惊喜。1995 年的一天，一位朋友打电话告诉我："今天出版的《巴尔的摩太阳报》上有你的评论文章！"我急匆匆赶到街头买来 5 份报纸，果然，在 A 版的倒数第二页，以 15 厘米 ×15 厘米的篇幅发表了我一个多星期前寄给报社、本以为不会被发表的一篇时评文章。

以上是简述我个人英文写作提升的一段过程。但是，不同于读者来信，科研论文有其专业特点，甚至是固定格式。1994 年，我第一次完整地写科研论文，感觉很差。好不容易写完的文章，连我自己都不愿意读第二遍。勉强修改之后，我将论文交给了导师杰里米·伯格。他拖了三周没看我的文章，我实在忍不住了，便去询问。上午 9 点，杰里米告诉我：今天看！11 点，我去他的办公室催问，秘书拦住我说杰里米正在处理重要事务，下午 2 点前不得打扰他。我心里惴惴不安。下午 1 点半，杰里米急匆匆过来找我，拿了一沓纸，对我说："这是初稿，你看看如何，我们可以试试给《科学》投稿。"（This is the draft. Please let me know what you think. We can aim for a *Science* report.）我仔细一看，天啊！一共 7 页，只用了 4 个多小时，杰里米就把文章的整体写完了，只是缺少方法（method）和参考文献（references）。让我郁闷的是，他根本没有用我的初稿。

其实，写文章贵在一气呵成。关于这一点，我也沿袭了杰里米的风格。2006 年 10 月，在我们处于劣势的激烈竞争中，有两个课题面临被抢先发表的风险，我曾因此两次通宵赶文章。10 月 15 日，晚上 8 点左右开始写，第二天早晨 10 点完成一篇格式规范的论文，包括摘要（abstract）、绪论（introduction）、结果（results）和讨论（discussion），仔细检查后于下午 4 点半完成网上投稿，最终发表在 12 月《自然》的子刊《结构与分子生物学》上（电子版于 11 月 10 日发表）。另一篇，10 月 18 日，傍晚 6 点开始写，第二天早晨 8 点完成，上午 9 点半完成投稿，最终发表在 12 月 15 日的《细胞》上。当然，能通宵完成一篇文章，还有一个重要前提，就是对研究领域非常熟悉，文章的整体框架已经过深思熟虑，所有的思路都事先准备好了。即使全身心投入，完成这些前期工作也需要三四天。

从 1994 年写第一篇英文科研论文的下笔困难，到现在的得心应手、驾轻就熟，我总结出如下经验。

1. 要写好英文科研论文，必须先养成阅读英文文章的习惯，争取每天阅读 30~60 分钟。刚开始可以选择以读英文报纸、英文新闻为主，逐渐转为读专业杂志。

2. 写论文最重要的是逻辑。逻辑的形成来自对实验数据的总体分析。必须先讨论出一套清晰的思路，然后按照思路来做图（figures），最后才能执笔。

3. 具体写作时，先按照思路即 figures 写一个以小标题（subheading）为主的框架，然后开始具体写作。第一稿切忌追求每一句话的完美，更不要追求词语的华丽，句子也不要太长，而主要留心逻辑（logic flow），注意前后句的逻辑关系、相邻两段的逻辑关系。写作时，全力以赴、专心致志，尽可能不受外界干扰，争取在最短时间内拿出第一稿。

4. 学会照葫芦画瓢。没有人天生会写优秀的科研论文，大家都是从别人那里学来的。学习别人的文章要注意专业领域的不同，有些领域（包括我所在的结构生物学领域）有它内在的写作规律。科研文章里的一些话是定式，比如"To investigate the mechanism of..., we performed..."（为了研究……的机制，我们进行了……），"These results support the former, but not the latter, hypothesis..."（这些结果支持前面的，但不支持后面的，假设……），"Despite recent progress, how... remains to be elucidated..."（尽管最近取得了进展，但如何……仍有待阐明），等等。用两次以后，就能逐渐学会灵活运用了。但在向别人学习时，切忌抄袭。美国的一些机构规定，连续 7 个英文单词和别人一样，原则上就被认为是抄袭（plagiarism）。

5. 第一稿写完后，给自己不超过一天的休息时间，马上开始修改第二稿。修改时，还是以逻辑为主，但要仔细推敲每句话，对摘要和正文中的关键语句要字斟句酌。学会用"同义词"（thesaurus）替换，以避免过多重复。第二稿的修改极为关键，再往后就不会大改了。

6. 第二稿以后的修改，主要关注具体字句，此时不宜再改变整体逻辑了。投稿前，一定要整体读一遍，对个别词句略做改动。记住，学术期刊一般不会因为具体的语法错误拒绝一篇文章，但一定会因为逻辑混乱而拒绝一篇文章。

这套方法行之有效，我对所有的学生，包括博士后，都会如此教导。我的第一个博士后是柴继杰，他于 1999 年加入我在普林斯顿大学的实验室。继杰当时的英文阅读和写作能力很差，我对他的第一个建议就是，每天花半个小时读英文报纸。难能可贵的是，他坚持下来了！经过几年的努力，继杰在 2004 年就已经能写出不错的项目申请书（grant proposal）。2006 年，他的第一篇独立科研论文发表在《分子细胞》（*Molecular Cell*）上，随后相继在《自然》上发表两篇，在其他一流学术期刊上发表十多篇论文，写作能力日渐成熟。

发表论文是一件值得高兴的事情，但要明白，论文只是一个载体，是为了向同行宣告你的科研发现，是科学领域分享交流的重要工具。所以，在撰写科研论文时，一定要谨记于心的是，用最简单的话表达最明白的意思，但一定要逻辑严谨。其实，中文和英文论文皆如此。

如何提高专业英文阅读能力 ①

　　从小到大，我感性思维比较强，不善于读书。1985—1989 年在清华生物系读本科期间，我从未读过任何一种英文专业期刊。我受到的英文阅读相关的训练只有两个。一是我在 1986 年暑假期间选修的时任系主任蒲慕明老师开设的《生物英语》系列讲座，隐约记得蒲先生让我们阅读一些关于 DNA 双螺旋结构的发现之类的科普性英文文章，内容很有意思。但课程时间较短，暑假过后我也没有养成读英文文章的习惯。二是《生物化学》这门课。与现在的清华生命科学学院形成鲜明对比的是，我上大学期间的所有基础课和专业课都用中文教材，老师都用中文讲课，只有郑昌学老师讲授的《生物化学》采用了《伦宁格生物化学原理》（*Lehninger Principles of Biochemistry*），而且郑老师要求我们每次课后阅读 10~20 页教材，同学们因此大多感觉到专业英文阅读能力有所提高。

　　1990 年 4 月至 7 月初，我在艾奥瓦州埃姆斯小镇的艾奥瓦州立大学度过了初到美国的前三个月，其中大部分时间在赫伯特·弗洛姆教授的实验室做轮转，跟随刘峰和董群夫妻两人做研究。当时对我来说最困难的就是读专业论文。有一次，弗洛姆教授要求我在组会上讲解一篇《生物化学期刊》里的文章，我提前两天开始阅读，阅读第一遍花了足足 6 个小时，许多生词只能依靠英汉词典，文章中的有些关键内容还没有完全读懂，当时我的感觉是《生物化学期刊》的文章怎么这么长、这么难懂！真有点儿苦不堪言。为了能给弗洛姆教授和师兄师姐留下好印象，第二天我又花了好几个小时读第二遍，还做了总结。

---

① 本文写于 2010 年 8 月 6 日。

第三天我在组会上的表现总算没有给清华丢脸。但是，前前后后，我已经搞不清楚自己为了这一篇文章到底花了多少时间！

1990 年 7 月我转学到约翰斯·霍普金斯大学以后，与本科来自北大的虞一华同在一个博士生项目里。虞一华大我一岁，来巴尔的摩之前已经在夏威夷大学读了一年的研究生，科研论文的阅读能力比我强很多。他常常在项目办公室里拿着《科学》和《自然》周刊津津有味地阅读，我很眼馋，也不理解其中那些枯燥的文章有什么意思。他告诉我，他在读很有意思的科学新闻。科学新闻能有什么意思？虞一华给我讲了好几个故事：洛克菲勒大学校长、诺贝尔奖得主戴维·巴尔的摩（David Baltimore）如何深陷泥潭，人类基因组测序的争辩如何激烈，HIV（人类免疫缺陷病毒）究竟是谁发现的，等等。我真没想到，学术期刊上会有这么多我感兴趣并能看懂的内容！从那时起，每一期新的《科学》和《自然》一到，我也开始尝试着阅读里面的新闻和研究进展介绍，这些内容往往出现在"新闻与评论"（News & Comment）、"研究新闻"（Research News）、"新闻与观点"（News & Views）、"视角"（Perspectives）等栏目，文笔平实，相较于专业的科研论文来说很容易读懂。有时，我还把读到的科研新闻讲给我的同事或朋友们听，而同事的提问和互动对我又是更好的鼓励。除了《科学》和《自然》，我也常常翻看《科学美国人》杂志。

与《细胞》《生物化学期刊》等非常专业的期刊不同，《科学》和《自然》里面有相当一部分内容是用于科普教育的。《科学》周刊的"视角"和《自然》周刊的"新闻与观点"栏目都是对重要科学论文深入浅出的介绍，一般有 1~3 页，比较通俗易懂，较易入门。读完这些文章后，再读原始的科学论文便感觉好多了！而且你可以把自己的体会与专家的分析进行比较，找找差距，有时甚至还能找回来一点儿自信！

从 1998 年在普林斯顿大学任职，到如今在清华大学当教授，我总是告诉自己实验室的所有年轻人（包括本科生、硕士生、博士生、博士后）下面这几点读科研论文的体会，也希望学生跟我学习。

1. 请每位学生每周关注《科学》和《自然》，生命科学领域的学生还应该留心《细胞》。如果时间有限，每周花一个小时读读这几种周刊里的文章标题及与自己的研究领域相关的科研论文的摘要即可！这样可以保证学生基本能够跟踪本领域最重要的发现和进展，同时开阔视野，大概知道其他领域的动态。

2. 在时间充足的情况下，可以细读《科学》和《自然》里的新闻及科研论文。如果该科研论文为"新闻与观点"或"视角"，就先读这些文章，这类导读文章会提炼问题，就好比老师事先给学生讲解一番论文的来龙去脉，对学生阅读原始论文有很大帮助。

3. 在读具体的科研论文时，最重要的是了解文章的主线逻辑，文章中的所有思路都是按照这个主线逻辑展开描述的。所以，我一般先读"引言"部分，然后很快地看一遍正文的数据展示图。大概知道这条主线之后，才一字一句地去读"结果"和"讨论"。

4. 当遇到一些晦涩难懂的实验或结果分析时，不必花太多时间深究，而要力求一气把文章读完。也许你的问题在后面的内容中自然就有解答。这与听学术讲座非常相似！你如果想每个细节都听懂，留心每一个技术细节，那你听学术讲座不仅会很累，而且也许会为了深究一个小技术环节而影响了对整个讲座逻辑推理及核心结论的理解。

5. 对个别重要的文章和自己领域内的科研论文，应该精读。对与自己的课题相关的每一篇论文，则必须逐字逐句地读。对于这些论文，不仅要完全读懂，理解每一个实验的细节、分析过程、结论，还必须联想到这些实验和结论对自己课题的影响和启发，提出自己的观点。

6. 科学论文的阅读水平是循序渐进的。每个人一开始都会很吃力，所以你有这种感觉也不要气馁。坚持很重要，你一定会渐入佳境。当有问题时或有绝妙分析时，你应该与师兄、师姐或导师讨论交流。

7. 科研训练的一个重要组成部分就是科研论文的阅读。每一个博士生必须经过严格的科研论文阅读训练。除了自己的习惯性阅读，你还应该在研究生阶段选修以阅读分析专业文献为主的一至两门课，在实验室内也要有定期的科研论文讨论。如果你的实验室还没有这种讨论，同学们可以自发地组织起来。

8. 前面几条都是讨论如何提高科研论文的阅读能力的，但是一旦入了门，就要学会批判性阅读（critical reading）。不要迷信已发表的论文，哪怕是发表在非常好的期刊上的。要时刻提醒自己：该论文的逻辑是否严谨，数据是否可靠，实验证据是否支持结论，你能否想出更好的实验，是否可以在此论文的基础上提出新的重要问题，等等。

天外有天，读科研论文是一件很简单但也很深奥的事情。一般的学生常常满足于读懂、读透一篇好的论文，优秀的学生则会举一反三，通过查找相关参考文献以全方位了解整个领域的历史、现状，并展望该领域未来的可能进展。

我从 1990 年对学术论文一窍不通到 1996 年博士后期间变得得心应手，还常常帮助同事进行分析，曾一度认为自己达到精通的水平。但是有一件事让我看到了自己的严重不足，颇为羞愧。1996 年，是 Smad 蛋白发现及 TGF-β（转化生长因子-β）信号转导研究最激动人心的一年，哈佛医学院的惠特曼实验室在 10 月的《自然》杂志上发表了一篇名为 "TGF-β 信号通路中 MAD 蛋白的转录同伴"（A transcriptional partner for MAD proteins in TGF-β signaling）的文章。读完之后，我正好遇到 TGF-β 领域的著名学者琼·马萨戈（Joan Massague），便对琼评论说："I'm not so sure why this paper deserves a full article in *Nature*. They just identified another Smad-interacting protein, and the data quality is mediocre."（我不清楚为什么这篇文章能以长文形式在《自然》发表，他们只是找到了另一个 Smad 相互作用蛋白，而且数据质量很一般。）完全出乎我意料的是，琼马上回应我道："I disagree! This paper links the cytoplasmic Smad protein into the nucleus and identifies a transcription factor as its interacting protein. Now the TGF-β signaling pathway is complete. It is a beautiful *Nature* article!"（我不同意你的观点，这篇文章把细胞质 Smad 蛋白连接到细胞核中，并鉴定了一个转录因子作为其相互作用蛋白，现在 TGF-β 信号通路完整了，这是一篇出色的《自然》文章。）这件事对我触动极大，原来大师的视野和品位远远在我之上。从那以后，我也开始从整个领域的发展方面来权衡一篇文章的重要性，这件事对我此后为国际重要学术期刊审稿、自己的实验室选择研究课题都产生了相当重要的影响。

如今，我阅读一篇本领域内的科研论文非常顺利，而且常常可以看出一些作者没有想到或分析到的关键点。回想从前，感慨万千，感谢蒲慕明、郑昌学、虞一华、约翰·戴佳雷、杰里米·伯格、琼·马萨戈等老师和同事对我的帮助。我很留心，也很用心。

希望所有的学生也能通过努力和坚持，对英文科研论文的阅读得心应手！

06

科教心得

人才的培养
需要良好的环境，
包括公正公平和
鼓励创新的科技体制，
着重能力培养的教育体制，
以及正气理性的浓厚学术氛围。

中美两国科学之我见 ①

我很高兴为《美国科学在衰退吗？》一书作序，不仅因为我很敬佩这本书的作者之一谢宇教授（他是中国改革开放后赴美的百万留学生中唯一一位在社会科学领域入选美国科学院院士的华人），更重要的是因为这本书写得很精彩，用科学的数据和方法来阐述一个核心观点：美国的科学并未像某些媒体渲染的那样在衰退！同时，作序也给了我一个名正言顺的机会，表达自己对中国科学和美国科学的看法。这种看法来自我在美国求学和工作18年的感受，也来自我从小对中国文化的耳濡目染和过去8年在国内全职工作时刻骨铭心的再体验。

与谢宇教授的科学论证不同，我在此表达的主要是基于自己经历的直觉感受。令我十分欣慰的是：我的直觉与谢宇的论证不谋而合。阅读这本书的章节，看到大量科学采集的翔实数据佐证其观点，我常常感到淋漓痛快。

中国的科学会很快超过美国吗？

中国的全面崛起是事实，也很可能成为今后几十年世界格局变化中最重要的一个变量。乐观估计，中国的经济规模和GDP（国内生产总值）总量超过美国应该能在10年内完成。过去20年，随着经济的发展，中国对科学研究的投入大幅度增加，现在也已经是世界第二。据此，很多人乐观地猜测：中国也许会在10年之后取代美国成为世界第一的科技强国，这种猜测同时伴随着一种流传甚广的"美国科学开始衰退"的传言。

---

① 本文写于2016年2月3日。

我对这些乐观的猜测和道听途说从来都不以为然。早在 2008 年北京奥运会的时候,就有国内学者问我:美国的科学是否已经开始衰退?我的回答往往无法让这些已经有先入为主观点的学者满意:美国科学之强大远远超出你的想象,它不仅没有衰退,而且会在今后几十年内很强势地引领世界发展。

中国呢?中国的尖端科学研究何时能赶上美国?老实说,这个问题是非常难回答的。我不认为任何人有把握做出准确预测,但有一点可以肯定,10 年之内中国的尖端科学研究的总体水平很难超过美国。20 年呢?难说。30 年?也许。这些预测的准确与否在很大程度上取决于两个国家的科技政策和导向,而后者是无法做长期准确的预测的。作为一名土生土长在中国又长期留学海外的科学家,我衷心希望自己能够看到祖国的尖端科学全面赶超美国的那一天,而且最好是在自己精力还比较旺盛的时候看到,这样也正是圆了自己归国的初衷和几十年的梦想。等到那一天,我希望自己能够荣幸地与谢宇教授一起写一本书——《中国的科学是如何赶超美国的》。

SCI(科学引文索引)论文及引用在中国的误导和贻害

中国科学最大的问题是导向。过去几十年,中国的科技体制不断适应新形势,不断地发展和完善,建立了一些积极向上的导向,比如针对年轻科学家的基金支持等。但也有一些重大的科技政策和导向值得商榷,其核心是基于学术水平的评价体系(merit-based system)的缺失和非学术因素所起到的重要作用。学术界对这些问题进行过深入讨论,也有一些共识,在此我就不赘述了。

我只讲一种对中国前沿科学的误导,那就是对 SCI 影响因子及论文引用次数的过度倚重及其在各种评审中的核心作用。SCI 影响因子和论文引用次数在中国越来越受到政府机构和科研院所的重视,也被绝大多数中国科学家视为关键。原因很简单,这种量化的导向很容易执行,有利于政府机构做决策,包括基金申请、重大项目审批、研究人员晋级评奖等。这种导向的结果就是广大科研人员千方百计地提高自己发表的文章数量，并想方设法地把文章发表在SCI 影响因子较高的学术期刊上，而学术期刊则是不择手段地提高自身 SCI 影响因子以吸引更加优秀的论文。在这种强大的导向影响下，很多科研人员和某些学术期刊结成了牢不可破的利益共同体，比如某些期刊要求发表的文章必须引用多篇近期发表于该期刊的其他文献，这样一来，该期刊的 SCI 影响因子会快速提高，而发表于该期刊的文献也会直接受益于他引次数的大幅增加。

对我国科研事业发展来说，这个问题非常严重。因为像中国这样一个拥有大量学术期刊、众多研究人员的科学大国，一些科研人员和学术期刊很容易通过这种触动科学研究道德底线的做法，在短时间内提高大批期刊的 SCI 影响因子和文章的他引数量。如果这种趋势持续发展下去，中国会在比较短的时间内（也许 5 至 10 年）在三个关键指标上全面超过美国，即 SCI 文章总数、文章的 SCI 影响因子总和及他引次数总和。但这种超越可能是假象，因为就实际而言，中国在科学前沿的研究产出和科研能力在较长时间内仍将与美国有明显差距。这种情况对一个国家的伤害是无法估量的。所以，我国应尽快对科学研究的评估采用多元化的标准，而不是一味看重文章数量、SCI 影响因子和文章的他引次数。

我在此评述 SCI 影响因子和论文引用次数，可能会引来一些非议。我想特别说明的是：第一，我本人无论是 SCI 文章还是论文引用次数都是相当高的，我以通讯作者的身份发表过近 50 篇 CNS（即《细胞》《自然》《科学》）论文，所以我做这样的评述完全是出于公心、为国家考虑；第二，我不认为 SCI 论文不该成为标准之一，而是建议分领域、分行业，实事求是地看待 SCI 论文，不能夸大其作用，更不能将之作为评价的唯一标准。

不看 SCI 文章，那我们究竟应该看什么？这对很多科技管理人员来说是个很为难的问题，因为对他们而言，在 SCI 文章之外是没有客观标准的。但是，学术水平的评价从来不应该由一个量化的指标来主导，也不应该由没有相关专业背景的评委一起投票决定，而是应该由水平相近或更高的同行来评议。从某种程度上说，学术评价确实带有相当强的主观性。因此，最好的评委应当是被大多数国际小同行推崇的、没有利益冲突的杰出科学家。无论是在中国还是在世界其他国家，人才招聘过程中常常出现的情况是：一流的人才招揽一流的人才，二流的人才招揽三流乃至四流的人才。

美国科学与中国科学之联系

美国科学何时走向衰落？美国作为世界的科学中心已经将近一个世纪，目前处于巅峰时期，但任何事物总会遵循兴起、巅峰、衰落三个阶段，由巅峰走向衰落只是时间问题。什么原因会引起美国科学相对于世界其他国家的衰落呢？《美国科学在衰退吗？》一书的作者对此也进行了科学分析，他们给出了三种原因：（1）相对于其他高教育水平职业（如律师、医生）的收入，科学家的收入相对较少；（2）受科研资助拮据和收入较低的影响，博士学位获得者继续长期从事学术工作的比例会下降，拥有自己独立实验室的PI的数量也不再增加；（3）在科学全球化背景下，美国面临来自世界其他国家和地区的激烈竞争。我非常认可这三个原因。其实，这三者是不可分割、相辅相成的。

对中国科学而言，前路只有一条，那就是义无反顾地走国际化道路，更准确地说，就是义无反顾地走具有中国特色的国际化道路。但无论怎么表述，其核心是国际化，即按照国际标准、国际待遇引进人才，用国际通行的机制让人才充分发挥其潜能。其实，中国过去10年的科学腾飞正是验证了这一不可回避的规律。如今，中国一流的研究机构和大学已经能够对年轻的PI给出总体上相当于美国较好研究型大学的待遇和科研条件，因此，生命科学领域众多优秀的博士后找工作时首选国内，甚至美国的一流大学也开始向在中国国内起步但做出重要成果的年轻科学家伸出橄榄枝。这一点，正是上面三种原因的综合表现。

饶毅和我也许是改革开放以来第一批在中国的大学毕业后出国留学，然后又从美国一流大学辞职回国的终身讲席教授。2010 年 1 月初,《纽约时报》以我俩回国为例证,惊呼中美之间人才逆流已经开始。国家海外高层次人才引进计划的实施吸引了一批教授半职或全职回到中国,但同时也加重了美国的戒备之心。其实,这些都不足为虑。美国真正需要关注的是,它能否继续为年轻科学家提供发挥其才能的待遇和环境,而我国也面临同样的问题。中美作为两个大国,人才争夺不可避免,但在全球化的大趋势下,只有深化双方的交流合作,构建良性竞争生态,才能最大限度地造福世界、造福人类。从这个角度看,也许并不存在哪个国家科学衰退的问题,因为大家会共同受益。

后记 | 本文完稿于 7 年前,今日再读,深有感触,文中的一些预测正在被准确验证。前段时间,一个微信公众号根据 2022 年在《自然》及其系列学术刊物上发表文章的情况公布了世界范围内大学的排名,前 100 名大学中有三分之一来自中国大陆,前 10 名中有 6 所大学来自中国大陆。这是否意味着我国的创新能力在世界上已经占到了 1/3?最具有创新能力的前 10 所大学中,中国已经占据 60%?当然不是。我们真实的创新能力与这些排名之间还有差距,要正视这个问题,不仅要了解问题产生的原因,更要有解决这种问题的决心与手段,否则这种现象会对国家的科技发展造成负面影响。我们擅长学习,我们的文化鼓励学习,通过学习我们可以迅速把 1 做到 100,但我们对从 0 到 1 的原创性突破并不擅长,而这一点恰恰是一个国家创新能力的真正体现。在错综复杂的国际局势下,是时候下决心解决这个问题了。

世界一流大学与中国全面崛起 [①]

施一公　饶毅

重要国策及艰巨任务

　　我国决定创建世界一流大学，不是局限于教育界的一个重大举措，而是带动我国在世界舞台上全面崛起、有远见卓识的历史性决策。在我国发展新阶段，只有充分认识建设世界一流大学这一具有深远历史意义的艰巨任务，才可能在它尚未成功的时候，在国家发展的全局考虑中将其列为重要国策，并在多个层次予以高度重视，激励多方面努力发挥作用。

历史必要性

　　创建世界一流大学，是一个国家在世界舞台上全面崛起的根本前提。如果没有世界一流的大学，一个大国可以在某个方面取得突破，一个小国也可以达到全国富裕，但是综观近代世界历史，没有任何一个大国，可以在高等教育落后的情况下，真正成为全面领先的世界强国。

　　一流大学的建设，必须超前于大国的全面崛起。拥有多所世界一流大学，虽然不是大国全面崛起的充分条件，但却是其必要条件。英国、美国及其他世界强国的近代史是这一结论的最佳佐证。

　　英国大学在世界上的优势地位对于英国领先世界起到了重要作用，一度使

---

①　文章缩写版于 2008 年 4 月 2 日发表于《光明日报》。

英国从一个人口不多的岛国成为几乎统治全世界的日不落帝国，也使它今天仍然超越了许多人口和本土资源比它更为丰富的国家，立于世界强国之林。全世界凡受过现代教育的大众仍念念不忘剑桥大学的牛顿、麦克斯韦，潜意识里对英国有发自内心的尊敬。

德国于 19 世纪初开创的研究型大学，为德国崛起发挥了重要作用，其影响辐射全世界。虽然 20 世纪上半叶纳粹主义的流行曾经部分抵消了德国大学带来的促进作用，但德国实力雄厚的大学在人才严重流失的情况下，聚集力量促进了二战后德国的再次崛起。

日本在 19 世纪建立了多个大学，如 1858 年的庆应大学、1877 年的东京大学、1882 年的早稻田大学、1897 年的京都大学，这些大学不仅奠定了日本在与中国、俄国的竞争中获胜的基础，也为日本此后一百多年的发展提供了必要条件。

在美国崛起的过程中，人们常注意到二战后科技人才大量涌向美国大学。其实在这以前，美国已经建立、发展了一批世界一流的大学，为美国的崛起打下了牢固的基础。19 世纪末，不仅一批老牌大学得到支持，转型成为现代研究型大学，一批新的优秀大学也得以创建并发展。例如，1876 年，银行家霍普金斯资助创办的约翰斯·霍普金斯大学成为美国第一个德国模式的研究型大学，从而大大促进了美国乃至包括中国在内的世界范围内研究型大学的推广。1890 年，石油大王洛克菲勒资助创办了芝加哥大学，不仅做出了诸如建立世界上第一个核反应堆这样的重要科学成果，而且在经济学界发展出影响世界经济的理论，领导世界潮流，使得同一个系有多人获得诺贝尔经济学奖。1891 年，铁路大王斯坦福创立了斯坦福大学，不仅在多个学科达到世界领先水平，而且是建立现代电子业主要基地硅谷、创立现代生物技术产业的主要力量之一。1900 年，钢铁大王卡内基成立了工学院，是国际计算机科学最为领先的卡内基梅隆大学的前身。这些大学在创建几十年、上百年后，力量不断呈现，为美国持续领先世界打下了必要的基础。

一流大学对国家民族的全方位促进作用

世界一流大学对一个国家和民族的文化起着相当大的作用。一流大学并不只是科学、技术和教育的摇篮，并且是现代人类文化、思想最主要的源泉。世界一流大学孕育的文化遍及全球，影响人类思想，引领社会变迁。

世界一流大学聚集了各方面的优秀人才，思考国家民族的未来，探讨国家发展的目标，提出国家发展的思想，开辟国家发展的道路。大学不仅是理论思考的基地，而且可以直接培训和提供实现这些目标的人才，使理论转化为现实。

世界一流大学是尖端科学研究和技术发展的主要力量，也是创造知识的重要源泉。西方发达国家的大学普遍担负了科学研究的主要力量，一流大学也同时为尖端科技产业的创立和发展起到了主导作用。人类社会的发展依赖于知识的创新和科技的进步，只有首先发现和掌握新知识、新科学、新技术，才能长期在世界领先。如果没有强大的、世界一流的科学技术为基础，一个国家的经济和综合国力就难以持续长期高速发展，也不可能在世界舞台上全面崛起、遥遥领先。

世界一流大学能吸引全世界的优秀人才和领导人才，世界各国人才的聚集不仅能促进其所在国文化、思想的发展，而且留学归国的人才会将这些影响带回他们的祖国，进而影响其他国家的社会和文化。如英国不仅拥有剑桥、牛津等世界一流大学，而且通过积极措施（如设立罗德奖学金等）选择性地支持来自世界各国的优秀学生（如美国前总统克林顿）留学英国，影响多个国家精英的思想形成，进而影响世界格局。美国也以各种方式支持和吸引了一大批外国优秀学生与潜在领袖人物赴美学习、进修。

世界一流大学对建立民族自信心和自豪感意义重大。如果没有世界一流大学，一个国家的精英人才就会有相当部分是由国外大学培养出来的。其中一些人的内心可能存在学生心态，当学生和老师坐在同一个谈判桌上时，认为双方完全平等是很难做到的，导致其无法充满自信地走向世界舞台。

世界一流大学的特征

我国建设世界一流大学，在立足本国实际的同时，必须依照国际标准，而不是国内标准。

依照国际标准可以推动和鞭策我们的大学奋起直追，带动我国高等教育的发展。以国内标准代替世界标准势必会造成对国内荣誉和资源的过度竞争，从而增加不必要的内耗，也让国内大学失去国际竞争力。

所有公认的世界一流大学有两个共同特点：一是拥有世界一流水平的教授队伍，二是有一套支持教授队伍培养人才、进行尖端科学研究的体制及政策（即所谓软环境）。因此，这些大学都能够持续、稳定地产生出一批世界一流的科学发现和技术发明，源源不断地培养出世界一流的学生和年轻人才，而不是昙花一现。上述两点是我国在建设世界一流大学的过程中必须追求的目标。如果没有这两点，我们不可能在中国建设世界一流大学。

很多人都清楚地知道，无论是清华，还是北大，虽然有出色的本科生并在某些学科领域取得了突破并达到世界领先水平，但都不是公认的世界一流大学，究其根本原因还是我国没有一支强大的世界一流水平的教授队伍，而且支持世界一流教授队伍的体制及政策尚待完善。我国大学的现状尚落后于我国其他方面的发展及其带来的迫切需要。国外大学日新月异的发展也给我国建设一流大学带来了强大的压力和挑战。

在严峻的现实面前，我们不应采用国内标准来减轻我国大学的压力，而应该直面现实，制订有效的政策和方针，确立必要的策略，奋起直追。综合性大学应该在多个学科拥有世界级的领袖和领军人物，培养世界一流人才，做出有影响力的工作；特色型大学应该在某些领域或者方向上领先，而不是求全、求大。哈佛大学拥有十几个学院、几千名教授、数万名学生；而加州理工大学仅有 300 名教授和 2 000 名学生。但两校都是公认的世界一流大学。

我们应该有不同特色的大学。有些作为综合性大学，全面追赶世界一流；有些则是特色型大学，在某些学科领域追赶世界一流。要能和世界一流大学竞争教授、竞争学生，而不能用国内授予的种种荣誉代替国际一流的标准。我国大学要能够取得影响世界的成就，做出对中国和世界有推动作用的发明。

我国应该奋起直追

我国目前尚没有一所世界一流大学，但是我们必须大力度、全方位地推动世界一流大学的建设，将其作为我国长期高速发展、全面成为世界强国的重要条件。150 年前，美国没有一所世界一流大学，其大学实力远在欧洲列强之后。在随后的 100 年里，美国利用其雄厚的财力国力，全力发展其大学体系。50 年前，美国高等教育已经称雄世界，领先于其他资本主义强国。

今天的中国，不是要一天之内赶上今天的美国。但是，我们可以努力借鉴美国高等教育的发展经验。我们认为，由于当今历史时期的特殊情况及我国海外人才的储备，我国有可能用 20 至 30 年的时间走完美国高等教育 100 年的崛起历程。

我国的诸多大学，不能只争国内排名，而应该根据其现有优势，建立特色，加强实力，真正提高国际竞争力。要激发大学积极向上、通力合作的文化，不重国内竞争，而以国际一流为目标，形成一种团结协作、鼓舞人心的氛围。

经过改革开放后近 30 年的不断努力，我国大学建设取得了相当大的成就，教授队伍和科学研究也得到了极大发展，个别学科取得了世界领先的地位。但整体而言，教授队伍的水平与西方发达国家还存在相当大的差距。例如，在生命科学领域，大多数优秀年轻科学家还是选择留在美国的大学任职。从大多数情况来看，我国正教授的平均水平尚未达到世界一流大学助理教授的水平。这个基本格局就决定了美国大学的年轻教授的专业起点远高于国内大学的同行。

鉴于我国大学及科研现状，在今后一段时间内，最快的方法是从国外一流大学引进杰出人才，以推动我国建设世界一流大学。我国应该重点引进一批在其研究领域领先的世界著名大学的一流正教授，使其全职全时回国服务，让他们在国内一流大学全面发挥人才培养和科学研究的领军作用。同时，我国应该大力吸引学术水平世界领先的最杰出的博士后及拥有助理教授水平的年轻人，让他们在国内做出世界一流的成果，让他们的成长和中国的发展联系在一起。

为了保证真正世界一流人才的引进，国家应该制定相应的得力政策，为他们创造真正有国际竞争力的科研环境和生活环境，从而在根本上提高我国大学的竞争力。应当指出的是，为了保证这些具有世界竞争力的科研教学育人工作顺利展开，我国大学必须改进现行的行政体制，甚至制定崭新的行政体制，并配套相应政策。如果没有这些软环境提供保障，就很难发挥出一流人才所拥有的学识与智慧。

我国著名的教育家梅贻琦先生早在1931年就任清华大学校长的就职演说中就说过："所谓大学者，非谓有大楼之谓也，有大师之谓也。"我们期望，国家领导人、教育界、科技界人士在这点上达成共识，团结一致，众志成城，共同围绕建设世界一流梯队和体制的核心开展工作，尽快建成一些真正意义上的世界一流大学，为中华民族的全面崛起奠定坚实的基础。

教育改革的支点：高校自主权 ①

饶毅　施一公

改革开放 30 多年来，我国的经济发展成就斐然、有目共睹，其中很大的原因来自邓小平时代开创的农村改革和后续的国有企业改革。教育改革应该传承上述改革的精神和模式。中国的快速发展对教育改革提出了迫切的要求，新中国成立后 60 余年的教育历史给改革提供了借鉴的经验，国家的兴盛又为教育改革提供了良好的物质基础，社会和人民的需求则为教育改革提供了坚实的社会基础。

我国的教育自 20 世纪 50 年代普及化展开以来，在规模上有相当大的发展，在质量上也在稳步提高，但是在机制与体制上尚无实质性的突破，很大程度上制约了拔尖创新人才的培养和世界一流大学的建设。

我们认为，高等教育改革的关键点是赋予高等院校充分的、实实在在的自主权，充分发挥愿意献身教育的教育家和教育工作者的积极性，使高校竞相发展自己的特色，培养各有特色和专长的学生。在高校内部，校方也要给予院系充分的自主权，充分调动院系的主观能动性。

高校自主后，不仅可以极大地促进高等院校的发展，而且可以带动中小学基础教育的改革。因为高校各有特色，中小学就不会追求单一标准，从而调动中小学的积极性以发展自己的特色。在缺乏办学自主权的情况下，单一的高校教育导致了中小学的千篇一律。

---

① 文章缩写版于 2010 年 2 月 22 日发表于《人民日报》。

高校自主权的必要性

高校自主权的改革实质上可以类比农村和企业改革，都是国家行政机构不再进行微观管理，而是调动、发挥一线前沿的农民、企业家和教育工作者的积极自主性和创造性。其实，即便是具有丰富实践经验的教育家，也常常对教育有迥然不同的意见。这一点是赋予高校办学自主权最重要的原因。在允许他们发挥办教育的积极性、创造性的体系中，不同的教育团体（在高等教育领域是以高校为单位的）可以发挥各自特长，实现多元发展，出现教育百花齐放、欣欣向荣的新局面。相反，在自主权缺乏、一刀切的体系中，高校的各种特长不仅没有得到充分发挥，而且容易引发高校和行政管理机构的矛盾与冲突。

社会不同人群、不同地区和不同时代对于教育有不同的需求。随着社会的发展，教育多元化趋势越来越明显，政府行政管理部门没有足够的精力、人力、物力统一管理和提供能够满足社会发展需求的多样化教育。如果继续限制高校自主权，学校就难以适应社会需求而独立自主地办学。更重要的是，高校会错失为中国培养一大批栋梁之材、为中国的全面崛起提供坚实基础的时机。高校自主后，各个高校的发展情况主要由自己负责，摆脱细节管理的政府行政机构也不再代表高校，而是在高校之上，代表民众监督和评价高校。

目前各级行政机构对高校的管理过多、过细。在一定程度上，高校一线工作的领导和有经验的老师迫于压力，不得不忙于应对上级行政领导和机构布置的任务，从而影响其工作能力和积极性的发挥。比如，当行政机构要看研究论文的时候，很多学校，无论研究水平高的学校还是研究能力弱的学校，都集中很大精力鼓励发表论文。而管理多种不同高校的各级行政机构不可能给高校设定最高目标，这样就使有研究特长的大学被矮化（目标低，评价标准低，以SCI点数替代科学质量就是其结果），而研究能力弱的学校本来可能有其他特长，也被迫拔高赶论文。如果给予办学自主权，这些处于两端的学校就都可以发现和发挥自己的特长，而不用都挤到中间去，自动矮化或被迫拔高。

高校自主后，国家可以鼓励大学竞争，并进行宏观管理，选择性地支持高校。国家不设上限，让自主办学的高校竞争，竞争一定能够激发活力，使这些高校取得超出预期的跨越式发展，在长期追求并不断超越既有水平的过程中，各个高校办学的道路也会越走越宽，出现特色办学、特色人才。如果国家设定上限，给出简单的量化目标，就会让高校被动地走上"一刀切"的窄路，陷入"千校一面"的局面。

高校缺乏自主权，不仅使他们失去一些应该发现的特色和拔尖人才，而且实际上会导致我们教育的幼稚化。上级教育部门对下级的微观管理，反映了一种不信任，也就使得下级不能成熟。其社会效果是全社会的相对幼稚化。行政管理机构不充分发挥学校的自主性，学校不充分发挥老师的自主性，老师也就不能尽可能发挥学生的自主性。这样的结果是，相对于西方国家的同龄人，我们国家培养出来的中小学和大学毕业生常常在思想与行为方面显得不够成熟。他们喜欢依赖别人，习惯于怨天尤人、推卸责任，进入社会之后，无法以成熟的心态理性面对、妥善解决遇到的困难。根源是在其成长的过程中，本来应该自主负责的，却习惯性地依赖和仰仗老师与家长。长此以往，势必对社会进步产生负面影响。

高校自主权的内涵和方式

我们认为，高校的自主权主要体现在 5 个方面。第一，涉及本科生和研究生的招生、课程设计、培养方案、毕业学位等事项，原则上可以由各个大学自主决定。教育部通过基本规划、规定、监督和评估，对大学实行宏观管理。第二，大学应尝试建立理事会制度。理事会成员的组成应当反映出社会结构与社会发展的需要，与教育相关的政府部门可以在理事会中占有适当比例的席位。第三，大学校长的遴选应该由大学理事会决定，然后报送教育部批准、任命。第四，各大学的经费预算应该由财政部单列并直接划拨给各高校，对可能与世界一流大学接轨的高校要给予充足的资金支持。第五，在高校内部，校方同样要赋予院系充分的自主权，包括教授聘任、课程设计、学生培养计划的制订、毕业学位的发放等，充分调动院系的主观能动性。

高校的自主管理在时间上可以逐渐分步推进，无须同时启动全面的改革，在空间上也可以分批分期选择条件合适的学校进入自主管理的高校行列，即采取"先试点，再普及"的渐进方式，推进高等教育的改革。同时，国家仍然有学位认定机构，确定哪些高校有授予哪些学位的权力。国家只在高校学位授予资格上起把关作用，而不进行微观管理。

高校自主可能带来的问题

高校自主后面临的最大问题可能是各高校在质量上参差不齐。我们认为，在分阶段、分批次试行高等教育改革的前提下，赋予高校自主权带来的负面影响可以降到最低。首先，不能因为个别学校可能会出现质量问题而不给有能力的高校充足的自主权。即使出现问题，那也是比较差的高校或低水平高校出现问题。国家还是可以有选择、有步骤地先给一些学校下放自主权。其次，本来各高校的水平就参差不齐，只是现行的体制在一定程度上掩盖了它们的真实差别。最后，如果有些学校管理确实混乱，不能自我约束、自我规范，行政机构（教育部）有权取消其自主权。

高校自主权扩大后，教育行政部门权力减少，但是对行政部门也不是一概不好。行政部门可以专心管大事，和民众一起督促大学做好工作。在行政主导的今天，民众对教育的不同意见和不满都集中于教育行政部门。如果教育体制单一，就永远不能满足所有人的需求。而教育行政部门负责的学校太多，任何改变都可能牵一发而动全身，所以不能贸然行动。高校自主带动中小学自主后，民众通过理事会影响各地的各类学校，各个学校的体量大大小于教育行政部门，可以根据实情局部响应时代和人民的需求，不仅给社会带来可供选择的多种多样的教育模式，而且具体批评不会集中于行政部门，所以高校自主办学既分散了权力，也分担了任务和压力，能更有效地推动教育工作。

我们相信，经过改革的高等院校不仅能为国家造就一批拔尖人才，也将培养一大批有特色的优秀人才，为国家腾飞奠定坚实的人才基础。希望这个建议可以得到充分的讨论和考虑。

引进高层次人才时不我待 ①

　　1989 年我从清华大学本科毕业，次年赴美留学，1995 年获美国约翰斯·霍普金斯大学生物物理专业博士学位，1998 年任教于美国普林斯顿大学分子生物学系，归国前是普林斯顿大学的终身讲席教授。我的研究工作主要是运用结构生物学、生物物理和生物化学手段研究肿瘤发生与细胞凋亡的分子机制。我于 2006 年作为"长江学者"讲座教授在清华大学短期工作，今年 2 月刚刚回到清华大学全职工作。

　　在海外学习工作期间，我始终关注着来自祖国的消息：现代化建设的成就催人振奋，重大自然灾害的发生又令人揪心。国外的种种复杂情况一次又一次激发了我强烈的民族认同感和爱国情结。有些朋友和同事对我全职回国的做法感到不理解，甚至觉得不可思议。如果仅仅从科研和生活的角度看，我的确不需要回国。我 6 年前就成为美国普林斯顿大学分子生物学系的终身正教授，同时是该系历史上最年轻的终身正教授。每年有丰厚的科研经费，研究工作也进展迅速，已发表高水平学术论文百余篇，其中以通讯作者的身份在世界上最著名的三大科学刊物《自然》、《科学》和《细胞》上发表了 21 篇学术论文。美国有多所著名高校，包括哈佛大学、麻省理工学院等，在过去三四年都表示给我提供优厚条件，希望把我挖过去。为了留住我，普林斯顿大学也给了我优厚的个人待遇。在大家眼里，我的"美国梦"已经完美无缺。

　　然而，学有所成、报效祖国，这才是海外莘莘学子的真正心声。从开始博

---

① 本文根据施一公在 2008 年 5 月青年创新型人才座谈会上的发言整理。

士后工作阶段，我就下定决心要回国，报效祖国和人民。为此，我不懈地努力提高学术能力，并深入了解美国一流大学的体制和运行机制，以便今后回国借鉴。过去 10 年，虽然我担任普林斯顿大学教授，但 20 世纪 80 年代在清华读书时"为祖国健康工作 50 年"的口号一直激励着我。2007 年 6 月，国务院和教育部有关领导接见了我，支持并鼓励我全职全时回国工作。我感谢国家的信任，感谢清华大学为我回国提供了难得的机遇和良好的工作条件，使我回国终于梦想成真。回来后，我心情很激动，每天都很充实，总感到有使不完的劲儿。

今天是五四青年节，继承和发扬"五四运动"的爱国、民主、科学精神，是我们新一代青年人的历史责任。天行健，君子以自强不息。我们要志存高远，脚踏实地，把个人奋斗与国家发展紧密联系起来，在中华民族的伟大复兴中升华人生价值。借这个机会，我想谈谈我对建设世界一流大学的一点儿思考和体会。

我认为，创建世界一流大学是中国在世界舞台上全面崛起的必要前提。国际公认的世界一流大学有两个共同特征：一是有一支世界一流水平的教授队伍，二是有一套支持教授队伍培养人才、进行尖端科学研究的体制及政策，也就是软环境。世界一流大学能够持续、稳定地产出一批世界一流的科学发现和技术发明，源源不断地培养世界一流的学生和青年人才。

在党和国家的高度重视下，在科教兴国战略、人才强国战略的推动下，我国高等教育改革发展取得了重大成就，在较短的时间内迈入了世界高等教育大国的行列。特别是国家"985 工程""211 工程"的实施，加快了高水平大学和重点学科建设的步伐。再经过一个时期的奋斗，我国有望建成一批世界一流大学。但是，基于多方面的原因，我们还远远不是高等教育强国，我国的一流大学和世界一流大学的差距明显。没有世界一流的教授队伍，就没有世界一流的大学。在全球化背景下，缩小差距最有效的办法就是引进海外的一流人才。我诚恳建议国家制订专项高级人才计划，采取强有力的政策措施，大力吸引一批在世界一流大学担任正教授、在国际学术界有重大影响的年轻科学家全职全时回国工作，推动我国科技的飞速发展，实现我国建设世界一流大学的目标。

应该说，目前成批引进高层次人才的时机已经成熟。第一，国家已经具备一定的经济实力。第二，我国在海外有着得天独厚的人才优势，是世界上其他任何国家都无法比拟的。改革开放30年，大批学子出国深造。过去十多年来，在国外著名大学获得正式教职的中国学者人数大幅增加，在国际学术界占据了极为重要的位置。仅生命科学领域，就有3 000多名在祖国大陆出生的中国人在美国主要研究型大学及科研院所担任助理教授、副教授和教授。第三，也是最重要的一条，海外高层次人才中的相当一批人有着强烈的报国热情，对我国经济建设和社会事业的快速发展非常关注，希望全职全时回国工作。

人活着，是要有理想的。回到国内工作，站在了一个新的人生起点上，我不会辜负祖国的重托和学校的期望，立足本职岗位，教书育人、自主创新，并力争在清华大学建成一个具有世界领先水平的结构生物学中心，为创建我国的世界一流大学贡献自己的力量。

论中国核心竞争力：人才

2010 年 4 月 17、18 日两天，我应邀出席哈佛大学中国问题研讨会（Harvard China Review）。我参加了两个议题的讨论，其中一个议题是，中国未来的核心竞争力究竟是什么？几乎所有与会者都一致认为，中国未来的核心竞争力一定是科学技术。于是，这个问题自然而然地转化为：中国未来科学技术发展的核心竞争力是什么？

资金、法律、政府和人才

这个议题一共安排了四位代表发言。第一位发言人是一个成功的创业者和企业家，他从资本的角度分析论证，中国未来科技的发展必须有充足的资金保障，如果没有资金，科技很难腾飞。有理有据，我十分赞同。

第二位发言人是来自一家大型律师事务所的著名律师，他精辟地论述了健全的法制对科技发展的保障作用。如果不能有效打击盗版，不能保证专利发明人、技术拥有人的合法权利，创新的科技是很难持续发展的，更不可能引领世界。的确，法律不健全，科技是很难发展起来的，我同意。

第三位发言人是政府干部，他以具体数字为事实依据，论点鲜明，论据充分，语言幽默，讲述了政府对科技强大的宏观调控作用，非常精彩。一个国家健康的发展和美好的明天，包括创新科技的未来，如果没有明智的政府决策，根本不可能实现。他的观点，我也很认可。

前面提到的三点，资金、法律和政府，都是必不可少的。那么，中国未来科学技术发展的核心竞争力是资金、法律和政府吗？在我看来，尽管这三者必不可少，但它们同时也是世界上许许多多国家共同拥有的基础，并非中国独特的核心竞争力。

我认为，中国未来科学技术发展的核心竞争力一定是也只能是人才。我特别想强调的是，我这里说的"人才"不是普通的人才，而是高层次的世界级人才，那些在本研究领域、本行业具有战略眼光的高端领军人才。最简单的例子就是 20 世纪六七十年代以钱学森、郭永怀、钱三强等为代表的一批杰出人才创造的"两弹一星"的奇迹。如果没有这些高端人才，无法想象中国在尖端技术乃至国家安全方面将会蒙受多大的损失！当然，我也能联想到当时的中国在资金、法律和政府这三个方面的状况。可见，高层次人才可以极大地提高国家的综合国力。

中国人才形势严峻

根据中国科学技术协会于 2007 年发布的《中国科技人力资源发展研究报告》，我国的科技人才总数已达 4 246 万之多，超过美国的 4 200 万，居世界第一。但非常遗憾的是，我国是人才大国，而非人才强国。高端人才在我国相当匮乏，与西方发达国家（尤其是美国）差距巨大。在我所熟悉的生命科学领域，如果以影响世界的重大科学发现和高水平文章为标准，中国的高端人才及创新能力很可能只有美国的 5% 甚至更少。我从熟悉华裔专家的朋友那里了解到，其他许多领域的情况也与生命科学领域相差无几。这种状况显然无法支持国家的长期稳定发展，也无法保障国家的长远利益。我们必须在全社会层面意识到这种危机，才可能理解为什么钱学森先生临终前还一直放心不下中国高层次人才的培养问题。

中国的科技人才现状与中国足球颇有几分相似之处。我们拥有庞大的足球运动群体和良好的群众基础，但我们仍然停留在努力冲出亚洲的水平上，参加世界杯是我们多年奋斗的目标。2002 年终于冲出亚洲，却铩羽而归，三场小组赛全部告负，一球未进。

在当今中国，各级政府致力于经济发展。但是，在努力促进 GDP 增长，追求很多看得见、摸得着的指标的时候，我们常常会忽略高端人才对社会和国家发展的长远战略作用，因为这不是一个简单的看得见、摸得着的东西，也很难在短期内成为某些领导的"政绩工程"。

中国发展得很快，充满希望，但同时面临着极其复杂的挑战和极大的困难。我们国家总体来说还处在高能耗、高污染、低技术、劳动密集型的发展阶段，我们的亲人朋友、父老乡亲在尽力工作的同时，还承受着环境污染带来的健康危害。中国以现在的模式发展下去会遭遇瓶颈，这个瓶颈其实已经悄然到来，今后 5 年、10 年乃至 20 年会愈加明显，将对中国的经济和社会造成相当大的冲击。如何将我们的发展模式转变为低能耗、低污染、高技术、智力密集型？依我之见，靠人才，尤其是高端人才。在此，我强烈呼吁：从政府层面到社会各领域，现在是应该意识到我们所面临的严峻人才问题的时候了！

高层次人才的领军作用

许多人对高端人才的理解陷入误区，把项目人才与高层次人才混为一谈。新中国成立 60 余年来，我们的教育科技体系培养了一大批杰出的项目人才，在国家经济建设和社会发展中起到了核心作用。但是，这些项目人才往往只在本专业项目上有独到见解，可以解决具体问题甚至集体攻关，但他们不是较大专业领域内的研究型人才，不是大师级的高层次人才。我们过去及现有的人才培养体系过多偏重于培养这些项目人才，缺乏对拔尖创新人才的培养；过多偏重于具体项目中实用问题的解决，缺乏对基础及应用科学的前沿研究。这样下来，我们也就很难培养出高层次人才。尤其令人担忧的是，这种培养方式对学生乃至家长和教育工作者影响至深。

以我的研究领域为例。很多青年学生立志将来从事创新制药研究，于是在硕士、博士毕业后立即加盟药厂或跨国制药公司，以为这样就能成为高端制药人才。其实，事实远非如此，这些学生往往成了项目人才。默克公司的研发总裁彼得·金（Peter Kim）是从麻省理工学院生物系的著名教授直接成为领导一万多人的研究团队的总裁的，安进公司的研发总裁罗杰·佩尔穆特（Roger Perlmutter）受聘前是美国华盛顿大学著名生物学教授，诺华公司的研发总裁马克·菲什曼（Mark Fishman）上任前是哈佛医学院的著名教授，等等。高层次人才，尤其是大学的优秀教授，往往既可以从事前沿的基础或应用科学研究，也可以担当最重要的技术总监，促进高科技产业的发展。为什么？因为这些高端人才站得高、看得远，可以掌管全局。相比之下，国内非常重视项目人才，往往把青年人培养成专攻一面的项目人才，这非常可惜。这些项目人才尽管在本专业的项目上还算优秀，但他们没有把握全局的能力，一旦离开本专业的项目就不能担当重任，很难成为高层次人才。

千军易得，一将难求。现在是中国下决心真正重视高层次人才的时候了。政府应该在政策的制定、实施，包括人才发挥能力的保障等方面多做一些工作，不可为平衡而不改革，不能为和谐而不进取。我也衷心希望全社会对高层次人才引进的一些政策、做法多一些理解，多一点儿支持。

中国未来的核心竞争力是高层次人才，中国的前途取决于高层次人才。

后记 | 本文写于 2010 年 6 月 28 日。今天再读本文，还是很有感触。13年前，在我大声疾呼高层次人才对中国发展的决定性作用的时候，在社会和科

技界并没有得到太多的呼应。很多科学家觉得我冒进了，认为中国还没有能力引进或培养高层次人才。社会各界更是不解，现在经济发展得又快又好，高层次人才又能为经济发展做多少贡献？如今，在中国科技力求自强自立的今天，对高层次人才的渴求已经是全社会的共识。

再论中国核心竞争力：
人才与环境 ①

橘生淮南则为橘，生于淮北则为枳，叶徒相似，其实味不同。所以然者何？水土异也。

——《晏子春秋·内篇杂下》

人才与环境

1982—1989 年，共有 422 位年轻的生物专业学生被 CUSBEA 项目录取，赴美攻读博士学位。这些当年的留学生如今大多数已经成为各个领域的领军人才。据不完全统计②，CUSBEA 学生中至少有 79 位在国内外著名大学担任正教授，包括王晓东（得克萨斯大学西南医学中心）、王小凡（杜克大学）、袁钧瑛（哈佛大学）、施杨（哈佛大学）、林海帆（耶鲁大学）、管坤良（加利福尼亚大学圣迭戈分校）、骆利群（斯坦福大学）、韩珉（科罗拉多大学）、熊跃（北卡罗来纳大学）等一大批生命科学领域的杰出人才，还有相当一批 CUSBEA 留学生成为生物医药企业、法律界、医学领域的高端人才。人才的成功得益于优秀的人才培养环境。如果当初没有 CUSBEA 项目把他们送到美国留学，现在也许就会是另外一种情形。

毫无疑问，这些 CUSBEA 留学生出国前已经具备优秀的内因，是优秀的种子，再经过优秀环境的孕育培养，现在成为枝繁叶茂的栋梁。种子的发育、

---

① 本文写于 2010 年 7 月 4 日。

② IUBMB Life 61(6):555–565, June 2009.

作物的生长都依赖于土壤，贫瘠的土壤不可能培育出壮实的作物，但作物的存在和生长也可以改良土壤，并为将来的种子发育、后代作物生长提供条件。移植来的作物能否在相对贫瘠的土壤里继续生根发芽、茁壮成长，取决于土壤是否具备最基本的营养成分，同时取决于该作物能否适应迁移后的土壤。

土壤与作物的关系好比环境与人才。人才的培养需要良好的环境，包括公正公平和鼓励创新的科技体制，着重能力培养的教育体制，以及正气理性的浓厚学术氛围。同时，人才也可以影响和改变环境，海外高层次人才的引进在某种程度上可以加快我国科技教育体制的改革创新，形成一流的学术氛围。

人才的培养和引进

人才培养和人才引进，究竟哪个更重要？这个问题的答案取决于一个国家的发展阶段，与其人才培养的环境密切相关。对美国这样一个科学技术领先于世界的国家而言，其未来发展所需的人才基本可以依靠自身培养。同时，美国具有优秀的人才培养环境和相对完善的科技体制，为高层次人才的培养和成长提供了保障。相对于世界发达国家，中国目前还不是科技强国，培养高层次人才的环境也相对贫瘠，科技体制还不够完善，没有起到足够的鼓励创新的作用。中国的教育体制也存在短板，这样的环境制约了拔尖创新人才的培养和成长，也限制了引进的年轻人才的发展。我们的长远目标是可以自主培养高层次人才，但是受各种条件限制，中国在现阶段及今后一段时间内，改善人才土壤的一个捷径是大力度从海外引进高层次人才，同时大力推动科技体制和教育体制的深层改革，从而逐步改善高层次人才培养的环境。

我们必须意识到，高层次人才引进的目的不只是在某些领域加强中国的研究实力，更重要的是让这些高层次人才立足于国内环境以培养杰出青年人才，并积极参与人才培养环境的改善。

引进海外高层次人才的历史契机

改革开放 30 余年来，大批留学生出国深造，但高层次人才的培养和成长需要相当长的一段时间。例如，过去 10 年，在国外的世界一流研究型大学及科研院所任职的中国学者的人数大幅增加，其中相当一批已成为其所在科技前沿领域的世界一流学者，在国际学术界占据了重要地位。在生物医学和生物技术领域，1997 年仅有不足 100 名改革开放以后出国留学的中国人在美国主要研究型大学及科研院所担任助理教授、副教授和教授，而这一数字在 2007 年已高达 3 000 余名，其中相当一部分人在其研究领域处于世界一流水平，其学术水平远远高于国内现有水平。这种情况为中国引进海外高层次人才提供了前所未有的历史契机。改革开放已 30 余年，到收获我国留学政策果实的时候了！这一点，可谓天时。

这批人才中最出色的绝大多数仍然滞留海外，这是我国的巨大损失。尽管多年旅居海外，这批海外高层次人才中的相当一批人高度关注中国的发展和振兴，对祖国有很高的认同感和归属感，许多人内心涌动出全时回国工作的激情。这一点，可谓人和。

同时，我国在世界舞台上全面崛起，经济实力大大增强，正在从大国走向强国，国家制定了科教兴国、人才强国的战略，其核心是急需相当数量的高质量、高层次人才。这一点，可谓地利。

天时、地利、人和，中国引进海外高层次人才的历史契机已经成熟。

归国高层次人才的历史责任

改革开放 30 余年来，中国的飞速发展有目共睹。从 20 世纪 80 年代中后期开始，就有海外留学人员回国创新创业，并迅速成为科技教育领域的中坚力量。过去 20 年，引进人才在国家的发展中更是起到了关键作用，在科技、教育、经济、产业等各方面担当重任。2009 年卸任教育部部长、现任中国工程院院长的周济，以及现任科技部部长万钢和卫生部部长陈竺分别在美国、德国和法国获得博士学位，搜狐公司的创始人及首席执行官张朝阳和中星微电子有限公司董事长邓中翰则是20世纪90年代分别在麻省理工学院和加利福尼亚大学伯克利分校获得博士学位，他们都是早期归国人才的代表性人物。

而今，归国高层次人才理应继续担负起历史和国家赋予的责任。我认为，这些人才应该有两方面的责任。第一，专业责任。作为各个领域的高端人才，每位归国高层次人才毋庸置疑的一个本职工作就是要立足于本专业，在中国的土壤上努力做出世界一流的工作，同时培养优秀的年轻后备军，促进本领域尽快与国际接轨，力求达到世界一流水平。对我而言，这项本职工作就是在我的专业领域结构生物学领域继续开展高水平的研究工作，立足清华大学培养优秀的博士生和年轻科学家。我全职回国两年多以来，清华团队做出了重要的成果，得到了国际同行的充分认可。这也是我履行下一个责任的基础。第二，社会责任。中国的土壤可以培养人才，但还不是最肥沃的土壤，中国的科技体制还不完善，甚至某些方面并不合理。助力国家进一步完善科技体制和政策是所有归国高层次人才义不容辞的社会、历史责任。这些人大都在欧美发达国家学习、工作、生活多年，熟悉国外的职业准则和体制机制，回国之后，应该发扬"拿来主义"精神，取其精华，去其糟粕，针对中国的现状，努力介绍、推行在国外学到的合理的、有优势的、适用于中国的机制或体制，并且身体力行地践行职业道德，促进国家科技体制的改善及科技政策的完善，改良人才培养的土壤。

两年前，一位刚刚从海外归来、加盟清华生命科学研究的年轻教授在与我的第一次正式谈话中，问道："一公，你觉得我需要每周花多少时间出去拉关系？以便将来在基金申请等方面得到照顾。"我回答道："一分钟都不需要！我相信，你靠实力可以崛起，其他像你一样的年轻人一样可以靠实力崛起！"此话代表了我的心声与理想。

我坚信，青年人才完全可以凭借自己的实力脱颖而出，在中国持续做出大量世界级的工作。而这种局面的形成又会进一步吸引全世界最优秀的年轻人才涌入中国，这该是多美好的前景！

让我们每个人共同努力，创造人才成长的沃土。

07

清华与我

这辈子，
对我的人生观影响
最大的地方莫过于
清华大学。

我的清华，我的梦 [①]

　　哥哥、姐姐和我从小就梦想上清华大学，一部分原因来自父母的影响，更重要的是仰慕清华实干兴邦的传统及其在全国高校中的地位。1979 年高考，哥哥估分偏低，与清华失之交臂。惋惜之余，父母把希望寄托在姐姐和我的身上。1982 年，一向成绩优异的姐姐在高考时意外发挥失常。这样，全家人的清华梦就由刚刚初中毕业的我义不容辞地承担了下来。

　　1984 年秋天，我在河南省实验中学读高三，幸运地获得全国高中数学联赛河南赛区第一名。很快，我接到了中国数学泰斗陈省身先生领衔的南开大学数学系的免试录取通知书。随后，北大和清华的保送邀请接踵而至，由我随意选择任何一个院系。这样突如其来的幸福太强烈、太震撼了！难道一家人的梦想就这样要成真？父亲、母亲和我在一起考虑了整整一晚上，分析了清华各专业的优势和劣势，最终选择了刚刚恢复重建的生物系。

　　28 年前的北京金秋，我走进了美丽而广博的清华园。此后的 4 年，我成长的苦恼、奋斗的艰辛、梦想成真的喜悦，以及思想由少不经事的悸动走向成熟的淡定，都与清华息息相关。清正洁雅，华美大气，清华深深地印入我的骨髓。时至今日，如果让我重新走一遍青春之路，我仍会毫不犹豫地选择清华大学，而不是本科教育多年排名美国第一的普林斯顿大学。

　　1997 年，即将完成博士后研究工作的我意外地接到了普林斯顿大学的盛情邀请，希望我任职分子生物学系的助理教授。我没有犹豫，来到了如诗如画

---

① 本文写于 2013 年 3 月 12 日。

的普林斯顿小镇。在那里，我的事业一帆风顺，一度成为分子生物学系历史上最年轻的终身教授和讲席教授。在那个风景秀丽、底蕴深邃的大学城，我似乎明白了为何爱因斯坦在人生的最后 22 年选择在普林斯顿度过，而不是美国西海岸的加州理工或东北部的麻省理工。然而在那段美好的日子里，我依旧常常牵挂生我养我的母亲，也牵挂着给我理想和力量的清华。

2006 年春季，我回国开会。在清华，再次遇到我的老师、清华生物系重建的总设计师赵南明先生，年近七旬的赵老师叮嘱我："一公，希望你回到清华，接过生命科学发展的接力棒。"2008 年春节一过，我便全职回到了令我魂牵梦绕的清华园。在这里，我全力以赴地讲课，认认真真地做研究，还参加了学生组织的马拉松爱好者协会，每年也必定出席学生主办的文艺汇演，在与同学们一起锻炼身体、共同感受校园文化的过程中，重温二十多年前的感觉，时时感受到"自强不息，厚德载物"的清华精神。2012 年，在教育部主持的全国一级学科评估中，清华的生物学名列全国第一，实现了历史性的突破，也圆了以赵老师为代表的一代恩师的梦想。

每到本科招生的时候，我都会回到哺育我长大的河南省，鼓励那些像我当年一样胸怀梦想的优秀学生报考清华大学。在这里，你不仅能获得科学知识和方法，更重要的是，你会获得清华精神的熏陶，这是一种可以给你力量、给你信仰、坚强支撑你一辈子的美好精神。它很难用语言描述，但你时时刻刻会感受到这股精神的存在，为你提供温暖和动力。

清华，我儿时的梦想，我们一家人的梦想，伴随我走到今天，走向未来。我的清华，我的梦！

我与清华生物系 ①

　　1985年，我高中毕业。8月末，告别了父母，我离开河南郑州，北上赶赴向往已久的清华大学。当时的火车多为坐票和站票，很少有卧铺，即使有，我也舍不得买。我和同样来自河南省实验中学的同班同学肖战一起，乘坐K180次列车整整一夜，第二天早晨抵达北京站。一出车站，我们就看到清华大学显眼的接站标志，心里暖乎乎的。我们顺利来到了学校，各系的新生报到点就设在大礼堂前的小广场，志愿服务的学生和接待的老师很快帮忙把进校手续办理齐全。我们班很幸运，入住刚刚启用的14号楼。

　　清华大学生物系始创于1926年，是我国最早的生物系之一，在20世纪三四十年代相当辉煌，培养了一大批杰出人才。仅中国科学院院士中就有三十多人曾在这里学习或工作，其中包括钱崇澍、陈桢、李继侗、戴芳澜、汤佩松、吴征镒、邹承鲁等。但在1953年全国院系调整时，清华生物系被并入北京大学，从此清华经历了长达31年的生命科学空白期。

　　1984年，清华大学恢复成立生物科学与技术系（简称生物系），并聘请了美国哥伦比亚大学的蒲慕明教授担任第一届系主任，来自清华工程物理系的赵南明教授担任常务副系主任。1985年，清华生物系第一次面向全国招收本科生。

　　我们班作为清华生物系复系之后招收的第一届本科生，一共34人，班主任是获得了"北京市优秀班主任"称号的孙之荣老师，同学中21人是全国数

---

① 本文缩写版2009年7月30日发表于《光明日报》。

理化竞赛的优胜者被保送入清华，另外 13 人的高考平均分则在清华各院系中
遥遥领先，高居第一。我们班同学学习刻苦，非常上进。我记得有几位同学在
与蒲慕明先生的第一次座谈中，一再打听近年诺贝尔奖中有关生命科学领域的
情况，其心志之高远可见一斑。在这样一个班级中，我感觉压力极大，但也动
力十足。

作为刚刚恢复的生物系，教学、科研条件十分艰苦。由于生物系教师大多
来自工程物理系和化工，本系缺乏生物专业的教师，大多数的生物专业课不
得不从兄弟单位聘请授课教师。当时，普通生物学由中科院生物物理所的沈淑
敏研究员和北大生物系的张宗炳教授讲授，遗传学则由北大的戴灼华教授讲授。
印象最深刻的是生物化学课，由刚刚从北大调到清华的郑昌学教授主讲，他大
胆使用了美国伦宁格教授主编的英文教材。郑老师的课生动有趣、激情洋溢，
把大家对生命科学的兴趣推到了高潮，我至今还能想起他一堂课讲下来大汗淋
漓的情景。尽管大家的学习热情很高，但物质条件不尽如人意。整个系的人都
集中在一栋面积很小的"干"字形平房里，俗称"36 所"，因为该房一度是抗
日战争中侵华日军的兵营。

1989 年，我提前一年毕业，并于次年 4 月远渡重洋，赴美国求学。那时，
生物系已经开始初见规模，引进了一批骨干教师，以隋森芳教授为代表的留学
海外的年轻教师也回校工作。整个系也从"36 所"搬到了始建于 1929 年的老
生物学馆。

1995 年，我在美国约翰斯·霍普金斯大学获得博士学位后，第一次回到了
阔别 5 年之久的母校。"36 所"已然不知所终，与老生物学馆隔河相望的新生
物系馆则在建设中。1999 年，我已在普林斯顿大学分子生物学系担任助理教
授，第二次回到清华生物系。当时，生物系经过 15 年的发展，已经成为国内
举足轻重的生命科学教学、科研基地，早期引进的人才做出了一批国内领先
的科研成果，1998 年发表的 SCI 论文数已经领先全国高校其他生命科学院系；

同时，引进了一批在国外做出了优秀科研工作的新鲜血液，其中包括程京、饶子和、罗永章、孟安明等今天在国内非常著名的科学家。生物系的硬件条件也迅速改善，建筑面积 9 000 平方米的新实验楼里有数十个现代化的实验室。

1999 年以后，我每年至少回母校一次，开始进行学术讲座、短期讲课，并帮助生物系从海外招聘人才。我每次都能看到一些新面孔，其中包括 2002 年从美国加州大学河滨分校担任 tenure-track（预聘–长聘）助理教授归来的陈晔光，他是清华生物系历史上第一次成功地从美国优秀大学的教师中招聘到的全职回国的高级人才。2005 年麻省理工学院副教授刘国松全职来到清华，同年还有从香港归来的香港科技大学终身副教授李蓬，以及从瑞士弗雷德里希·米歇尔生物医学研究所作为 PI 归来的孙方霖等。

本科毕业 19 年之后，我在 2008 年也全职回到了清华大学生物系，并于同年辞去了普林斯顿大学终身讲席教授的职位。清华的生物系在蒲慕明（1984—1986 年任职）、赵南明（1987—1992 年、1996—1998 年任职）、隋森芳（1993—1995 年任职）、周海梦（1999—2001 年任职）、陈应华（2002—2008 年任职）5 位系主任的带领下，经过两代人的努力拼搏，与 25 年前相比已经发生了翻天覆地的变化。许多深受学生爱戴的老师，如徐育敏、曲长芝、刘祖同、郑昌学、周广业、沈子威、钟厚生、吴逸、戴尧仁、张日清、鲍世铨、曾耀辉等，都已退休。尤其值得一提的是赵南明老师，他为生物系的成立疾呼奔走，为生物系的发展呕心沥血，付出了二十多年。

现在的清华生物系已经具备较强的教学、科研实力，总体水平和美国州立大学的一批生物系相当，但距离世界一流的生命科学院系还有很大差距。纵观清华生物系的历史，校训"自强不息、厚德载物"始终贯穿其中，而"行胜于言"则一直是生物系师生的默契。我毫不怀疑，清华生物系在今后几年一定能继续其强劲的发展势头，做出一批有国际影响力的研究工作，培养出一大批年轻的生命科学人才。

我很幸运，从小学到中学在河南接受了正规教育，大学阶段接受了清华文化的熏陶、清华生物系的良好教育，本科毕业后又在美国完成了博士学位的攻读和博士后的训练，并积累了在美国一流大学担任教授的经验。饮水思源，我希望自己能用今后几十年的时间回报养育我的父老乡亲，回报教育我、对我寄予厚望的许许多多的师长。

春节期间，乘坐已是全空调、全卧铺的 T179/180 次列车往返郑州途中，回想起当年几乎没有站立之地、燥热难当的乘车体验，感慨万千。

回国这三年

从我 2008 年 2 月全职回到清华大学工作，已近三年。回到祖国，一种踏实的归属感使我每天的生活都很充实，总感到有使不完的劲儿，让我乐此不疲地全身心投入科研教育事业。谨以此篇对我过去三年的工作做个回顾。

我的实验室：立足尖端科研，培养青年人才

大学之本在于育人，培养拔尖创新青年人才是我的主要责任，而拔尖创新人才的成长离不开前沿基础研究。

2007 年 1 月我开始在清华大学组建分子与结构生物学的实验室，并于同年 3 月 27 日开始进行课题研究，招收了第一批共 8 名青年学生，包括 3 名刚刚入学的一年级博士生、3 名硕士生、1 名博士后和 1 名实验员。2008—2009 年，实验室规模不断扩大，现在共有博士生 19 人、硕士生 3 人、实验员 4 人、博士后 4 人及 1 名副研究员，实验室的总体规模已经超过 2006 年我在普林斯顿大学的实验室（博士生 6 人、博士后 14 人、实验员 3 人）。

过去三年半，我对实验室所有青年学生，尤其是博士研究生，进行了实验技术、实验方法、思维方式的严格训练，一批青年科学家迅速成长、脱颖而出，第一批接受训练的 8 名青年学生无一例外地做出了国际领先的基础研究成果，均以第一作者的身份在国际顶尖学术期刊上发表了研究论文，包括《自然》三篇、《科学》一篇、《细胞》一篇，初步形成一支日趋强大的、具有相当国际影响力的研究团队，加速培养第一批有大志、敢担当的杰出青年创新人才。第一批进入实验室的博士生高翔同学，运用 X 射线晶体衍射方法在世界上首次解

析了氨基酸逆向转运蛋白的三维空间原子结构，在膜蛋白生物学领域受到广泛关注，今年9月代表中国学生参加了在德国举行的有69位诺贝尔奖获得者参与的前沿论坛，他用自己出色的表现展示了中国青年科学家的信心和实力。李晓淳、王翊、戚世乾、张旭、周丽君、卢培龙、任若冰、鲁斐然、马丹、胡奇等一批博士研究生具备了优秀的研究能力和素质，担当了一系列生命科学领域国际前沿问题的研究工作。

青年人才的培养和成熟为科研创新提供了坚实基础。2009年以来，我带领博士研究生在国际基础前沿研究领域取得了一系列重要成果，我们成功解析了世界上第一例细胞凋亡小体（apoptosome）的晶体三维空间结构、世界上第一例甲酸离子通道蛋白FocA复合体的高分辨率晶体空间结构、世界上第一例蛋白降解复合体MecA-ClpC的三维空间结构等，在与世界上数十个一流的结构生物学研究团队的竞争中脱颖而出。这些成就对生命科学相关领域产生了重要影响，在国际学术界引起广泛关注。相关成果以7篇论文的形式先后发表在世界顶尖学术期刊《科学》、《自然》和《细胞》。

人才引进：建设世界一流的生命科学教授队伍

纵观世界近代史，没有任何一个大国可以在高等教育落后的情况下，真正成为世界强国。我坚信，创建世界一流大学是我国在世界舞台上全面崛起的一个根本前提。我国建设世界一流大学，既要立足基本国情，也要借鉴国际标准。公认的世界一流大学有两个共同特点：一是拥有世界一流水平的教授队伍，二是有一套支持一流教授队伍培养人才、进行尖端科学研究的体制及政策（即所谓软环境）。而软环境的建设也需要一流人才的建设性意见和参与，所以从根本上讲，一流大学的建设就是一流教授团队的建设。

清华大学生命学科的教授经过充分讨论，确定了多个主流学科方向作为人才引进的重点。校领导对我们的人才引进计划予以充分的重视和支持。同时，我的全职回国在世界范围的学术界引发了一定的震动效应。受此影响，一批海外高层次人才和杰出的青年创新人才主动申请到清华大学工作，人才引进迎来了前所未有的活跃局面。在这种天时地利人和的大好形势下，我们面向全球积极引进年轻杰出人才和资深教授。过去三年半，我们从上千份海外申请人中严格遴选出 90 位优秀的年轻科学家，我主持或参与了他们在清华大学的面试，并给其中 65 位杰出人才提供了教职，聘其为博士生导师。到 2010 年底，已有 43 人在清华大学全职工作，建立了自己的独立实验室。清华大学生命科学学院和医学院生物医学领域的独立实验室从 2007 年初的 42 个（不含这期间退休人员的实验室）增长到 2010 年底的 85 个，规模实现 4 年翻一番的增长。这些被引进的杰出人才从事生物医学前沿领域的研究，包括结构生物学、干细胞与再生医学、神经科学、分子免疫学、生物化学与分子生物物理学等，对杰出人才的引进从根本上改变了清华生命科学人才的布局和质量，为清华大学在生命科学领域全方位冲刺世界一流奠定了稳固基础，也为我们改变拔尖创新人才的培养模式做好了充足准备。

科学研究：整体与世界接轨，在个别领域引领世界

　　教授队伍的快速发展与壮大在很大程度上提高了清华大学生命科学的科研创新能力。例如，在 2008 年以前的 10 年间，清华生命科学的教授在世界三大顶尖学术期刊《细胞》、《自然》和《科学》共发表论文 2 篇，但 2009 年以来已经被接受或发表的论文已达 12 篇，学科领域包括结构生物学、细胞生物学、神经科学、生物化学、免疫学等多个主流学科。这一数字不仅在中国各高校及科研院所领先，也高于美国研究型大学的大多数生命科学领域的院系。

　　让我深感自豪的是，清华大学结构生物学与分子生物物理学已经达到世界领先水平。首先，在我和各位同事的努力下，清华大学结构生物学中心拥有了一批以柴继杰、颜宁、吴嘉炜、王新泉、杨茂君等为代表的世界级青年科学家，

成为世界瞩目的一流科学研究中心。仅过去 18 个月，清华大学结构生物学中心就在世界三大顶尖期刊上发表了 9 篇学术论文，其研究实力不仅可以比肩世界著名的耶鲁大学结构生物学中心，也不逊色于世界任何其他结构生物学研究中心。更令我欣慰的是，我见证了一大批杰出的青年拔尖创新人才的成长，他们将为清华生命学科带来源源不断的世界一流成果，也必将成为中国未来科技发展的中流砥柱。

改革人事制度：引入流动性、竞争性聘任制度

引进人才的同时，在清华校方领导和同事的大力支持下，我倡导在整个生命科学学院进行人事制度改革，推行以具有流动性的 tenure-track 系列为主体、以"国际化、竞争性、高效率"为原则的人事制度。tenure-track 系列的核心内容是国际评审、非升即走，只有在工作 6 年内科研能力达到世界研究型大学终身教授水平且教学优秀的独立 PI 才能长期留在清华，否则必须在一年内离开，流动到其他单位。这种"非升即走"的流动制打破了过去比较僵化的人事制度，极大地调动了人才的科研、教学动力。tenure-track 系列的教职人员成为生命科学学院人才培养和科学研究的主力军，同时承担起院内主要的学术职责与关键事务；而 tenure-track 系列的长聘教授则成为全院的学术权力核心。另外还设有 4 个教辅系列：教学系列、研究系列、实验技术系列和教育职员系列。这 4 个系列人员的评审、晋级均由 tenure-track 系列的人员负责。随着生命科学学院人事制度改革的全面实行，医学院人事制度的改革在本学期也随之推进。

改革后的人事制度从根本上改变了现行体制造成的教职工队伍活力不足、竞争力弱、只进不出的僵化局面，为教学改革奠定了坚实的基础。我们预计，通过 3 至 5 年的调整与过渡，清华大学生命科学领域的师资队伍规模和整体学术能力将达到世界一流大学水平。

改进行政管理：政学分离，行政服务于学术

世界一流大学的建设需要相应的职业化行政管理，其理念是行政与学术分离，行政服务于学术，并接受学术的考核与监督。过去两年，我们对生命科学学院现行的行政管理制度进行了特点鲜明的调整。一是院长负责学术，由行政副院长统一协调行政管理，行政副院长接受院长领导、对院长负责。具体分工是：院长负责学术方向、人才引进和重大校拨经费（比如 985/211 经费）；行政副院长负责院办公室、人事、财务、后勤、设备等相关事务，并与学校各相关行政职能部门沟通对接。这样的分工使院长从极其繁重的行政事务中解脱出来，专注于院里的学术方向、学科建设等重大问题。二是三位分工副院长（科研、研究生、本科生）负责各自领域内的学术事务，与其相关领域的行政事务则主要由学院办公室相应的教育职员承担。三是教育职员系列人员的考核考评由全体 tenure-track 的教职人员负责。

改进后的行政管理制度对"行政服务于学术"的基本点定位清晰，在一定程度上改善了学院治理行政化的倾向。行政管理得到加强的同时，也更好地满足了教学科研的需要，达到了"教授治学，行政服务于学术"的目的。

推行教学改革：促进拔尖创新人才的培养

人事制度和行政管理制度的改革为教学改革奠定了体制机制的基础，而大规模的人才引进为提高教学质量提供了坚实的后备力量。从 2008 年起，我们又开始积极尝试对本科生、研究生的教学、课程设置和培养进行渐进式改革。

众所周知，我国的整体教育水平很高，中学和大学本科的素质教育在世界上处于领先水平。但应试教育的特点非常突出，学生的创新能力、独立解决问题的能力受到制约，限制了对拔尖创新人才的初期培养。同时，研究生的教育和培养与世界发达国家有较大差距，阻碍了拔尖创新人才的中后期培养。大学本科阶段理应加强能力培养，让学生完成从"学会"到"会学"的方法论转变，

这期间，基础理论课的质量尤为重要。研究生阶段则应该重点培养学生的批判性思维与分析能力，多开设一些深入的以研究论文为背景的讨论课。

我们通过减少必修学分来减轻学生负担，赋予学生更多依靠兴趣爱好进行选课的自由度；通过更换核心课的教师和选取适当的教材来加强课堂教学，努力使学生从被动接受知识转变为主动思考和学习。与此同时，我们也开始尝试研究生课程及培养的改革，清华大学生命科学学院与北京大学生命科学学院、北京生命科学研究所共同设立了博士生联合培养方案，大胆引入国际流行的轮转制选择导师、博士生指导委员会监督学生成长、不做文章数量硬性要求等规则，设立模块式的新式教学方法，给予学生充分自由，发挥学生的独立创新能力。

我深信，再经过今后两年的努力，我们可以在本科生、研究生的培养上闯出一条立足国情、符合校情、国际领先的拔尖创新人才培养之路。

促进成果转化：与国际公司双赢合作

生命科学具有较强的应用性，一些前沿的研究成果可以转化为创新药物。依托生命科学的人才优势，我们与多个跨国制药公司签订了科研合作、药物研发的双赢协议。其中我主导了以下几个合作：（1）拜耳公司在2009—2012年的3年中，每年向清华大学生命学科提供30万美元的无偿资助，给予15名"拜耳研究员"每人每年2万美元的工资奖励；同时，拜耳每年还向清华生命学科的独立实验室提供约70万美元的科研经费，资助与制药相关的研究。（2）强生公司在今后5年中（2011—2015年）提供400万美元薪酬资助清华生命学科中与传染病研究相关的独立实验室PI，并帮助专利转化与开发。（3）罗氏制药公司在从2008年开始的5年中，每年资助清华生命学科80万美元，用于人才引进及科学研究。此外，我们还与其他一批大公司签订了学生培养、科研项目等方面的合作协议。这些合作聚焦人才的薪酬待遇，在很大程度上促进了清华生命学科的人才引进，稳定了人才队伍。

向国家建言献策：促进科技教育体制的改革

"钱学森之问"是国家领导人和社会各界非常关心的问题，更是我们这些教育工作者应该一直思考的问题。过去两年，我与北京大学的饶毅教授一起向有关部门建言，积极提倡建设世界一流大学，深化高等教育体制的改革，扩大高校办学自主权，充分调动大学的积极性和创造力，培养拔尖创新型人才。我们希望通过推动高等教育的体制改革来带动整个教育体系的变革，在中国产生培养大师的土壤。目前，我国是世界高等教育大国，但还不是高等教育强国，我国一流大学和世界一流大学存在明显差距。在全球化背景下，缩小差距最有效的办法就是引进海外世界一流人才。据此，我们在 2008 年 5 月积极向有关部门建议引进海外高层次人才，对国家海外高层次人才引进计划的实施起到了一定的作用。

国家海外高层次人才引进计划的对象涵盖了创业与创新各个领域的高级人才，充分体现了国家对高层次人才的重视。该计划尽管刚刚实施两年，但在海内外已经产生轰动性的影响。

归国高层次人才理应继续担负起历史和国家赋予的责任，改良人才培养的土壤。在这方面，我一直坚持不懈地向有关部门以各种方式建言献策，努力为科技体制的改善及科技政策的完善做出自己应有的贡献。

天行健，君子以自强不息。中国正处在一个民族复兴的伟大时刻，在今后的工作中，我要求自己去私心，敢担当，有作为，把个人奋斗与国家的发展紧密联系起来，为祖国的昌盛贡献毕生精力，在中华民族伟大复兴中升华人生价值。

后记 | 本文写于 2010 年 12 月。当时，我国科技处在全面追赶阶段，很难在科学研究的顶级期刊上发表论文，所以这篇文章多次以顶级期刊文章来代表学术进展和突破。如今，来自中国科学家的顶级期刊文章已经数不胜数，不过真正从 0 到 1 的原创突破还很少，这也是目前我国科技发展迫切需要解决的另一个问题。

厚积薄发，剑指国际 [①]

1985 年，我高中毕业后被保送进清华大学，进入复系刚刚一年、首次招收本科生的生物科学与技术系。1989 年，我提前一年毕业，次年赴美留学。在美国求学工作的 18 年间，我一直都在关注着母校生命科学的发展。2006 年，受清华大学时任党委书记陈希老师的邀请，我决定全职回母校任教。2007 年开始，我着手负责生命学科的人才引进工作，2008—2019 年主持、规划、协调包括生命科学学院、医学院、药学院在内的清华生命学科的发展。

回顾清华生物系发展历程，可以说是几代清华人呕心沥血、共同奋斗的结果。自 1984 年复系到 1995 年这 12 年，在蒲慕明、赵南明、隋森芳等几任系主任的带领下，各位老师白手起家、攻坚克难，为清华生命科学的发展打下了坚实的基础。这一阶段的目标基本是向国内一流看齐，尽量达到国内一流。1996 年到 2007 年这 12 年，在赵南明、周海梦、陈应华三位系主任的带领下，我们基本达到了国内一流，开始向亚洲一流看齐。而 2008 年到 2019 年这 12 年，我们可以说全面达到了亚洲一流，向世界一流看齐。个别学科达到世界一流水平，比如由董晨领衔的免疫学、我本人领衔的结构生物学与分子生物物理，我们可以比较自信地说，这些学科已经处于世界前沿地位。值此生物系建系 95 周年之际，我想简单回顾自 2007 年以来清华生命学科的发展历程。

2006 年 5 月底，我回国开会时顺访母校，并拜会了学校的主要领导。陈希书记在与我的谈话中，介绍了当时学校的学科规划，强调生命科学是学校 5

---

① 本文写于 2021 年 4 月 26 日清华大学生物系成立 95 周年之际，修订于 2023 年 3 月。

个重点学科的重中之重，必须大力发展生命科学，并希望我能接过大生命学科的接力棒。我听后心情激动，当晚与夫人电话商讨，第二天就告诉陈希老师，我一定尽快全职回国。回到普林斯顿之后，我便着手安排，开始过渡。

自 2007 年夏季开始，我全面负责清华大学生命学科的人才引进工作。当时受陈希书记和顾秉林校长的委托，我开始规划清华生命学科的总体布局，并在之后的 12 年间通过生命科学与医学研究院（医研院）来总体负责和协调空间分配、人才引进、经费支撑。在这个充满挑战的过程之中，我们打通了五大难关。

第一关，人才待遇。2007 年，如果在清华生物系从海外引进一位正教授，学校会给予其年薪大约 8 万元，按照当时的汇率计算约为 1 万美元。但同时期在美国，一位助理教授的年薪已经达到 9~11 万美元。同时，我们每位 PI 获得的科研启动经费一般是 100 万元，最多 200 万元，而美国比较好的研究型大学的 PI 获得的经费基本在 100 万美元左右。这种个人待遇和科研支持的巨大反差，严重影响了清华生命学科在国际舞台与海外名校竞争优秀的年轻科学家。面对这第一个巨大的难题，怎么办？

回想那段历史，我由衷感谢清华的魄力和各位校领导的信任，党委书记陈希、校长顾秉林、党委常务副书记胡和平，以及先后任副校长和常务副校长的陈吉宁，在校内政策的方方面面都给予了大生命学科改革先行先试的优惠和极大的支持，保障并大大促进了清华大生命学科的发展。

当时，副校长陈吉宁负责分管学校财务兼任医研院院长。在他的积极促成和安排下，让时任副院长的我作为医研院的实际负责人开始全面主持工作。更重要的是，他给医研院定位为"统一组织、规划、协调、指导大生命学科各院系"，因此，与大生命学科相关的全部空间、绝大部分校拨经费都由医研院统筹分配使用。此外，学校还为医研院提供了一个特殊的支持政策：医研院获得的横向经费提成比例可以突破学校现有规定，但只能用于给教研人员发放工资。

当然，为了避免利益冲突，我承诺绝不从个人或者医研院的科研经费中拿一分钱，只领取学校的协议年薪。

为解决横向经费来源，2008—2010年，我的相当一部分时间用在与国际制药公司洽谈各种形式的合作。医研院牵头与全球10大制药公司中的7家公司（辉瑞、葛兰素史克、罗氏、拜耳、强生、百时美施贵宝、赛诺菲）、知名医疗器械公司安进、IDG（美国国际数据集团）、盖茨基金会等先后签订了科研合作协议，并与拜耳、强生等公司达成了全面的战略合作，设立拜耳讲座教授、拜耳研究员、强生研究员等。2008—2009年，医研院对海外引进PI的工资支持已经达到了其年收入总额的2/3左右。到2014—2015年，学校在大生命学科100多位PI的年薪总额中只承担了一小部分，大部分经费由医研院、生命中心自行承担，PI的年薪达到了美国同类大学职位的70%~90%。这些人才引进经费至关重要，不仅极大地稳定了队伍，还增强了学院的竞争实力。在2007年，如果想引进一流的年轻科学家，即便是与美国州立大学竞争，我们的胜率也非常低，但到了2015年前后，大多数同时拿到双方同等职位的面试者会首选我们。

第二关，科研经费。一个学科要想健康蓬勃发展，必须有充足的经费支持，也要有一定的体量。我们引进国际一流人才，必须能够给予其与国际标准匹配的科研启动经费。2007年，清华生物系有近30个独立实验室，医学院有十几个，清华生命学科共有40多个独立实验室。当时，这些实验室每年的科研经费总额若能达到3 000万元，就算是大年了；而小年只有2 000万元左右。到2019年，生命科学学院、医学院、药学院的独立实验室加在一起有一百六七十个，启动经费从哪里来？生命科学联合中心和北京高等学校高精尖创新中心先后解了燃眉之急。

2007—2019年，学校拨款到医研院账户的大生命学科建设总经费不足3亿元，而同期医研院用于人才引进和学科发展的总经费超过20亿元，这笔钱还不包括来自合作企业的横向经费，也不包括 PI 自己申请到的纵向或横向经费。这笔钱哪里来的？最主要的来源就是生命科学联合中心，以及随后创立的北京市结构生物学高精尖创新中心和生物结构前沿研究中心。

2010 年 1 月底，我在中南海参加国务院《政府工作报告》座谈会。会议结束之后，国家相关领导向我了解国内生命科学发展现状，并嘱咐我写一个建议，探讨如何结合清华和北大的现有优势，推动生命科学在短期内实现跨越式发展，向世界一流看齐。回去后，我便抓紧执笔写了初稿，后请饶毅修改，我们建议依托两校的生命科学学院，设立生命科学联合中心。之后历经一年零两个月，清北两校各部门通力合作，进行了 77 版认真修改，终于在 2011 年清华百年校庆之际，生命科学联合中心正式成立，当年两校即获第一笔拨款。该中心的创立和之后的跨越式健康发展充分体现了国家强大的体制优势和有力的宏观统筹。2011—2020 年，有大约 15.5 亿元的投入支撑了清华大学生命学科的飞速发展，人才引进、科研教学齐头并进，具有国际影响力的科研成果层出不穷。

至 2015 年，生命科学联合中心的投入已经不能完全支持人才引进的力度。不过非常幸运的是，我们在此时又获得北京市政府的大力支持，成立了清华大学结构生物学高精尖创新中心。2015 年 7 月中旬，我有幸代表清华大学参加北京市教育座谈会，向时任北京市委常委、教育工委书记苟仲文汇报了清华学科发展状况，并提到了大发展之后遇到的瓶颈。他当即鼓励我们依托结构生物学这个优势学科，申请已经进行到评审后期的北京高等学校高精尖创新中心一期项目。当时清华的结构生物学人才济济，涌现了不少世界级的成果。在这个雄厚的基础上，我们成功于 2015 年 9 月入选，成为北京市第 13 个高精尖创新中心。每年 1 亿元的经费支持，使得清华的结构生物学和生物物理学科再上一个台阶，自 2015 年以来，重要成果呈现井喷之势。在这个过程中，我非常感谢北京市的大力支持，也非常钦佩决策者们的魄力。

2018 年，在北京市的大力支持下，我们又成立了新型研发机构北京生物结构前沿研究中心，每年可获得北京市科学技术委员会提供的经费支持，重点用于跨学科和前沿尖端学科的发展。至此，拥有 160 多个独立实验室和 3 000 多名师生员工的清华大生命学科，每年获得来自政府的稳定支持达到 3 亿元以上，支撑着清华生命学科往前迭代式大踏步发展。统计过去十几年的人才培养、科研成果和对科学进步的贡献，清华生命科学完全对得起国家的这笔投入。

第三关，博士生待遇与名额。高质量的博士生是科学研究的中坚力量，对他们的培养是人才梯队建设的重要一环，也是学科发展的主要内容。若想把一批优秀的本科毕业生留在国内继续深造，让他们心无旁骛地专心搞科研，就应当尽量免除他们生活上的后顾之忧。但长期以来，国内硕士和博士研究生待遇普遍偏低。2008 年，王小凡、饶毅和我牵头，与其他几十位教授联名给时任总理温家宝写信，建议大幅提高研究生津贴标准，很快得到国家有关部门的批准和落实。2017 年 1 月，在参加国务院《政府工作报告》座谈会的时候，我再次向时任总理李克强建议进一步提高研究生待遇，克强总理当即要求相关部门抓紧研究解决，当年在全国范围内再次提高了研究生津贴标准。

同时，博士生招生名额翻倍是我们取得的又一重要进展。2007 年，清华生物系和医学院的博士生名额加在一起只有 61 个，这种规模无法支撑清华生命学科的高速发展。而到了 2012 年，我们博士生招生名额已经达到 300 个，积极联合兄弟院校从外部争取资源是我们的解决方案。除了学校的常规名额调配，这 300 个名额里的一大半来自生命科学联合中心和 PTN 项目。研究生项目是生命科学联合中心的一部分，每年名额单列，这里不再赘述。而清华大学、北京大学和北京生命科学研究所合办的 PTN 项目则是国内研究生培养的一个崭新探索。

2009 年初，饶毅、王晓东和我一起联名向国家倡议，创立三校联合的博士培养机制。这一建议很快获得支持，当年教育部就批准了清华大学、北京大学和北京生命科学研究所的 PTN 项目。PTN 项目的博士生名额单列，从而为清华生命学科的发展解决了宝贵的博士生名额问题。该项目以选拔培养拔尖创新人才为目标，探索新的招生、考核、培养机制，充分发挥高等学校、科研院所和导师的积极性与主动性，对改革招生录取制度及转变培养模式具有积极意义和示范作用。自 2010 年首届招生以来，该项目以 PTN 在校生为第一作者发表了多项重要成果，并培养出一大批年轻科研工作者，其中多位已经独立领导实验室。

第四关，平台设施。2007 年到清华时，我很意外地发现，清华居然没有符合标准的实验动物房，也没有集中的生物大分子分析平台和主要服务于生命学科的细胞生物学平台。后来，得益于学校的重点支持和国家的投入，前后历经数年，我们终于把综合性科研服务平台建立起来。目前，清华拥有了国内领先的实验动物中心、现代化的蛋白质组学平台、细胞成像平台、X 射线晶体衍射结构分析平台、同位素平台等，还有享誉世界的作为蛋白质基础设施的一部分的电镜平台，这些优秀的科研平台设施支撑着清华大生命学科的发展。这里尤其值得一提的是冷冻电镜平台的创立。

2008 年，我向学校汇报生物学科发展规划，从战略高度建议布局冷冻电镜平台建设，抢占先机。校领导果断拍板，采购了亚洲第一台 300 千伏 Titan Krios 冷冻透射生物电子显微镜。与此同时，我们招聘了哥伦比亚大学电镜专家、2017 年诺贝尔化学奖得主约阿基姆·弗兰克（Joachim Frank）教授的三位博士后高海啸、雷建林、高宁回到清华建立实验室，为清华大学在全球范围内引领结构生物学的发展打下了基础。依托这个基础，2009 年修订和论证国家蛋白质科学研究（北京）设施（简称蛋白质设施）项目时，在王志新和隋森芳两位老师的积极努力下，冷冻电镜基础设施花落清华。之后两年，我们又购置了两台 Titan Krios 电镜，并在 2011 年成功引进时任耶鲁大学 tenure-track 助理教授的电镜专家王宏伟，从而使得清华在 2012 年冷冻电镜技术革命之前完成了战略布局，在这场技术革命中立于潮头。后来我们能够做出一系列入选教科书的结构生物学经典工作，都得益于 2008 年学校充分信任、果断支持下的前瞻性布局。

第五关，人事制度改革。要想实现一个大学科的持续迭代发展，必须保持系统的流动性。人事制度改革便是为清华大生命学科长期发展保驾护航的重要一步。

2009—2010 年，清华生命科学学院的人事制度改革不仅是清华历史上的第一次，也是中国大陆高等院校全方位与国际接轨的人事制度改革的第一次。既然是改革，必然会涉及个体的利益冲突。因此关于这次改革方案，我们多次征求了全体教职工的意见，最后 80% 以上的教职工投了赞成票，反对票只有 7%。

生命科学学院人事聘任制度改革以"国际化、竞争性、高效率、促和谐"为基本原则，不搞一刀切，老人老办法，新人新办法，将所有教职工依据岗位职责分为 5 个系列，分别是教研系列、教学系列、研究系列、实验技术系列和教育职员系列。

新的人事聘任制度最大程度地兼顾了各方利益，为清华生命学科注入了全新的活力和持久的推动力。清华大学于 2013 年全面开启的人事制度改革，正是汲取了生命科学学院改革的经验和做法，甚至作为复制推广的模板，开始推进全校范围内的人事制度改革。

从 2017 年开始，我将工作重心逐步转移到西湖大学，但每次回想 2007—2019 年这 12 年激情燃烧的岁月，总忍不住感慨万千。这期间，清华大生命学科总共引进了大约 140 位 PI，一批年轻科学家脱颖而出，他们接下了清华生命学科发展的接力棒。自 2014 年以来，鲁白、董晨、祁海先后执掌医学院，王宏伟、时松海先后担任生命科学学院院长，丁胜、钱锋先后担任药学院院长，这 7 位院长无一例外都是于 2008—2016 年从海外引进的。这里我特别有感触的是药学院，2007 年我开始考虑药学院的规划，于 2008 年开始实施的国家新药创制重大专项加速了药学学科的设计和布局，先从海外引进了何伟和饶燏两位药学领域核心 PI，随后引进刘刚教授；2011 年，依托医学院，清华成立了药学系，刘刚担任首任系主任，引进了十位左右的药学领域 PI；2015 年底撤系建院，正式成立药学院，丁胜担任首任院长。

可以说，清华大生命学科的发展赶上了国家对基础研究重点投入的天时、清华重点发展生命学科的地利、从学校领导到学院师生众志成城全力以赴建设世界一流学科的人和。在这个过程中，尤其要感谢各位老领导、老教师及陈应华等同事们对我的信任、支持与包容。也正是清华生命学科建设的成功，给了我创办西湖大学的勇气和底气，我很希望把清华生命学科的成功经验进一步推广到更大范畴、更广领域，为国家科教改革做出有益的探索和尝试。

新清华学堂：我的艺术天堂 ①

　　我从小喜欢艺术，也自认为有一定天赋。上小学的时候，我参加了学校的美术队和文艺表演队，从舞蹈到快板、相声、腰鼓都尝试过，是班级、学校的文艺小骨干，对此乐在其中。后来国家恢复高考，在"学好数理化，走遍天下都不怕"的影响下，父母不再支持我对艺术的追求，我不得不放弃了这些爱好。

　　1990年出国留学之后，我又重新拾起了对艺术的兴趣和热爱。妻子仁滨曾经是清华艺术团舞蹈队的成员，格外喜欢舞蹈和音乐。在她的影响和熏陶下，即便当时研究生的日子过得比较清苦，但我们还是省吃俭用，经常去洛克菲勒中心观看纽约芭蕾舞团的演出，尤其是圣诞节前观看经典的《胡桃夹子》和《天鹅湖》。虽然坐在远离舞台的第四圈（Fourth Ring）位置，但还是格外享受！我们去伦敦或巴黎旅游时，也不忘观看当地的各种艺术演出。后来，我在普林斯顿大学任教，我们又成了小镇麦卡特（McCarter）剧院观看演出的常客。仁滨还参加了新泽西州的业余华人舞蹈团，每次演出，我都会带上母亲和岳父岳母一起观看。

　　2007年，我回到清华，开始重新组建实验室。工作虽然辛苦，但创业的豪情壮志让我充实而幸福。唯一美中不足的是，无法像之前那样时常陪伴家人去剧场看看演出，感觉缺少了一些文化生活。2009年，仁滨带着两个孩子搬回北京，从小受我们的影响，孩子们也对艺术格外感兴趣，但由于工作忙、时间紧，我们只能偶尔带孩子去北大大讲堂、保利剧院或其他很远的剧场欣赏演

---

① 本文写于2013年2月27日。

出，来去交通很不方便，开车停车心情又添堵。所以我们一家人都期盼着新清华学堂的建成！

2012年3月底的一天，仁滨听说新清华学堂开演了，嘱咐我一定要买几张"走进芭蕾"的票。我喜出望外，马上联系了艺术教育中心的老师，顺利地买到几张入场券。那天，我们一家四口，加上同样喜欢艺术的岳父岳母，第一次坐在崭新的新清华学堂观看了精彩的演出！在赶去看演出的路上，全家人七嘴八舌，喜悦之情溢于言表。在看完演出回家的路上，大家对节目赞赏有加，同时期待着今后更精彩的表演！

从此，我们一家人成了新清华学堂的常客，每次有精彩的演出都会准时到场。有意思的是，我们在这里常常可以遇见平时难得相见的同事和朋友，大家利用开演前或中场休息聊上几句倒也惬意。一个小小的插曲是，去年4月，已经在读小学二年级的儿子，在穿着运动鞋的情况下，身高勉强到1.2米。他的身高在观看第一场演出入场时便成了问题，门卫管理员以为他只有五六岁，怕孩子年龄太小干扰其他观众，好说歹说，才让我们进去。如今，身高已经1.25米的儿子不需要再踮着脚尖入场了。每次演出听到女儿和儿子开心的笑声，我就更满足了！

2012年圣诞节，我们全家一起观看了在新清华学堂表演的《胡桃夹子》和在北大大讲堂表演的《天鹅湖》，不禁勾起我对往事的回忆，愉悦的心情胜过当年在纽约和普林斯顿！

新清华学堂，这座身处校园的"艺术殿堂"，让我们不用走出校门，就可以欣赏到高水平的演出，给我们带来身心和视觉的美好体验。新清华学堂的一场场精彩演出就像一盏盏明灯，照亮了清华大学的艺术殿堂，成为校园文化的重要组成部分，让更多的清华人走进艺术，收获感动。我衷心祝愿新清华学堂在2013年给清华人带来更多更精彩的演出，成为清华艺术和文化传播的中心！新清华学堂，我的艺术天堂！

从清华感恩前行 ①

初心

　　这辈子，对我的人生观影响最大的地方莫过于清华大学。1985 年，18 岁的我风华正茂，第一次迈进清华园，一切都恍如梦境……在美丽如画的校园里，我深深地被震撼，同学的优秀，课程的精彩，思想的碰撞，文化的熏陶，清华的校训"自强不息、厚德载物"融入我的骨髓，给予并开始支撑我强大的世界观和价值观。在这里，我经历了失去父亲的锥心痛苦和煎熬，也感受到学校和师长的温暖关怀与慰藉。1990 年，我心情惆怅地离开母校，怀揣着梦想远渡重洋，留学美国。

回归

　　2008 年初，40 岁的我辞去普林斯顿大学终身讲席教授的职位，带着海外求学工作 18 载的积累和信心，踌躇满志地回到了阔别已久的清华园。在这里，我暗下决心，一定要帮助母校建立与国际接轨的软环境，引进世界一流的师资，建设世界一流的生命学科，培养敢担当、有作为的拔尖人才。

　　在学校的理解和支持下，我和同事们一起创造了一个辉煌的 10 年。我们率先在国内全面实行以国际化、流动性、竞争力为标志的准聘教师人事制度，实行教授治学、专职行政服务于学术的管理体系，从海外引进 120 余位杰出的中青年才俊，使清华的大生命学科快速实现质的飞跃；成立生命科学学院，创

---

① 本文写于 2018 年 4 月 4 日。

新性地改进本科生和博士研究生的培养模式；创建药学系和药学院；实质性发展医学院，创办 8 年制医师科学家的培养模式；建设一流的生物医学服务多种类平台；在结构生物学、免疫学、神经科学、生物化学、药学、细胞生物学等多个基础研究领域已经迈入或正在迈向世界一流。我的清华梦以超越预期的速度变为现实！

前行

在清华的 10 年，我回国之初设定的目标一一达成，我欣喜、自豪。于不了解我的旁观者而言，我的归国梦想似乎顺利实现了，我也应该满足了吧？但实际上，随着清华生命学科的顺利发展，我抬头放眼象牙塔外，心中开始了新的反思和期待。

对在中国长大、深谙美国大学教育体系而又回到清华二次创业的我而言，中国一流大学与世界顶尖大学在学术水平和拔尖学生培养方面的差距虽然在逐步缩小，但依然明显。我深知机制理念的差异对现代大学发展和创新人才培养的深远影响。更重要的是，对一个拥有 14 亿左右人口的大国而言，时至今日，优质高等教育资源依然缺乏且发展很不均衡，传统的综合型公立大学一枝独秀，而 400 多所民办大学基本为营利性质的技术技能培训学校，没有一所拥有硕士学位授予权。总体而言，民办高等教育仍然处在规模较小、发展不足的初期阶段。这种格局与中国在经济社会领域取得的举世瞩目的成绩很不相称，与强大的民营经济基础形成鲜明反差。就长远而言，此种状况恐将制约我国社会经济的持续快速健康发展。

在改革开放 40 周年的今天，全社会都在呼唤高等教育的深层次改革创新，寻找适合中国发展的机制体制和办学理念。18 岁的我在清华园里学到的第一课就是"自强不息、厚德载物"，"厚德载物"奠定了我为人行事的基础与底气，"自强不息"则让我从不惮为天下先。在清华受到的教诲与过去 10 年的成功实践，让我义无反顾地决定和一批志同道合的朋友一起在中国创建一所小而精的新型研究型大学，剑指世界一流。它就是西湖大学。

在教育部的关心和指导下，在浙江省、杭州市、西湖区三级政府的大力支持下，在社会各界的帮助下，西湖大学的创建从零开始。2015 年，西湖大学筹委会及筹建办公室开始运行，西湖教育基金会成立；2016 年，西湖大学的前身浙江西湖高等研究院正式奠基，并开始在全球范围内招聘杰出师资；2017 年，启用 66 亩土地创建云栖校区，首批学术人才入职，首届 19 位博士研究生入学，1 400 亩的云谷校园概念设计完成；2018 年，行政服务全面走上正轨，已有 45 位学术人才签约入职，教学科研全面展开，第二届 130 位博士生招收顺利进行，云谷校区首期规划设计完成并开始建设。

清华培养了我，正如母亲支持孩子一样，当我表达了参与创建西湖大学的想法之后，清华又给予了我最大的理解和积极的支持，实实在在地使西湖大学的创建一步步从纸上的设想变为眼前的现实。

愿景

因为小而新，西湖大学可以灵活探索创新的人才培养、科学研究、大学管理的体制机制；因为起点高，以培养博士生入手的独特做法将很快使西湖大学赢得国际学术界的瞩目。我对未来 10 年的愿景是，西湖大学教授的平均科研水平将步入世界前列，来自西湖大学的重大前沿科学突破享誉全球，并转化成先进生产力，推动中国的创新发展，对人类文明做出重要贡献。那时，西湖大学也将完成本科通识教育的设计和实践，送出第一届、第二届优秀的本科毕业生。

西湖大学的建设离不开国家和社会各界的支持。作为探索高等教育体制机制改革创新的试点，国家的支持和指导必不可少；作为公益性的新型研究型大学，浙江省、杭州市、西湖区三级政府的支持将起到关键作用；作为社会办学的探索，来自各界的捐赠将成为西湖大学运行经费的主要来源。作为我国第一所由社会力量举办、国家重点支持的新型研究型大学，西湖大学的尝试与发展不仅为中国高等教育体制机制改革创新提供了可借鉴的经验，也必将极大地鼓舞新型大学在中国的崛起。我期待在未来若干年，社会力量陆续支撑起几所甚至十几所风格迥异的新型大学，它们将作为对众多公立大学的重要补充，为国家科技、教育的未来和世界文明的进步做出卓越的贡献。这些新型大学的出现及它们多元的招生模式，也必将辐射引领国家基础教育的改革发展。

我感恩清华，母校的校训激励着我无问西东、砥砺前行；感恩时代，让我和千万筑梦人可以义无反顾地追求理想。我坚信，在国家和社会力量的支持下，我们几代人携手奋斗，一定可以把西湖大学建设成为一所属于我们中国人自己的享誉世界的高等学府！

08

西湖逐梦

毫无疑问，
创办西湖大学
不是一件容易的事情，
但历史将证明，这件事情
对国家和民族意义重大。

大时代的大责任 ①

2016 年 12 月 10 日，浙江西湖高等研究院正式成立，这是我国历史上第一所新型的、含理工生医等多个研究方向、剑指世界一流的高等研究院。她寄托着社会各界的厚望，承载着一代人的梦想，今天正式扬帆起航！

有 5 000 年悠久历史的中华民族，曾经在世界范围内引领人类文明的发展和进步。但是，在过去几百年里，随着欧洲文艺复兴和工业革命的兴起，世界科学技术中心先后转移到了欧洲和北美。在 1949 年以前的 110 年间，中国不断遭受外敌入侵，中华大地动荡不堪，百姓苦难深重。拥有世界五分之一以上人口的中国未能继续对科学技术和人类文明做出与人口比例相称的贡献。

但是，即便在国家近代史最黑暗的时期，仍然有一批又一批志士仁人未放弃科教救亡的梦想。容闳尽其毕生精力推动留美幼童计划，开启中国近代史出国留学的大潮；1895 年，中国第一所现代大学——北洋大学诞生在天津，首批留美幼童之一的蔡绍基 36 岁出任首任校长；随后 20 年，包括今日北大、清华前身在内的一批现代化高等学府在中国大地创建，迎来了科教救亡的曙光。然而，无论是在试图以洋务运动和戊戌变法来改变命运的清朝末年，还是军阀混战的民国初年，孱弱的中国都无法自保，更难以自立自强，科教救亡的努力举步维艰。

但是，前辈们从未放弃！20 世纪三四十年代，在抗日战争最艰难的时刻，在大后方的昆明，西南联合大学里正演绎着中国近代科教史上最浓墨重彩的

---

① 本文根据 2016 年 12 月 10 日施一公在浙江西湖高等研究院成立大会上的致辞整理。

一笔。

新中国成立后，尤其是改革开放以来的近 40 年，在中国共产党的坚强领导下，人民大众艰苦奋斗，用汗水和智慧创造了经济发展的奇迹。进入 21 世纪的第二个十年，中国经济总量已经跃居世界第二，中国在世界上的综合地位达到近代以来的最高点。在国泰民安、经济发展的大环境中，我国的高等教育和科学研究都取得了长足进步，在世界舞台上开始亮剑。但是，中国的持续发展也面临严峻的挑战：基础研究的总体水平仍然落后于西方发达国家，高科技发展的核心技术严重缺失，等等。如果这些问题得不到及时解决，每一个挑战都将制约国家今后的发展。

中共十八大以来，实现中华民族伟大复兴的中国梦成为全体中国人民共同的奋斗目标。这是一个激动人心的时代，也是一个充满挑战的时代。于我辈，这个时代提供了空前但不绝后的科教兴国契机；于我辈，科教兴国是历史大时代所赋予的大责任。科教兴国，为了这个理想，我们立誓为之奋斗终生。

在国内一流的大学和研究院所科研、执教多年，我感受到了公立大学的勃勃生机。与此同时，我们也在现有基础上通过各种有益的尝试，一直不断地探索适合我国国情、兼容并包、百花齐放的教育体制和科研模式。纵观世界近代科教发展史，民办大学由于其灵活多样而发挥出巨大的实力，哈佛、耶鲁、普林斯顿、麻省理工、斯坦福等民办名校不仅培养出包括众多诺贝尔奖得主在内的一代代优秀学者，还成为科技密集型经济发展的引擎，在全球经济、科技发展中占有举足轻重的地位。在中国，民办高等教育近年来蓬勃发展，但目前主要以职业技术教育为主，还未曾在前沿科学研究和高技术领域的高层次人才培养方面进行尝试。这个空白需要一代人携手迈出第一步去填补！

改革开放以来，近 500 万留学生迈出国门，其中 200 多万人已经学成回国。他们在中国长大，从小接受中华文化的熏陶，深受人民的恩泽；他们怀抱科教兴国的梦想，立誓用自身所长报效祖国和人民。而创建一所世界一流的新型大学正是这一群人和国内万千同道实现这一梦想的途径。从 2015 年 5 月起，陈十一、潘建伟、饶毅、钱颖一、张辉、王坚和我，与从海外归来的数千名专家和众多科教工作者一起，集思广益，希望在美丽的西子湖畔创建一所新型的、有望在短时间内成为世界一流的小型研究型大学，其前身正是浙江西湖高等研究院。

我们期望，十年、二十年之后，在浙江杭州，有一所在世界上备受尊崇的、立足中国大地且充满中国特色的新型高等学府——西湖大学。这里，将拥有世界上最杰出的一批科学家，培养最优秀的青年人才，从事最尖端的基础和应用研究，探索适合中国国情的科研教育体制机制，为中国的高科技可持续发展提供强大的引擎和支撑，为世界文明做出无愧于中华民族的贡献。到那时，中国的一大批有情怀、有理想的企业家不仅会继续对西湖大学慷慨解囊，也会支持其他科学家、教育家群体共同创办的一批与西湖大学类似的世界一流新型研究型大学，这些大学必将与我国众多优秀的公立大学交相辉映，携手在中华民族的复兴伟业中谱写出无愧于时代的篇章！

毫无疑问，创办这样一所大学不是一件容易的事情，创办浙江西湖高等研究院也是一次大胆的尝试，有阻力，有风险，但我们坚信，历史将证明这件事情对国家和民族意义重大，利国利民。我们相信，有国家和各级政府的支持，有一大批企业家的慷慨资助，有一大批志同道合的专家学者的群策群力，浙江西湖高等研究院一定会发展成世界上最有影响力的科学技术研究院之一，为创办西湖大学打下坚实的基础。

我们深知，道阻且长，但我们坚信，未来，我们终将不辱使命！

梦想开始的地方 ①
——写给心怀梦想的天下英才

上个月，我度过了 50 岁生日。实验室的孩子们为我准备了一个简单却温馨的生日庆祝会，他们悄悄收集了过去 20 年间在普林斯顿大学和清华大学的 Shi Lab 学习、工作过的，现在遍布全球的几十位成员的视频祝福，给了我一个意外的惊喜。我看得很感动，也很感慨。注视着视频里几十张笑脸，我的思绪一下子跨越了 20 年……

20 年前，我得到普林斯顿大学助理教授的职位，开始了我的独立学术生涯；10 年前，我在清华大学创建实验室并开启了第一个研究课题。20 年，弹指一挥间！ 50 年，惊觉人生苦短！

细数人生前 50 年，我不过做了两件事情。一是成家立业，拥有一个幸福的家庭和一对双胞胎儿女，在自己的研究领域引领世界。二是 2007 年在不惑之年回国，全力在清华建设一个世界一流的生命学科，并直接参与中国科技教育机制体制改革。在过去 20 年里，我很有幸培养了一批优秀的青年科学家。

我这前 50 年，无憾！

50 岁生日，我许愿：与一大批志同道合的朋友一起，将西湖大学建设成一所与世界一流大学并驾齐驱的、能代表中国人水平的新型研究型大学！

中国已经是世界上经济总量第二的国家，经济的可持续创新发展需要雄厚的科技实力来支撑，而其核心竞争力是人才。我笃信，高等教育的多样化

---

① 本文写于 2017 年 6 月 27 日。

必将为我国的科技发展和人才培养注入新的活力。可以预见，30 年后，在中华大地上，一定会有一批世界一流的可以媲美欧美名校的新型大学。它们的优势在于机制灵活多样，便于轻装前行，可以成为中国科技教育改革的试点，由其探索出的成功经验可以进一步被拓展到公立大学。新型大学作为对传统公立大学的有益补充，共同支撑中国的尖端科技和创新发展，助力人类的文明和进步。

浙江西湖高等研究院是中国历史上第一所新型的、高起点的研究院。目前，该研究院虽然还没有一个成熟研究院的舒适度，却拥有创造奇迹和美好未来的所有可能！

她很年轻，所以没有任何负担，在这里你可以尝试匪夷所思的主意，我们也会根据你的需要制定灵活的实验室支持模式。

她的规模很小，所以早期加盟的各学科人才彼此熟识，在这里你将尽享同行者的智力挑战与学科交叉思维碰撞的火花。

她很有底气，在政府、社会各界和诸多支持教育科研的有识之士的资助下，浙江西湖高等研究院将为每一位受聘的助理教授、副教授和教授创造与国际接轨的研究环境和行政支持，提供充足的科研经费，配备优越的科研条件和设备，招收科研动力十足的博士后、博士生和技术员，并提供让每一个家庭毫无后顾之忧的优厚待遇。在这里，你可以心无旁骛地享受科研与创造的乐趣！

我如果年轻 10 岁、20 岁，一定会义无反顾地选择加盟浙江西湖高等研究院，在杭州这样一个人杰地灵的历史文化名城，开启自己的梦想，创造人生的奇迹。

在这里，天有多高，你的潜力就应该发挥到多大！

浙江西湖高等研究院，为有梦想、敢追求的青年才俊设立！

今天加盟浙江西湖高等研究院的你们，在十年、二十年后，可以自豪地与自己的学生和家人回忆自己如何参与一所世界顶级大学的创建与发展！人生短暂，何不尽情体验、尽力一搏？到时候，我们一起回忆这段宝贵的经历，我相信，你和我会异口同声地说：无憾！

　　浙江西湖高等研究院张开双臂，欢迎你的到来！

西湖已至，未来可期 ^①

金秋十月，我们相聚西子湖畔，共同见证中华人民共和国历史上第一所由社会力量举办、国家重点支持的新型研究型大学——西湖大学在 2018 年 10 月 20 日正式扬帆起航！

西湖之梦：大学的定位和目标

从春秋战国的古圣先贤到抗战时期的西南联大，教育在源远流长的中华文明历史上始终占据着举足轻重的地位。改革开放 40 个春秋，中国的高等教育总体取得长足进步，尤其是以清华、北大为代表的一批优秀的公立大学，多方位与国际一流接轨。但目前中国大学的现状和可预测的未来发展还不能完全满足社会大众对优质教育资源的渴求，也不能满足中国可持续发展和经济转型对尖端科技的需求。今年 9 月 10 日，习近平总书记在全国教育大会上明确指出："要坚持把优先发展教育事业作为推动党和国家各项事业发展的重要先手棋，不断使教育同党和国家事业发展要求相适应、同人民群众期待相契合、同我国综合国力和国际地位相匹配。"

西湖大学在科教兴国的新时代为梦想应运而生。2015 年 3 月，7 位倡议人向中央呈递关于试点创建一所立足中国大地的世界一流新型研究型大学的建议，得到了积极肯定。2018 年 2 月 14 日，教育部正式批准设立西湖大学。

西湖大学希望做中国高等教育改革的探索者。多年来，我国高等教育的创

---

① 本文根据 2018 年 10 月 20 日施一公在西湖大学成立大会上的致辞整理。

新发展一直面临深层次体制机制问题的困扰。西湖大学遵循"高起点、小而精、研究型"的办学定位，借鉴国际化的做法，翻开中国高等教育多元化的新篇章，通过自己的实践与探索为建设中国特色现代大学制度提供借鉴和参考。

西湖大学希望成为拔尖创新人才培养的摇篮。学校以博士研究生培养为起点，创造了中国高校从博士生再到本科生培养的先例；聘任世界一流科学家，用一流科学研究支撑拔尖创新人才的培养。

西湖大学希望成为世界前沿科学技术的引领者。学校坚持发展有限学科，特别注重学科交叉融合，强化基础研究，努力实现原始创新和科技成果转化的重大突破。

西湖大学希望成为国际化的高等学府。在充分考虑中国国情的基础上，西湖大学的所有规章制度的设立都将遵循国际化的标准，在教学科研、行政服务、后勤保障、校园文化等各方面都将充分体现全球化的特色，成为世界范围内学生学者钟爱的家园。

西湖之始：大学筹建情况

作为西湖大学的前身，浙江西湖高等研究院于 2016 年 12 月 10 日先期成立。依托西湖高研院，大学的创建工作在校园规划、师资引进、人才培养、制度建设、资金筹措等方面都取得了重要的阶段性成果。

西湖大学在杭州云栖小镇已经拥有一个占地 66 亩的创建阶段校区，也称云栖校园，可容纳 120 个独立实验室和 2 000 位科研及辅助人员，基本满足大学前三年发展的空间需求。位于紫金港科技城的云谷校园已经于今年 4 月正式开工建设，首期建筑面积为 45 万平方米，预计于 2021 年底交付使用，可容纳 300 个独立实验室和 3 000 名博士生。

大学之大，不在大楼之大，而在大师之大。西湖大学面向全球的学术人才招聘从 2016 年 7 月开始，截至今年 9 月，共收到来自海内外的 5 000 多份申请，目前已有来自 13 个国家的 68 位优秀科学家签约加盟西湖大学。这批创校教师主要分布在物理、化学、工程、信息、生物、基础医学等学科，在各自研究领域达到世界领先水平。从今天起，他们正式成为西湖大学理学院、工学院和生命科学学院的奠基教师。

被称为"西湖一期"的首批 19 位博士研究生已于 2017 年 9 月在西湖大学注册入学；今年 8 月 26 日，我们迎来了"西湖二期"的 120 位博士生。这 139 位同学无一例外地都曾拥有多种选择，但他们为了追寻心中的梦想，都毫不犹豫地来到初创期的西湖大学，开启自己的科学生涯。

秉承"教授治学，行政理校，学术导向决定行政服务"的治校方针，西湖大学已经制定了一系列符合国情又与国际接轨的规章制度，职业的行政服务使教师免于事务性工作的繁文缛节，高效的科研平台保障了尖端科学研究的顺利进行，教师则负责制定大学治理的各项规章制度，并交由行政团队和科研平台具体执行。过去两年，96 位行政人员和 159 位科研团队成员从五湖四海聚拢到云栖校园，作为西湖大家庭不可或缺的重要成员，努力工作，保障了大学的顺利创建。

作为由社会力量举办的大学，来自社会各界的支持是西湖大学发展的生命线。作为社会力量的代表，也作为西湖大学的举办方，西湖教育基金会面向大众的募捐活动得到了社会各界的善意理解和积极响应，为西湖大学的未来发展提供了强大的后盾。17 位基金会工作人员辛勤付出，使西湖大学无后顾之忧。

西湖大学是为中华民族的梦想而生的。在这里，68 位创校教师、139 位同学、96 位行政人员、159 位科研团队骨干，以及基金会的 17 位工作人员，为了同一个梦想牵手同行，组成了一个拥有 479 位成员的西湖大家庭。众志成城，梦想成真！

西湖之路：建设世界一流大学的挑战

大学是人类文明的产物。大学通过教育和研究为世界打开新的视野，开创新的文化，培养有批判性思维而又富有社会责任心的人才，推动人类进步。

当今世界，人口的流动、信息的交流、观念的撞击、科技对社会的影响，比历史上任何时期都更加剧烈，每一个人也都逐渐具备了比以往任何时期都更能影响周围世界的能力。在这样一个全球化的环境中，我们拥有前所未有的机遇，同时面对层出不穷的挑战，怎样才能培养出各行各业敢担当、有作为的未来领袖？这是每一所大学都应该深入思考的问题。

展望未来，西湖大学将着力探索适合中国国情的现代大学治理制度，激励创新的科技评价标准，以及富有社会责任感的拔尖创新人才培养模式。我们会虚心向海内外兄弟院校学习，借鉴世界一流大学成熟的经验，认真研判过去百年世界范围内大学创立的经验和教训，取其精华，回避陷阱，充分发挥我们的后发优势。

培养富有社会责任感的拔尖创新人才是西湖大学最根本的任务。大学创建的前 6 年（2016—2022 年）只致力于培养博士研究生，依托优秀师资培养一批敢为天下先的优秀青年科学家，解答世界范围内的科学难题，不断推进人类的知识前沿。然而，我们深知，一所大学的灵魂无法仅仅用科技成就来体现。西湖大学将在 2022 年开始小规模培养本科生，学生不仅要广泛了解中国的历史和文化，也要了解世界和人类的发展与历史积累。唯此，才能够批判性地思考，尊重自己、尊重别人，切实增强社会责任感。

前沿的科学探索将在西湖大学占据举足轻重的地位。科学家对人类的文明和进步负有重大责任。今后 10 年，学校将聚焦理学、医学、工学三个学科门类，实质推动跨学科交叉，深度创新，为世界和人类探索未知，开创未来。

西湖大学将建设鼓励创新的学术评价体系。无论是学术论文的数量和引用率，还是学术期刊的影响因子，都不会成为西湖大学学术评价的主要指标。在这里，学术评价主要看研究是否剑指相关领域的前沿及实质性进展。这种评价机制所催生的人文关怀和学术氛围，将成为西湖大学独特校园文化的重要组成部分。

西湖之幸：感恩与致谢

落其实者思其树，饮其流者怀其源。回望过去三年，西湖大学从一无所有到目前的云栖校园，从寥寥数人的筹备小组到如今拥有 479 位成员的西湖大家庭，从一片空白到现在的科研设施初步齐备、尖端研究陆续展开，我深深感慨并由衷感谢全社会的理解、鼓励、关爱和支持。

首先要感谢党和国家对西湖大学的关心与支持。过去三年，我们一直深感幸运，尤其感谢教育部，感谢教育部对教育和未来的担当，教育部的充分理解和大力支持保证了西湖大学梦想的起航。我们还尤其感谢浙江省委省政府、杭州市委市政府、西湖区委区政府及三级政府相关各部门的各位领导和工作人员，我们庆幸当初选择在杭州这座创新创业之城创办这所新型大学，你们的全力支持和务实推动保证了西湖大学的顺利起步。我们也非常感谢浙江人，过去 3 年，我们充分感受到浙江"敢为人先、勇立潮头"的精神特质。

衷心感谢海内外各大院校和中国科学院各院所的支持，尤其是清华大学、复旦大学和浙江大学的理解、支持及兄弟般的无私帮助。没有你们的支持和帮助，就不会有西湖大学的创立和发展。

作为一所非营利性的新型大学，社会捐赠是西湖大学创办和发展的生命线。今年 7 月，山东济南济微中学年仅 12 岁的张子昊给我写信，将他和两岁弟弟攒下来的所有压岁钱捐赠给西湖大学，希望自己能为西湖大学的创建出一分力。10 天前，刚刚从美国堪萨斯城归来的雷凯博士带来了一张来自当地华人夫妇阮英钢和李琼丁的美元支票，他们的留言"深知育人不易，能为你们建学校出点儿微薄之力是我们的福气"让我深受感动。子昊同学年纪虽小，阮先生和李女士也跟我从未谋面，但他们和其他许许多多的捐赠人一样，是西湖大学的同行者，也是最早看到西湖大学未来的一批人。

在此，我要对所有的捐赠人表示最诚挚的谢意，感谢你们博大的家国情怀，始终关注国家前途和民族命运；特别感谢所有的创始捐赠人，你们富而思源，为教育和公益事业提供了最好的企业家样本，更要感谢你们用实际行动弘扬企业家精神，与祖国的伟大复兴同频共振！

在今天这样一个特殊的日子里，我很高兴地宣布西湖大学从 2019 年开始将设立四席永久性冠名讲席教授的职位，其中包括一席"国华讲席教授"、两席"国强讲席教授"和一席"徐益明讲席教授"，将授予西湖大学引进的世界顶尖教授这些职位。在此，我特别感谢杨国强先生和徐益明先生对西湖大学引智引才的鼎力支持！

我还要特别感谢在过去 1 000 多个日日夜夜白手起家摸索前行的西湖大家庭的所有成员。我特别要感谢陈十一、饶毅、潘建伟、钱颖一、张辉、王坚、甘中学等一批志同道合的战友，特别要感谢以潘勋和杨文铸为代表的一批在西湖大学创建初期付出心血的同道，特别要感谢仇旻、许田、邓力、朱晓芸放弃你们自己原本舒适的职位加盟西湖大学再次创业，为打造一流的学术环境殚精竭虑！

最后，我要特别感谢每一位加盟西湖大学的学术人才和莘莘学子。自李牮博士从普林斯顿大学归来成为西湖高研院正式入职的第一位教师那天起，我们建设一流师资队伍的梦想就开始一步步变成现实。从程纯等 19 位"西湖一期"的同学报到那天起，西湖大学培养创新人才的主战场就正式拉开了帷幕。在这里，你们将用自己的头脑和双手来开启西湖大学的前沿科学研究，求知、探索、厚德、担当。作为探路者与追梦人，你们注定与众不同！

纵有万语千言，也无法表达出全体西湖人的感恩、渴求和期许。一路走来，所有的鼓励和质疑都让我们更加坚定、更加成熟。亲爱的各位同道，我期待着和你们风雨同舟、并肩前行，全力以赴去实现我们这一代人的科教兴国梦想！

西湖大学来自社会，服务于社会，也完全属于社会和人民大众。我们期待，十年、二十年之后，西湖大学将作为一所世界瞩目的新型研究型大学，用自己的方式为世界文明和人类进步做出重要贡献！

西湖已至，未来可期。道阻且长，我们迎难而上！

后记 | 斗转星移，转眼间西湖大学的创办走过了五载寒暑，在全校师生员工的辛勤努力下，学校各项事业都打下了良好的基础。人才队伍初具规模，聚拢了200余位世界级科学家，其中90%以上直接从海外引进，师生员工总数接近3 000人；首次开展本科"创新班"招生改革试点和3个学科博士生独立招生，在高等教育改革之路上迈出了重要步伐；发力打造高能级创新平台，获批建设全国首家未来产业研究中心，重大原创突破和科技成果转化实现加速度，海内外学术声誉日益显著；云栖、云谷两校区协同运行，优雅大气的现代校园初具面貌……从人才引进到学生培养，从基础研究到成果转化，从校园建设到校园文化，从捐赠募集到自我造血，学校发展速度远远超过我的预期。

作为新中国历史上首次尝试的由社会力量举办的研究型大学，西湖大学迈出的每一步都是前人没有走过的路。正是基于综合国力大发展的土壤，受惠于政府公众开放包容的胸襟，得益于每一位捐赠人，特别是企业家群体的慷慨解囊，我们才得以轻装上阵、义无反顾，感恩时代给了我们这样的机遇。与此同时，我也深知，前路漫漫，道阻且长，高起点的定位使得我们注定要承受更多更大的压力、面临前所未有的挑战。但我深信，众人拾柴、添薪加火，西湖大学这粒火种终能成为一把熊熊燃烧的火炬，在中国科教史、人类文明史上散发炙热的光芒。

来，我们一起去探路 ^①

——致未来的西湖大学 2022 级博士生的一封信

在上个月举行的西湖大学博士生开学典礼上，生命科学学院院长于洪涛教授在致辞中援引了美国作家罗伯特·弗罗斯特（Robert Frost）的一句诗："黄色的树林里分出两条路，而我选择了人迹更少的一条，从此决定了我一生的道路。"他由此引申出一个重要问题：面对人生的岔路口，我们应该如何选择？他本人选择走一条少有人走的路。

何止是洪涛，西湖大学 175 位博士生导师、299 位博士后、480 位平台技术人员和科研助理、185 位行政服务人员，以及 2017 年以来五期共计 921 位博士生，在选择这所小而精的年轻大学之时，就已经选择了一条少有人走的路。这正是我作为校长的骄傲：西湖人都是探路者！

作为我国历史上第一所由社会力量举办、国家重点支持的新型研究型大学，西湖大学的创建与发展并无前路可循。2015 年，一群已不年轻的志同道合者凭着聊发少年狂的勇气，带着为中国也为世界创建一所培养拔尖人才、担纲科技未来的大学的信念，聚集到杭州市西湖区的云栖小镇。本以为大学初创期会是荒草萋萋、十分幽寂的一条路，竟然很快变成群贤毕至、少长咸集之所。

2017 年，普林斯顿大学博士后李牮学成回国；2018 年，耶鲁大学讲席教授许田放弃了自己工作 25 年之久的终身教职；2019 年，利物浦大学高级讲师佘吉鸿辞去教职；2020 年，瑞典皇家工程院院士、中科院外籍院士孙立成放

---

① 本文写于 2021 年 9 月 22 日。

弃了瑞典皇家理工学院的讲席教授职位；2021 年，曾任伊利诺伊大学讲席教授的程建军、美国西北大学正教授的黄嘉兴、香港大学讲席教授的杨丹于 8 月 2 日同一天入职西湖大学……175 位不同科研背景、处于事业发展不同阶段的优秀学者的加盟，使得尚处于幼年期的西湖大学一跃成为中国乃至世界的一个独特的科研重镇和人才培养基地。

西湖大学的校园虽然不大，但理学、工学、生命科学三个学院的尖端研究已经深入现代科学技术的方方面面；教授人数虽然不多，但每个人都走在自己研究领域内的国际前沿；创校历史虽然短暂，但校园里充满了自由探索、平等思辨的浓厚文化氛围。

同声相应，同气相求，循着导师们的足迹，"西湖一期"19 位、"二期"120 位、"三期"195 位、"四期"274 位、"五期"313 位充满朝气、勇于冒险的博士研究生从全国各地乃至东西南北半球会聚而来。在一所年轻的大学里，我们也许面临这样那样的困难，但对学生而言，合理的师生比给了学生与导师无障碍沟通、接受导师言传身教的充裕机会，学校大力提倡的跨学科交流活动让大家的思维自由翱翔，"教授治学、行政理校"的治校模式给予科研实践充分的尊重与支撑，先进的仪器、训练有素的平台技术人员为高精尖课题保驾护航……在这种几乎是心无旁骛地探索未知的环境中，我们的学生们也不负众望，在短时间内有若干重要成果脱颖而出。

钱鎏佳作为"西湖三期"的新生之一，2019 年加入了加速运行的郭天南实验室，在新冠肺炎疫情期间主导多学科交叉研究，构建了新冠肺炎患者多组织器官蛋白质组图谱，从而发现了一系列潜在治疗靶点，以共同第一作者的身份把这些成果发表在 2021 年的《细胞》杂志上；林世翼作为"西湖四期"的新生之一，2020 年加入了刚刚起步的吴建平实验室，通过巧妙的设计，使得人类第一次看到了在哺乳动物受精过程中起关键作用的 CatSper 钙离子通道复合物的全貌，他作为第一作者发表在《自然》杂志上的长文被国际学术界认为是生殖医学领域的一项重要突破……回头看，当年选择了"走一条少有人走的路"的钱鎏佳和林世翼等学生在西湖的科研之路上其实一点儿都不孤独，因为他们有 2 000 名"西湖家人"的陪伴。更何况，大家甚至来不及感受孤独：自然界有那么广袤的未知世界等待我们去探索，人类有那么多健康、气候、环境、安全等问题需要我们去解决……西湖努力保护每一位研究者最纯粹的好奇心，提供最强大的软硬件支持，让我们年轻的博士生们在这里把羽翼锻炼得非常丰满，在心力上做好准备迎接下一个人生岔路口的选择。

就在下个月，美丽如画的西湖大学云谷校区将正式被启用。我们将迎来一次学科发展和人才引进的飞跃。我坚信，拥有创造奇迹和美好未来所有可能的西湖大学，一定会为人类和世界做出独一无二的贡献。

亲爱的青年朋友们，当你成为这篇文章的阅读者时，意味着你又一次来到了人生的岔路口。我可以想象，你面前有许多条路：就业、出国留学、选择历史悠久的名校深造……那么，你是否愿意加入我们，携手并肩一起成为探路者，探索前人未达之境？

我相信，时间终将给你满意的答案！"西湖六期"，我们无比期待你的到来！

人生选择从未后悔 ^①

一个小小的病毒对人类文明的进程产生了影响。

问：如果用一个关键词总结您过去一年的感受，会是什么词？

施一公：过去一年，如果我要选一个关键词，我第一个想到的是"不同寻常"。贯穿全年，大家特别关注的就是新冠肺炎疫情，疫情打乱了生活、学习、科研甚至办企业等的节奏，整个社会，几乎每一个人，都受到疫情的影响，确实非同寻常。

中国政府很有作为，我们很快控制住了疫情，到2020年4月8日武汉就解封了。五六月学校开学、学生上课，线下课开始有了。

整体来讲，全世界受新冠肺炎疫情的冲击都非常大。有时候我会这样讲：一个小小的病毒对人类文明的进程产生了影响。我想这句话是不为过的，因为它把国家和国家之间的关系，把国家之间的交流方式、组织之间的交流方式、科学研究的合作方式都改变了。

如果发挥自己的特长和积累，能够做一些事，让自己感到愉悦，可能是最关键的。

问：您2008年担任清华全职教授，从生命科学学院院长到副校长，2018年又辞去清华大学副校长职务，创办西湖大学，做出这些人生重大抉择时，您首先考虑的是什么？

---

① 本文为2020年12月23日施一公接受中央纪委国家监委网站"聆听大家"系列访谈实录，由兰琳宗、韩思宁采访整理。

施一公：这个过程实际上是渐进的，绝对不是一晚上心血来潮，想了一晚上就想明白了的。在我从小到大的价值观、行为规范里，我一直觉得天生我材必有用，似乎总是要做点儿啥事，这点是非常明确的。我这辈子从来没有觉得，我哪一天要找一份工作，要为工作担心。因为我觉得人如果成了衣食住行的奴隶，这辈子就太难受了。

在美国时，我博士一毕业就有点儿想回国，后来做了博士后又想回，但阴差阳错去了普林斯顿大学当老师、当教授，做了几年又想回，一直觉得为啥不回来呢？这种感觉很强烈。其实我自认为也算融入了美国的主流社会，去的学校是美国顶尖的大学，教授职位也拿到了，和同事之间也相谈甚欢，在普林斯顿大学给本科生上课，也给博士生讲课，但这种异国他乡的感觉就是不一样。

对我来讲，由于我从小到大的经历，我骨子里有一种东西，觉得回国挺自然的。我回来不是一晚上的决定。当然，当时清华大学相关负责人找我谈话的时候，确实第二天我就说，我全职回清华好了。

因为我早就想这样做了，不存在临时做思想斗争、纠结半天的问题。我心里一直觉得那么长时间终于要做这件事了，是一种期望、期待、期盼，觉得今后大有可为。我到底要做啥并不知道，不知道自己将来在清华能做到什么程度，但是我觉得天生我材必有用，一定有很多事情可以做。

其实这个可能也比较难总结，对我而言，如果能发挥一些自己的特长，自己一些过去的积累，能够做一些事情，让自己心里愉悦，可能就是最关键的。我想，这样一个比较简单的做事的出发点，和我从清华大学辞去副校长职务来到西湖大学，和一大批同道一起创办这所学校都是基于同样的考虑。

我觉得，对中国这样一个泱泱大国，一直处在改革发展中的国家，我们的科技、教育、对学生的培养、大学制度建设，其实也需要不断改革，才能适应国家的发展，才能让国家的未来有更好的可能性。因为要应对未来的挑战，而且需要有人去尝试。像我这样的人就比较愿意折腾，愿意放弃现在的所有去做一件新事情。

你一定是回忆到多少年以前，当时有过多少困难、多少矛盾、多少心理失衡、多少焦虑，你才会刻骨铭心。

问：离开清华去创办西湖大学，是一种怎样的探索？

施一公：我有时候也会遇到一些朋友问我："一公，你后不后悔？"当然，办大学肯定会有困难，因为它是一件新生事物，肯定会有一些意想不到的阻碍，但我不后悔。而且我鼓励我的同事：过了5年、10年、20年，你回望这段历史的时候，说是轻轻松松、一帆风顺，你一定会觉得没意思，你一定是回忆到多少年以前，当时有过多少困难、多少矛盾、多少心理失衡、多少焦虑，你才会刻骨铭心，你才会觉得这辈子你经历过了，就知足了。

当然，我自己从骨子里认为，我们做的事情不仅和国家的改革合拍，而且我们经常希望自己能往前走一步，为国家的下一步改革铺路、探索，让国家的下一步改革有据可依。看一看我们是怎么做的，我们成功了，在哪儿成功的，失败了，是为什么，提供一个借鉴。中国这样的大国尤其需要这样的借鉴，就像我们做科学研究一样，你是不可能每一次试验都成功的。

在这种情况下，在科技和教育领域是需要一些探索的，而这样的探索特别适合一个小型大学去做。因为规模小，没有那么大的社会影响，但正是因为小，就比较灵活，遇到一些问题就相对容易解决，如果有一些东西做得不太对，也容易纠正。我觉得这其实是在为国家做事，毫无疑问，我相信我的所有同道，他们骨子里也都是这样认为的。

一旦忘记了初心，不能按自己当时的理念、办学定位去做，那就失去意义了。

问：创办西湖大学两年多，探索的最核心的点在哪里？

施一公：第一，办学定位——高起点、小而精、研究型。我们希望为国家探索新型的大学治理制度，立足中国大地，符合中国国情，又符合国际化办学规律，符合科技发展规律。第二，我们希望在大学里探索一套适合中国国情又鼓励创新的科技评价标准。第三，我们希望培养富有社会责任感的拔尖创新人才。

应该说，西湖大学现在的发展和我们当时对大学的定位——"高起点、小而精、研究型"等是一致的，我们没有偏离我们的航向。对我们来讲，这样做的原因太简单了，就是你一旦忘记了初心，不能按自己当时的理念、办学定位去做，西湖大学的创办就失去意义了。它就不再是一个探索的主体，所以我们也在不断地提醒自己这一点。

但是有一点我也要说，西湖大学从来不是要标新立异地去做事情，我们做事情绝对不会说，在中国没有人做，所以我们要去做，这不是出发点。我们做事情一定是在中国大地上，这样的事情首先符合我们的国情，其次符合国际化的规律，我们认为很合理，但是在中国还没有人尝试，所以我们就可以去做，尝试在中国大地上把一些事情做起来，以求让我们的教育系统、让我们的整个社会接受这样一个新的做事方式、新的机制。

创办西湖大学不是为国家再增添几百篇论文，把我们的影响因子再往上冲一冲。

问：西湖大学在科研评价体系上做了哪些探索？

施一公：对每一位入职的年轻人、年轻的博士生导师，我们都会跟他们讲，在西湖大学不需要有发文章的压力。因为我们创办西湖大学不是为国家再增添几百篇论文，把我们的影响因子再往上冲一冲。

但是我们希望你在西湖大学能做一些有意义的工作，在你的领域内，几年之后做出来的工作能自成一体。如果缺了你这份工作，你的领域会有一个缺口，不能自圆其说，中间的发展过程会受冲击，那么你就做对了。西湖大学会希望你留下来。如果做了六七年以后，你虽然发了很多文章，影响因子、引用率也高，但说不出来哪项工作是你独特的工作，把你的文章全部隐去，在你的领域内，学术发展基本不受影响，那对不起，西湖大学可能就不太适合你。

我们因为做小而精的大学，机制相对灵活。虽然有规定，比如助理教授、博士生导师进来后6年，要对他进行评估，不好的要离开。但实际操作的时候，如果他能说服我们，他正在研究一项世界重大前沿课题，而且已经有了一定进展，我们会很实事求是地评估。如果通过学术委员会的评估，他确实是在"坐冷板凳"，全力以赴地探索，他一定会得到时间的延长。

个人奋斗和国家利益、社会利益相吻合，是最好的一种结局。

问：您提到西湖大学的一个根本任务是要培养富有社会责任感的拔尖创新人才。"拔尖创新人才"可能大家比较好理解，为什么这么强调"富有社会责任感"？

施一公：我每次说到培养什么样的学生时，都会特意加上"富有社会责任感"几个字。一个学生往前走，一定是靠个人奋斗。我们要认可个人奋斗，但个人奋斗和国家利益、社会利益是吻合的，只要吻合，相互之间彼此融合，它就是很好的一种情况，是最好的一种结局。要培养学生实事求是、客观辩证地看问题的能力，让学生自发地产生社会责任感。

从根本上讲，我是一个科学家，不管工作有多忙，我一定会将科学研究坚持下去。

问：创办学校这几年，您自己的科学研究进展怎么样？

施一公：担任西湖大学校长当然会影响我的科学研究，但这种影响是我心甘情愿付出的代价。你看我用了"代价"两个字，我想解释一下，首先对我而言，科学研究本身是一件非常愉悦的事情，但是这种愉悦只局限于自身。比如，每次和学生谈完课题，我都有种满足感，哪怕是学生遇到问题并没有进展，但是我提供了观点，与他进行了讨论，也是一种愉悦；如果学生有了突破，科研课题有了进展，我也很愉悦。科学研究于我而言始终是一种自身的愉悦，我非常享受这种愉悦。

反过来讲，办大学会遇到一些问题、一些事情，做的时候是有一些挑战的，做的过程可以加个引号叫"痛苦"，很纠结、很痛苦，但是做好以后也会获得巨大的愉悦感。而这样一件事情，虽然对我自己在学术界的影响并没有帮助，但对一个国家的探索，对教育、科技的改革是有一定借鉴意义的，这是另外一种愉悦。这两个方面在争我的时间，尤其是西湖大学成立以后。

过去两年，我的科学研究受到了比较大的影响。从 2018 年 10 月到现在，我心里有一些纠结，有时候也会有一些惆怅。我会觉得我今年 53 岁了，如果我再多一点儿时间在实验室就好了。但是我也知道，有得必有失，我不过是在平衡一种"得"和另外一种"失"。所以我也不断地跟我的学生解释，也不断地在实验室内改进，或者是改变我与学生在实验室的科研沟通方式，更多用微信、语音、视频、PPT 等进行线上交流。

我过去一年发表的文章数量创了 1995 年以来的历史新低，过去 25 年，我从来没有过这样的"文章荒"。如果不是新冠肺炎疫情让我的工作安排减缓了一点儿节奏，会更"荒"。在新冠肺炎疫情期间，我有两件事情做得多了，一个是跑步，一个是写文章、指导实验，科学研究得到一些恢复。

　　但是我也想说，从根本上讲，我是一个科学家，这是我的根本属性。不管工作有多忙，我一定会将科学研究坚持下去，而且我也相信我的科学研究一定会有一些重大发现。因为这是我的灵气所在，我自己最擅长的就是在科研过程中突然灵机一动，有新的想法出来，带着我的学生去验证，最后证明我是对的。这种情况在过去30年中不知道发生过多少次，我非常享受这个过程。所以尽管受了一些影响，但我觉得这是值得的，而且我也会尽力去弥补。

后记

但求真实

早在十年前，我就想出版一本自己的作品集。至于主要动力，一是用这种方式让关心和支持我的朋友了解一个真实、全面的施一公，尤其是那些与我素未谋面的朋友；二是日子过得越久，我就越喜欢回首往事，如果能有一本书成为自己退休以后愿意花时间品味和回忆的源泉，也是一种幸福。

我平时的工作实在繁忙，只能等到春节前后相对轻松一点儿的时候才有空整理文稿。但相对于撰写科研论文和处理学校事务，整理和准备书稿又属于"不务正业"，所以即便在春节期间，时间安排的优先级也不得不向"正业"让步，就这样年复一年地拖了下来。2020年春节，新冠肺炎疫情来袭，居家隔离的我终于匀出一些时间，下决心完成自己多年的心愿。

我系统地找出百余篇各类文章，用心筛选、认真整理，由于这些文章所描述的事情跨越了半个世纪，几乎每一篇文章都有其鲜明的年代背景，对于中国这样一个快速发展的国家，往往时过境迁，用现在的眼光看，文章中的一些描述与评论容易引发误解和争议，编辑和同事都提醒我修改。但我总觉得，文章的描述应该反映当时的状况，年轻时一些不成熟的想法和行为也没必要刻意去掩饰，因为真实才是一本书的价值所在，也只有真情实感才会激发我下笔的灵感。

我是一个普普通通的人，小时候调皮捣蛋，长大了桀骜不驯，有私心杂念，有世俗烦恼，既爱面子，也有小心眼儿。通过多年的努力奋斗，事业上虽然有点起色，但内心深处，我不仅觉得自己是个普通人，也很惧怕被人拔高，甚至被人崇拜，因为这样带来的心理负担实在太大了，我承受不起。每次我应邀举办讲座之时，尤其是面对激动的学生，我一定会提醒大家，我的讲座内容只代表个人观点，很可能充满谬误，希望同学们以批判的眼光来审视。

认认真真出版一本书是很不容易的一件事，需要投入大量的时间精力。我特别感谢中信漫游者团队的李穆女士，编辑韩笑、刘子英和鄢林敢，还有西湖大学同事俞熙娜协助策划，任思怡协助编校；感谢韩启德、杨振宁、钱颖一、潘建伟、刘彭芝、白岩松、张磊等几位师友对本书的支持与推荐；感谢大象出版社的助力。这本书的顺利出版，离不开团队的努力、师友的支持和家人的关心，我对此深深感激。

这本书里特别写到了我的父亲，希望他能感受到儿子36年来一直刻骨铭心的思念，也希望这本书能够告慰父亲的在天之灵；感谢年事已高却依然时时牵挂着我的母亲。特别感谢我的妻子仁滨，过去31年的比翼陪伴让我的生命始终盎然，使我在事业和理想之路上能时刻感受到家的温暖，如果没有她这么多年的理解、支持和付出，我一定无法取得今日事业的成绩。

这本书的所有版税将直接捐赠给西湖教育基金会，用于支持西湖大学的创建。在这个意义上，你购买本书的同时，也就是在支持西湖大学的建设，支持国家科技教育事业的改革和发展。

滴水成河，聚沙成塔。正是因为有了千千万万的你，才成就了今天的西湖大学。

2023 年 2 月 14 日于西湖大学云栖校区